21世纪高职高专精品系列规划教材 · 酒店管理专业

餐饮服务与管理

CANYIN FUWU YU GUANLI

◎孟庆杰 李正喜 刘颖/编著

首都经济贸易大学出版社

Capital University of Economics and Business Press

·北京·

前 言

　　餐饮服务与管理课程是高职高专院校旅游服务
一。该课程目的是培养餐饮企业及旅游饭店基层管
程的学习目标在于,使学生系统掌握餐饮服务与管理
业管理的基本职业能力。

　　本教材具有以下特点:

　　1. 理论性与可操作性兼顾。本教材力求用科学
理理论和市场营销理论等作为支撑,指导现代餐饮
工作出发,介绍操作性很强的餐饮服务与管理方法
餐饮服务与管理知识,又注重职业能力的训练。

　　2. 内容全面又重点突出。本教材以餐饮经营活
从餐饮组织、餐饮营销、菜单设计、餐饮原料管理、厨房
方面进行系统阐述,内容涉及餐饮服务与管理的各方面
质量控制、餐饮成本控制、餐饮营销管理等服务与经营

　　3. 适用性和针对性强。本教材内容上兼顾了餐
和管理技能的掌握,符合高职高专人才培养目标,适
教学的组织和实施,具有较强的实用性和针对性。
饮企业管理人员的业务学习用书和培训教材。

　　本教材由东北财经大学副教授孟庆杰和从事餐
师、刘颖老师共同编写。教材共分十章,具体分工为
章、第八章、第十章;李正喜负责编写第六章、第七章
章、第三章、第五章。全书由孟庆杰编写提纲并总纂
参考了业内专家的有关著作和相关文献,并得到了大
珠酒店、大连天天渔港等同仁的热心支持和帮助,得
编辑赵侠老师和赵杰老师的热心指导,在此一并向他

　　鉴于编者水平与能力有限,缺点与疏漏在所难免
评与建议,以便日后改正和补充完善。

目　录

餐饮服务与管理概述

【引例】

永和豆浆的成功案例

永和豆浆是来自祖国宝岛台湾的餐饮连锁企业。自 1985 年注册商标以来,就一直秉承"以顾客满意为中心"的经营服务理念,提出经营健康速食新风味的产品决策,将"永远的朋友、和乐的家庭"作为公司的服务宗旨。凭借精良的技术及对健康品质的坚持,永和豆浆餐饮连锁店迅速成为中式早餐及中式快餐连锁的知名品牌,遍布包括香港、澳门、台湾地区在内的全国 50 多个大中城市,并且积极拓展国际市场,使永和豆浆的网络覆盖到了全世界,其商品及连锁店进入了亚洲、北美洲、南美洲等20 余国和地区,力求让全世界有华人的地方都有永和豆浆。公司在拓展国际市场的同时,也意识到了国内市场发展的潜力,故特于 20 世纪 90 年代在上海设立了永和豆浆加盟总部及直营店,确立了中国内地的战略中心地位,为永和豆浆连锁店拓展全球网络奠定了更坚实基础。至 2008年,永和豆浆连锁店就已发展到了 100 多家,对于加盟总部、加盟商及信赖永和豆浆产品的消费者而言,无疑是你赢、我赢、他赢的"多赢"结果,让每位加入永和豆浆体系的朋友都不只是停留在片刻的热血沸腾上,而是真正地帮助其获致创业的成功,登上事业的巅峰。

到2012年,永和豆浆店面总数有望达到500家。从创业初期仅为300万元的经营收入,到如今超过6亿元的经营业绩,遍及大江南北的永和豆浆,正引领中式快餐闯世界。

对于如何成功地进行连锁经营,永和豆浆的管理者们有着深刻的体会和清醒的思考,一个好的连锁业态并能够保证一定会成功!连锁加盟模式成功的关键,在于先建直营店,再以加盟形式铺开;在于既能连起来,又能锁得住;在于产品的标准化和一致化是连锁加盟企业的核心工作;在于品牌,品牌是连锁业的生命,同业无序竞争会给全行业带来严重危机;在于产品贴近市场,实现本土化,可有效增强连锁企业活力。

永和豆浆的管理者表示:"永和豆浆在迈向国际化发展进程中,成功的关键因素我想还是要实实在在的经营,能够满足消费者的需求;应用更多的科技手段和管理经验,持续性地建设永和豆浆品种的标准化、生产的工厂化、经营的连锁规模化和管理的科学化,创造品牌生命力,研发更多美味新鲜可口的永和豆浆及传统点心,将中华饮食文化发扬光大,让全世界有华人的地方都能喝到永和豆浆。这样,永和豆浆成为全球中式餐点连锁第一品牌以及世界性的餐饮连锁品牌就指日可待了。"

第一节　餐饮业概述

餐饮业是世界上历史最为悠久的行业之一。"民以食为天",食品和饮料是人类赖以生存和发展的基本物质条件之一。人类饮食的发展同人类本身的发展一样历史悠久,经历了从简单到复杂、从蒙昧到文明的过程。伴随着这个过程,饮食中的礼仪、礼节、观念和习俗也同时应运而生,饮食从人类的自然行为逐渐衍变成为一种经济业态——餐饮业。随着社会和经济的发展,现代餐饮业已经成为国民经济体系中的一个重要的产业部门,其经营形式和管理方式都发生了巨大的变化。

一、餐饮业及其类型

(一)餐饮业的概念

餐饮业是指通过即时加工制作、商业销售和服务性劳动等手段,向消费者提供食品(包括饮料)、消费场所和设施的食品生产经营行业。根据上述定义,构成餐饮业的各组织机构(餐馆、餐厅等)应具备以下三个基本要素。

1.提供菜品、饮料和服务

餐饮业是专门提供菜品、饮料及其服务的行业。菜品、酒水饮料是餐饮产品的基本要素,而服务则是体现餐饮产品质量和档次的重要标准,同时也是顾客评价餐饮店优劣的主要依据之一。餐饮企业提供的菜品和酒水饮料应在质量、数量、价格等方面做到与服务相统一。

2. 有固定经营场所

餐饮店在生产和经营上要具有一定的有形建筑物、有一定接待能力的餐饮生产空间或营业场所、有用于餐饮产品生产制作的设施设备。社会餐馆要有独立的经营场所;三星级以上饭店要具有与其接待能力相适应的中餐厅、西餐厅、咖啡厅和宴会厅;尽管一些送餐企业没有较大的供餐场所,但其生产和运营依然需要有相对固定的场所。

3. 以赢利为经营目的

实行利润最大化是一切企业组织追求的目标。商业型的餐饮服务机构是通过从事餐饮经营活动,以餐饮服务产品满足顾客和社会需要,并以赢利为目的,实行自主经营、自负盈亏的经济组织。星级饭店的餐饮部是一个主要的创利部门,独立经营的社会餐饮企业其主要目的是创造利润。餐饮经营者应努力扩大客源市场,节约成本,适应市场变化与竞争形势,使企业的创利能力不断增强。

（二）餐饮业的类型

餐饮业由各种类型、各种等级的餐馆或餐饮企业组成。按餐饮业的经营形式、餐饮内容或服务方式的不同,餐饮业的企业类型可分为以下三大类。

1. 饭店和康乐场所的配套餐饮系统

（1）饭店餐饮。各类饭店诸如商务型饭店、会议型饭店、公寓型饭店、度假型饭店、汽车旅馆和经济型饭店等,在满足客人住宿消费的同时,又为客人提供餐饮服务。在星级饭店,为满足客人不同的餐饮消费需要,都设有多种餐饮服务场所,如中西零点餐厅、自助餐厅、咖啡厅、宴会厅、风味餐厅、酒吧、茶座和客房送餐服务等。在高星级饭店,餐饮设施豪华,能够提供各种风味独特的美味佳肴和一流的餐饮服务。

（2）康乐业餐饮。康乐企业为满足消费者在康乐活动中对餐饮消费的需求,也要进行餐饮食品加工、烹饪和餐饮服务等经营活动。例如,为在高尔夫球场、体育场(馆)、游泳场(馆)、健身房、舞厅、歌剧院、歌厅、公园、游乐场等康乐设施活动的消费者所提供的餐饮食品和服务。

2. 社会上独立经营的餐饮单位

（1）普通餐馆。包括社会各类餐馆、酒楼、酒家、饭馆、菜馆、餐饮店等。从总体上讲,这类餐馆数量较多,城乡各地随处可见,经营品种广泛,服务于多元化的消费群体,占餐饮业营业额的比重较高。普通餐馆按服务对象和内容的不同,可分为便餐馆和高级餐馆两种。

便餐馆是一种经济实惠的大众化餐馆,一般投资额不大,客容量有限,其设施、装饰和布局注重简洁、明亮、舒适,大多经营家常菜肴和大众化饮食,服务快捷,主要面向中低收入阶层。

高级餐馆无论是餐饮设施设备、环境布局、餐厅数量和餐位,还是经营项目、餐饮内容、服务方式均较规范,属于正规化的餐饮企业(这种餐饮企业也是本书阐述的主体部分)。高级餐馆按经营餐饮食品类别不同分为高级中餐馆和高级西餐馆。这类餐馆讲究餐饮服务环境和就餐氛围,注重餐饮食品的品质特色、餐饮服务的规范化和服务质量。

(2)风味餐馆。风味餐馆也称特色餐馆,因其经营的菜肴具有特色而区别于普通餐馆。风味餐馆可专营某一类菜肴,如海鲜、野味、素食等;也可经营某一地方菜系,如鲁菜、粤菜、川菜、苏菜、闽菜、浙菜、湘菜、徽菜等;还可突出经营某一民族或国家的菜肴,如清真菜、蒙古族菜、法式菜、日式料理等;或专门经营以某种烹调方法为主的菜肴,如烤肉、火锅等。风味餐馆因经营菜品较单一,菜单内容有限,餐饮服务因饮食风味特点的不同而在某些环节上有些差异。

(3)自助餐馆。自助餐馆是指客人自选自取适合自己口味菜点就餐的餐馆。这种经营方式基本取消了餐桌服务,服务人工成本降低很多,而且供应迅速,客人可以自由选择菜点及数量,所以很受客人欢迎,成为餐饮业一种常见的经营方式。

(4)快餐店。快餐业的发展是社会发展的必然。人类社会越现代,生活节奏也就越快。于是,所有忙碌的人们都开始减少吃饭所用的时间,而这种随叫随吃,既不费时又美味可口的快餐便逐渐成为主流。快餐店以人们喜欢的餐饮食品、有限的菜单、上乘的品质、低廉的价格、标准化的技术、快捷的服务、明净和卫生的就餐环境,为众多的消费者所欢迎。

(5)盒饭业和外卖(窗口)店。盒饭业以经营大众化中式菜食为主,注重食品营养和卫生,经济实惠,按约定的菜食品种、价格、数量和时间将盒饭送到订餐者手中。盒饭的主要供应对象是学生、写字楼、工厂和机关的员工及医院中的病人,90%以上的盒饭是在午间充当午餐。近年来,一些盒饭经营者已逐渐摆脱小厨房生产作业,采取制度化采购和工厂化、标准化生产,以配送中心方式集中大量供应订餐盒饭。

外卖(窗口)店,有的是饭店或餐馆设立外卖窗口,有的是专营的外卖店,通常不设餐厅或设有限面积的餐厅,供应有限品种的大众化食品和风味小吃,方便顾客携带和随时享用。外卖(窗口)店一般选择交通方便、人流密集的地方和顾客用餐的时段营业。

(6)酒吧(Bar)。酒吧是售卖酒精饮料给顾客当场饮用的店铺,一般夜里营业,部分酒吧也提供食物。酒吧最初源于欧洲大陆,后又经美洲进一步的变异、拓展,于20世纪80年代进入我国,并得到了迅猛的发展。酒吧能够为完成繁忙而紧张工作后需要无拘无束地轻松一下的顾客提供一个休闲场所,也能够为受寂寞困扰的顾客提供一个温馨场所,成为西方国家和我国许多城市时下较流行的一种餐饮休闲场所。

(7)茶馆和咖啡店。茶馆是人们品茶、休闲和交际的固定场所。中国的茶馆由来已久,据记载,早在两晋时就已经出现了茶馆。改革开放30多年来,中国的经济迅猛发展,人们生活水平的提高直接导致了人们对精神生活的追求,茶馆作为文化生活的一种形式也悄然回复,成为人们业余生活的重要选择之一。目前,我国的茶馆有历史悠久的老茶馆,保存旧时风格,如成都顺兴老茶馆、上海七宝镇上的老茶馆等;也有新建茶室,采用现代建筑和装饰风格;还有衍生出的书茶馆、棋园茶座、音乐茶座等。

咖啡店就是以售卖咖啡饮品为主的固定场所。咖啡店于17世纪开始在欧洲流行起来。如今,咖啡作为西方文化的象征之一,可谓是一种世界性的饮料。与茶香飘逸的茶趣雅境不同,咖啡店更能与快节奏的现代社会相吻合。如前所述,目前咖啡酒吧业在中国发展迅猛。全球各界的有识之士均看到了中国市场呈现出的巨大潜力,一些国际知名的咖啡连锁店,如美国的星巴克国际连锁(Starbucks)、宾诺咖啡连锁(Beanery)、法国爵士岛连锁、我国台湾地区的上岛咖啡连锁等纷纷落户中国内地,它们在中国咖啡业中扮演着举足轻重的角色。

3.单位内部的餐饮服务机构

单位内部的餐饮服务机构主要是作为单位的后勤服务部门,满足特定范围内消费群体的饮食需要,其餐饮服务的意义重于赢利目的。近些年,一些单位如学校、机关等的内部餐厅,开始实行后勤社会化改革,引入连锁等先进的管理模式,建立适应市场经济法则的现代餐饮管理机制,体现出现代服务型企业的品质特征。单位内部的餐饮服务机构主要包括:企事业单位的职工食堂,校园内的餐厅,监狱的餐厅,医院的职工食堂及病人专用食堂,军营的食堂等。

二、餐饮业的地位作用

餐饮业是重要的服务业,直接关系到人民的生命健康和生活水平。科学发展餐饮业,对于提高人民生活质量、扩大市场消费、拉动相关产业、增加社会就业、推进城镇化进程等具有十分重要的作用。

(一)提高人民的生活质量

餐饮是人们休闲消费、社交消费、喜庆消费、旅游消费以及从事商务活动的重要组成部分。"民以食为天","开门七件事,'柴米油盐酱醋茶'",件件事与吃有关,餐饮业与人民生活息息相关。在现代社会,很难想象,没有餐饮业,社会将会是怎样的。当今社会,餐饮业的健康发展,适应了现代人生活节奏的需要,将人们从厨房中解放出来,使其有更多闲暇享受生活的乐趣,全面提高了人民生活的品质。很多城市将发展餐饮业作为改善民生的重要工作,大力兴建便民餐饮网点和美食街区,创造性地开展大众化餐饮和早餐工程等工作,促进居民生活水平不断提高。

(二)扩大市场消费

强劲的餐饮消费对化解收入存量、拉动经济发展效果显著。中国餐饮业的快速持续发展,显示出了在社会需求和经济发展的大背景下,行业总体规模日益扩大,在国民经济中的地位和作用明显提升和加强。

【小资料1-1】

1991~2007年,餐饮业零售额年均增长22.3%,比同期社会消费品零售总额年均增长高7.2个百分点,增幅位居国民经济各行业前列。2007年,中国餐饮业全年零售额达到12 352亿元,比上年增加约2 006.5亿元,同比增长19.4%,占社会消费品零售总额的13.8%,拉动社会消费品零售总额增长2.6个百分点,对社会消费品零售总额的增长贡献率为15.6%。

(三)拉动相关产业

餐饮业产业关联度高,能有效带动种植业、畜牧养殖业、食品加工业、建筑装潢业、制造业、教育培训业、文化娱乐业等相关产业联动发展,更好地发挥扩大内需的积极作用,而且扩大内需的大环境又有利于餐饮业不断增长。

(四)增加社会就业

餐饮业是劳动密集型产业,门槛比较低,是农业和工业转移剩余劳动力的主要途径,在吸纳劳动力就业方面发挥着重要作用。目前,餐饮业就业人数逾2 000万人,每年新增就业岗位200多万个,显示了餐饮业在提高就业机会方面所起的重要作用。同时,餐饮业还带动了相关行业的发展,从而间接地提供了大量就业机会。

【小资料1-2】

小肥羊餐饮连锁店通过连锁模式不仅使餐饮企业规模迅速扩张,同时还解决了社会就业问题,为社会提供很多就业岗位。据报道,这家餐饮连锁企业,直接安排就业人数8万余人(城市待业人员约占33%、下岗职工约占30%、农村进城务工人员35%,其他约占2%),间接为社会提供就业岗位近50万个。其中,直接就业岗位近6 400个,间接就业岗位3万余个,带动农牧民增收150多亿元,成为具有影响力的再就业基地。

(五)推进农村城镇化进程

缩短城乡差距、实现农村城镇化是我国构建和谐社会的基础之一。发展餐饮业,有利于转移农村剩余劳动力、提高农民收入,推动建立现代化的原料种植、养殖基地,促进农业结构调整,带动食品加工业发展,加快城乡一体化进程,推动社会主义新农村建设。通过城镇化进程,使农村人口不断转入城市,又为餐饮业持续发展提供了有力支撑。

三、餐饮业的经营形式

餐饮业经营形式多种多样,归纳起来,可以分为独立经营和连锁经营两大类。

(一)独立经营

独立经营是指由一人或数人拥有一家或数家餐馆或餐饮企业,而各餐馆或餐饮企业之间不存在连锁和制约关系。独立经营是餐饮业最基本、最普遍的一种经营形式。为广大消费者提供大众化餐饮食品和风味小吃的众多中小型餐馆或餐饮企业多为独立经营。

独立经营的餐馆或餐饮企业有如下特点:①虽然有自己的品牌,但企业影响力受到地域的限制。②营运费用相对于连锁餐饮企业来说要高,如不能享受到集团大规模采购和广告的优惠,人力资源也无法共享等。③独立经营的餐饮企业竞争力较差,但经营灵活,调整方便,资本投入相对较小。

(二)连锁经营

连锁经营是指同一餐饮品牌所属的若干餐饮店,以共同进货或授予特许权等方式联结起来,实现服务标准化,经营专业化,管理规范化,共享规模效益的一种现代经营方式和组织形式。发展连锁经营对改变我国传统的餐饮经营方式和组织形式,调整餐饮结构,提高餐饮组织化程度,增强餐饮企业的竞争能力,实现整体的规模效益和餐饮业的现代化具有十分重要的意义。

连锁经营在国外已有100多年的历史了,并由原先的直营连锁一种形式逐渐演变成直营连锁、特许连锁和自由连锁并存的三种形式。

1. 直营连锁

直营连锁也称正规连锁,是连锁集约经营的初级形式。它是餐饮集团直接投资建造餐馆或购买、兼并餐馆或餐饮企业,然后由餐饮集团以统一的店名、标识、餐饮内容、餐饮服务、管理手段或经营策略等,直接经营管理的形式。餐饮集团既是各餐馆的经营者,又是拥有者。

直营连锁的优点主要表现在:①可以统一调动资金,统一经营战略,统一开发和运用整体性事业;②作为同一大型商业资本所有者拥有雄厚的实力,有利于同金融界、生产厂商打交道;③在人才培养使用、新技术产品开发推广、信息和管理现代化方面,易于发挥整体优势;④众多的成员店可深入消费腹地扩大销售。

但是,这种经营方式也有其弱点:成员店自主权小,积极性、创造性和主动性受到限制;需要拥有一定规模的自有资本,发展速度受到限制等。

2. 特许连锁

特许连锁是餐饮集团向个人或其他餐饮企业让渡特许经营权的一种经营形式。餐饮集团的特许经营权在饭店经营管理方面是一种"专利"。受让的餐饮企业或餐馆的拥有者在无须出让所有权和经营权的情况下,通过交纳一定的费用,可以向某一餐饮集团购买这种经营权。获得经营权后的餐馆或餐饮企业,可以使用该餐饮集团的名称、标志、经营程序、操作规程和服务标准等,成为该餐饮集团的成员。在这种情况下,让渡经营权的餐饮集团,有责任对购买经营权的餐饮企业在餐馆的选址、建筑设计、人员培训以及开业后经营管理等方面给予技术的指导和监督。同时,受让者也有责任确保企业达到餐饮集团所要求的经营标准,包括设备管理和服务管理的质量标准等。

连锁经营是社会经济发展到一定阶段的客观趋势,也是现代国际上一种行之有效的商业经营形式。未来学家奈斯比特将特许连锁经营称为21世纪占主流地位的商业模式。

【小资料1-3】

据美国资料显示,约77%的新的独立企业在5年内经营不成功,在10年内成功比例为80%。第一年是最重要的,约38%的独立企业失败。经营失败有两个重要原因:第一,试图提供没有市场和位置不佳的产品;第二,缺少良好的控制系统和管理技能。降低失败风险的途径之一就是成为业已成功的企业中的一员。

目前,世界上许多餐饮集团都是利用转让特许经营权而发展起来的。从总体上讲,世界上真正实行直接经营形式的大的餐饮集团越来越少,而采取特许连锁形式的则越来越多。在我国,连锁经营企业正以平均每年超过10%的速度递增,全国已有连锁经营店1.5万余家。几乎所有的行业都可以用连锁店的方式来经营,特别是在餐饮行业。国内已有的餐饮特许连锁品牌很多,国外品牌包括肯德基、必胜客、德克士、元禄寿司、赛百味三明治、爵士肉扒等,而中餐品牌也越来越多地采用了特许经营的方式来经营,如全聚德、重庆小天鹅、小肥羊火锅、杭州九佰碗、武汉蔡林记,等等。餐饮行业发展连锁经营有着很好的前景,其市场潜力非常可观。

3. 自由连锁

自由连锁也称自愿式加盟,通常是指中小餐饮企业通过自愿联合的方式组成的经营联合体。与直营连锁和加盟连锁不同的是,自由连锁群体的各餐饮店仍保持着独立或相对独立的所有权和经营权,财务上也独立核算。其联合的形式,主要表现为原料采购上的联购分销和业务经营上的互利合作。自由连锁的组织方式主要有两种:一种是由中小餐饮企业自发联合所组成的相互合作的利益共同体;另一种是由某一龙头企业或集团将一批中小餐饮企业组织在一起的经营联合体。

自由连锁经营的特点在于:各加盟店在保留单个资本所有权的基础上实行联合,总部同加盟店之间是协商、服务关系;集中订货和统一送货,统一制定销售战略,统一使用物流及信息设施;各加盟店不仅独立核算、自负盈亏、人事自主,而且在经营品种、经营方式、经营策略上也有很大的自主权,但要按销售额或毛利的一定比例向总部上交加盟金及指导费;总部经营的利润,也要部分返还各加盟店。

第二节　餐饮服务产品

从根本上讲,餐饮企业只经营一样东西,这就是服务。从顾客体验的角度讲,餐饮服务产品实际上是顾客在餐馆消费期间所获得的一种生理和心理上的感受与经历。零售业先驱马歇尔·菲尔德(Marshall Field)曾经说过:"给顾客出乎预料的惊喜,让他们体验愉快的服务经历,这是最能赢得顾客忠诚的办法。"

一、餐饮服务产品的含义

所谓产品(Product),即"过程的结果"(ISO9000,2000版)。该定义表明,产品是广义的概念,企业提供给市场的,用于满足人们某种需求的任何过程的结果都可成为产品,包括实物、服务和软件(如计算机程序、产品使用说明书)等。实际中的完整产品多包括物质产品与非物质产品两种因素。

餐饮服务产品是由满足顾客需求的某种物质实体和非物质形态服务构成。物质实体包括餐馆建筑、设施、用品、菜肴、酒水等,称作有形产品;非物质形态服务包括餐饮企业品牌、等级、特色、氛围、员工礼节礼貌、服务态度与行为等,称作无形产品。这些有形产品和无形产品共同组成完整的餐饮服务产品。完整餐饮服务产品的概念,从满足顾客的需求来说,又可分解为三个层次:核心产品、实际产品、延伸产品。

(一)核心产品

核心产品是指产品能够带给消费者的基本效用、核心利益。核心产品主要是回答顾客购买产品所要解决的问题是什么,因此核心产品实际上是指产品的利益而非产品的形态,它是顾客需要的中心内容。

餐饮核心产品则是指为顾客提供的最基本的服务,它能够满足顾客在餐馆中的最基本需求和得到基本利益。这种基本利益表现为顾客在用餐消费过程中希望由饭店解决的各种基本问题。对不同的顾客来说,所需要解决的问题是不同的。例如:对支付能力有限的求廉型消费者来说,是便宜、卫生地吃顿饱饭;对享受型消费者来说,是享受高档菜肴和舒适服务;而对健康型消费者来说,则是希望通过食物的营养食疗作用达到保健的目的。

在餐饮服务产品的设计与管理中,只有先提出产品核心的理念,才能设计出符合顾客需要的产品。

(二)实际产品

核心产品必须转变成一个真实有形的产品,才能满足顾客购买的需要。这就是产品的第二个层次,即实际产品。实际产品是指产品呈现在市场上的具体形态,包括品质、特征、式样、包装、品牌等。实际产品是顾客需要与利益的实现形式,是核心产品的有形载体。

餐饮实际产品则是指从形式上能展示产品核心利益的多种因素。它包括餐馆的设计风格、建筑特色、地理位置、周围环境、品牌、餐厅设施与环境等;也包括餐饮企业为了使客人能得到核心利益而提供的各种菜肴和饮品,以及各项服务,如餐厅预订服务、领位服务、摆台、撤台、点菜服务等。这些展现因素使餐饮服务产品的核心利益有形化。正是这些产品的展现因素，才使世界上的餐馆各有特色。

（三）延伸产品

产品的第三个层次是由扩大服务和利益所构成的延伸产品。延伸产品是伴随着实际产品的出售，企业向顾客提供的各种附加服务和利益的总和。

餐饮延伸产品则是指在客人购买其实际产品时所提供的额外超值服务。这种额外超值服务可以增加核心产品的价值，能给顾客带来更多的满足，因而对客人购买实际产品具有一定的影响力。它使餐饮服务产品新颖独特并区别于其他餐馆，从而提升其服务竞争力。

餐饮延伸服务内容越多，其档次、规格也越高，例如：小孩照看服务、残疾人服务、俱乐部成员优惠、送餐服务、提前预订餐位、提供特殊菜品、按客人需要制作菜品、餐饮营养构成知识介绍、代客驾车服务，以及总经理向客人赠送生日贺卡、生日蛋糕、香槟酒、鲜花、礼品，等等。

随着餐饮业竞争的日益激烈，许多餐馆在核心产品、形式产品大同小异的情况下，都在延伸产品方面做文章、下工夫，使餐饮服务产品千姿百态、花样翻新。近年来，许多餐饮企业推出了例外服务、超常服务、微笑服务、情感服务等多种服务，使企业对客人服务的领域不断扩大，从满足客人的基本需求发展到满足客人的多种特殊需要，并常常给客人带来超值的享受和意外的惊喜。因此，延伸产品成为餐饮企业竞争的重要手段。

二、餐饮服务产品的构成

如前所述，完整的餐饮服务产品是由有形物质实体和无形服务构成的有机整体。具体讲，餐饮服务产品是由以下几个方面构成的。

（一）餐饮设施设备

餐饮设施设备包括直接或间接影响顾客用餐的一切设施设备。餐饮设施设备可分为生产设施设备和客用设施设备两大类。餐饮生产设施设备是提供餐饮产品的手段和物质基础，作为餐饮服务的依托和凭借，体现目标市场的要求，反映餐饮服务的能力与档次，影响餐饮服务质量和效率。餐饮客用设施设备发挥着服务的功能，是满足客人心理、生理需要的手段，是客人餐饮消费中享受的内容之一，其舒适、美观、完善程度直接影响服务质量或客人的体验与满意程度。

不同类型、不同等级的餐馆对餐饮设施设备的规格和质量要求是不同的。但一般来讲，对餐饮设施设备应提出以下要求：①体现餐馆设定的市场定位，按规定的等级标准进行配置。②效用性。这是指设施设备要满足使用要求必须具备的功能，性能良好。③时代性。由于餐饮服务产品属高消费和高气氛性产品，其设施设备应该具有时代气息，讲究造型、颜色、风格和装饰性，以设施设备来体现餐馆的时代潮流。④经济性。要综合考虑设施设备的使用寿命、使用频率、效率和使用成本。⑤完好率。应该保证设施设备完好无损,安全运行。

（二）餐饮环境与服务氛围

餐饮环境与服务氛围构成餐饮服务产品的重要组成部分,包括环境氛围和服务氛围两个方面。环境氛围是由餐馆的建筑、设施、装饰、陈设、餐位结构、灯光、声音、颜色、温度、湿度、卫生等多种因素构成的,它是餐饮服务的硬环境;服务氛围则是由餐厅员工的仪容仪表、态度和行为等因素构成的,它是餐饮服务的软环境。餐饮服务环境氛围对客人的情绪影响很大,客人往往把对环境氛围的感觉作为选择和评价餐馆的重要依据。

1. 餐饮服务环境

良好的服务环境能使宾客轻松、愉快、置身于美的享受之中。除餐饮设施设备的配置外,营造良好的餐饮服务环境还包括:

（1）设施的装饰。设施的装饰是由餐馆建筑设计和建造完成的,形成接待风格和服务品味。搞好设施的装饰,应与设计、施工部门密切协调,遵循美观、经济、适用的原则,体现餐饮风格特色,反映餐馆等级和礼遇规格。设施的装饰可以采取布景、借景、透景、对称、协调等设计手法,并通过这些设计手法的运用和具体施工装饰来保证餐饮消费场所的功能和装饰效果。

（2）环境的美化。环境的美化主要指在设施装饰基础上,采用盆栽、盆景、花草、喷水池、假山、雕塑、字画、条幅等来美化服务场所。应根据功能需要来美化餐饮服务场所,通过服务场所的风格和品位,反映餐馆或餐饮企业的总体形象。对就餐服务以外的场所,如餐馆周围和门前空地、楼体和门面、内庭花园、休息厅、楼梯等,应特别注意环境的美化,以为顾客留下美好的第一印象。

（3）就餐环境的微小气候。餐厅微小气候直接影响就餐客人的舒适感。餐厅要始终保持空气清新,温度、湿度适中,通风好,采光好,噪声低。

（4）室内外的环境卫生。餐厅及整个餐馆要始终保持清洁整齐、美观、干净。

2. 餐饮服务氛围

服务的硬环境固然重要,但是,更为重要的是人的因素,是富有生气的餐厅管理人员和服务人员的精神面貌。卓越的软环境,不仅可与硬环境相得益彰,更能弥补硬环境的不足之处。但拙劣的软环境,却足以抵消硬环境的积极作用。

（1）仪容仪表。良好的仪容仪表会给客人留下深刻的印象和美好的回忆。仪容是对服务人员的身体和容貌的要求,餐厅服务人员应身材匀称、面慈目秀、仪表堂堂、身体健康。仪表是对服务人员外表仪态的要求。服务人员应在工作中着装整洁、大方、美观,举止姿态端庄稳重,表情自然诚恳、和蔼可亲。

（2）服务态度。餐厅服务人员应做到一视同仁,不卑不亢,待人热情,分寸适度,表情自然诚恳,精力旺盛,微笑服务。

（3）言谈举止。餐厅服务人员要注意自己的礼貌修养。礼貌修养是以人的德才学识为基础的,是内在美的自然流露。在言谈举止上应做到:用语规范、声调柔和、语气亲切、表达得体、文明优雅;站立挺直自然,不倚不靠,行走轻快,不奔跑;手势正确,动作优美、自然,符合规范。

（三）餐饮食品

一般来说,光临餐馆购买餐饮食品是就餐客人最直接、最明确的购买内容,也是顾客购买的最基本的目的。餐饮食品能够满足人们对营养、风味的物质、生理或心理等多方面的消费需求。对于经营者来说,餐饮食品是餐饮企业推销餐饮服务的载体,它构成餐饮服务产品的基础。

餐饮食品的生产加工,从菜单设计开始,经过食品原料的采购、验收、保管、发放、初加工、切配、烹调和装盘等一系列生产经营活动,最后,通过餐厅服务员的餐桌服务摆到宾客面前。餐饮食品体现着餐馆各部门、各环节的协调配合,是各岗位员工共同劳动的成果。对餐饮食品加工生产的基本要求是:①严选料;②细加工;③准配料;④精心烹制;⑤严把出品关。

（四）餐饮服务用品

餐饮服务用品分为生产服务用品和直接供客人使用的客用品,如餐具、茶具、酒具、台布、口布、餐巾纸、推车、托盘等。生产服务用品是餐厅提供优质服务的物质保证;客用品是全面满足客人就餐消费需求的重要方面。对餐饮服务用品的要求是:①符合餐馆的市场定位和档次;②符合餐饮消费场所的功能与风格;③经济、美观、适用、齐全、配套、规范、定额配备;④卫生、安全、适时更换。

（五）餐厅服务

餐厅服务是指餐厅、宴会厅、咖啡厅、酒吧或酒店客房送餐等餐饮消费场所的就餐服务。餐饮服务是餐饮服务产品的一个十分重要的组成部分,也是宾客选择餐馆的主要考虑因素之一。服务人员是餐厅服务理念的具体执行者和体现者,其服务水平的高低、质量的优劣是构成餐饮企业竞争力的重要方面。因此,餐厅服务人员要牢固地树立自觉为客人服务的观念和意识,明确自己的角色、责任和义务,以最佳的精神状态,为就餐客人提供优质的服务。对餐厅服务的基本要求是:①主动、热情的服务态度;②端庄的仪表仪容,讲究礼仪,举止优雅;③耐心、周到、殷勤、快捷的服务;④娴熟的服务技能,规范化操作。

三、餐饮服务产品的特点

与一般实物产品比较,餐饮服务产品表现出多方面的独有特点。要搞好餐饮服务,提高餐饮服务管理水平,就必须对餐饮服务产品的这些特点有充分的认识。

（一）构成的综合性和复杂性

餐饮服务产品构成的综合性和复杂性,是由宾客对餐饮服务产品的消费需求和购买内容决定的。宾客的餐饮消费需求是多方面的,包括物质、生理、心理、精神和情感需求等。为满足宾客的需求,餐饮服务产品应该由设施设备、服务环境氛围、服务用品、餐饮食品和餐厅服务等要素完美融合为一个有机整体,而每一要素又是由许多因素形成的。

我们可以从餐饮服务产品的综合性和复杂性中,分析和研究影响餐饮服务产品质量的因素,以加强餐饮服务产品管理,不断提高餐饮服务产品的质量。

（二）功能的多样性

功能性是餐饮产品最突出的特点之一。餐饮业发展到现在,其产品的功能早已超越了满足人们基本生理需要这一基本功能,其功能的多样性趋于明显。人们除了可以在餐馆用餐外,还可以在这里交友、商谈,甚至是休闲和娱乐。时下新兴的食疗餐馆、药膳菜式,就是把餐饮食品的功能向医药和保健延伸。这种将传统医学和民间秘方与餐饮产品相结合的做法,迎合了人们的需求。经营者为了适应市场竞争的需要,满足消费者对餐饮产品的不同消费需求,必须进行明确的市场定位,针对自己的目标市场,推出具有特色的餐饮服务产品品种、形式和内容。

（三）服务的无形性

无形性是服务产品的共性。尽管餐饮产品是具有实物形态要素的产品,如餐厅、设备、酒水饮料和菜肴等,但服务的内容是由人的行为完成的,在客人就餐的过程中,要向客人提供各种服务,如接待、礼貌、氛围等,并且服务所占的比重很大。这些服务是无形的,无法以形状、质地、大小等标准去衡量和描述。服务的无形性还表现为客人消费餐饮服务获得的利益也可能很难觉察或仅能抽象地表达。所以,餐饮产品从本质上讲就是服务,或者说餐饮产品是一种高服务的产品。

事实上,大多数餐饮消费者选择一家餐厅时,往往只凭他们所得到的有关这家餐厅的信息,如从广告宣传、亲朋好友口碑传播中做出购买的决定。至于他们的选择正确与否,只能在他们亲临餐厅并享用之后,凭其生理、心理的满足度来评价。因此,餐饮企业以服务为本,以服务立业,其服务设施、菜品和服务质量构成餐饮企业的生命线。

正因为服务的这一特性,加之餐饮产品本身又不具有很高的技术含量,使得餐饮产品很难申请专利,其菜品和服务很容易在短时间内为人所知并被仿制。因此,餐饮企业必须重视品牌建设,并不断进行产品创新,以保持和不断提升自身的竞争力。

（四）生产与消费的同步性

一般实物产品由生产到消费要经过流通环节才能最终到达消费者手中。产品的生产过程与宾客的消费过程是分离的,消费者看到的或感受到的只是最终产品。所以消费者更多关心的是产品的质量和使用价值,至于产品的生产过程及生产者的状态通常与消费者无关。而餐饮服务产品则不同,它的生产过程与宾客直接相关。餐饮食品的生产、销售过程和餐厅服务人员提供服务的过程,也是宾客消费体验餐饮服务产品的过程,即现生产、现销售、现消费,生产过程、销售过程与消费过程几乎是同步进行的。只有当宾客购买并在现场消费时,餐饮产品、餐厅服务和餐厅设施、餐厅环境相结合才能成为餐饮服务产品。

这一特点,决定了餐饮服务产品不能贮存,也不能转移。这给餐饮产品生产和销售带来许多问题。例如,菜肴不能像工业品那样大批量、统一规格生产,产品生产过程时间短,产量难以预测,产品销售受餐位数量和用餐时间的限制等。所以,餐饮企业必须考虑其产品的生产环境和销售环境,充分利用餐厅相对固定的服务接待能力,保持和提升其产品的形象吸引力,以吸引更多的宾客前来消费,并保持较高的回头客比率。

(五)消费者的参与性

餐饮服务产品生产与消费的同时进行,使得宾客往往会参与服务的提供,或通过与服务人员合作,积极地参与服务提供过程,享受服务的使用价值。服务结束后,宾客能继续享受服务的效果。正是在这个意义上,餐饮服务产品提供过程就是宾客的体验过程。

宾客作为参与者出现在服务工程中,这就要求餐饮企业管理者必须重视餐厅设施的设计,注意餐厅服务设施的物质环境,为宾客创造氛围。因为对宾客来说,服务是一种发生在餐厅服务设施环境中的体验。餐馆对内部装饰、陈设、布局、噪声及色彩的关注能够影响宾客对服务的感知。

宾客参与服务过程也为餐饮企业开展现场促销提供了机会。餐厅服务人员要充分利用这个机会,既为宾客提供热情周到的服务,又为企业推销更多的餐饮产品。

(六)质量的波动性

餐饮服务产品质量的波动性表现在以下几个方面:

第一,餐厅员工的工作态度、服务技能都存在差异,从而使餐饮服务不可避免地产生质量上的差异。

第二,同一员工在不同时间、地点或对不同的客人所提供的服务,表现在质量上就可能不同。

第三,宾客对餐饮服务质量的评价带有主观性。宾客对服务质量的感受往往带有较多的个人色彩和特点,具有很大的不确定性。服务产品质量的好坏在相当程度上取决于宾客各自的需要,"众口难调"。即使员工提供的是一种符合操作规范的稳定的服务,不同的客人对其评价也会有所不同。

第四,影响菜肴质量的因素很多。在一定条件下,食品原料均会产生不同的质量变化,进而影响成品的质量;员工的技艺、设施设备和环境因素,也都会影响菜肴的质量。

餐饮服务产品的这一特点,要求餐饮企业应制定服务标准,加强对服务过程的控制。并且在确保其产品符合质量标准的基础上,对不同类型的客人提供针对性的个性化服务,以提高宾客对餐饮服务的满意度及餐饮企业在公众中的美誉度。同时,要关注员工,提高其工作的满意度。

第三节 餐饮管理概述

一、餐饮管理的含义

管理是任何经济组织实现生产经营目标的必要手段。餐饮管理是餐饮企业经营管理的简称,包括经营和管理两个方面。经营与管理是两个各有内涵、密不可分的概念。经营是以市场需求为依据,对企业的经营目标、经营内容、经营方式、经营策略作出科学决策的活动过程。管理则是为了达到企业经营目标,对企业内部资源进行合理组织、配置,使企业业务有效运转的活动过程。

餐饮管理是餐饮经营管理者在了解市场需求的前提下,运用各种管理方法,对企业所拥有的有限资源进行有效的计划、组织、指挥、协调、控制,形成高效率的服务生产系统,以实现既定的企业目标的活动的总和。理解餐饮管理的概念必须明确以下几点:

第一,管理主体是管理者。餐饮经营管理行为过程的主体是管理者,他们掌握企业管理权力,承担管理责任,具有一定管理能力,在企业管理中起到决定性的作用。

【小资料1-4】

根据明茨伯格的理论,管理者扮演着10个不同又高度相关的角色,这10个角色又可分为3个方面:①人际关系方面,即挂名首脑,领导者,联络者;②信息传递方面,即监听者,传播者,发言人;③决策制定方面,即企业家,混乱驾驭者,资源分配者,谈判者。

第二,管理必须运用各种有效方法。这些管理方法包括经济方法、行政方法、法律方法、数学方法,以及社会学、心理学方法等。

第三,餐饮企业拥有一定的资源。包括人力资源、财力资源、物力资源、时间资源和信息资源等,但这些资源都是有限的,所以需要合理组织和配置。

第四,为使有限的资源发挥最大效用,必须进行有效的计划、组织、指挥、协调和控制活动。这五项活动又被称为管理的五大基本职能。

第五,管理的基础是对市场需求的了解。在市场竞争的环境下,离开对市场的了解和把握,内部组合再好,也是闭门造车,毫无成效。对现代餐饮企业来讲,纯粹意义上的管理是不存在的,餐饮管理是开放式的经营管理。

第六,管理的目的是实现企业的既定目标。餐饮企业的一切经营管理活动都要围绕着企业的目标进行。目标不明确,企业发展就没有方向,管理便无从谈起。餐饮管理的目标是:通过提供宾客满意的餐饮服务产品,达到经济效益和社会效益高度统一的最优化。

二、餐饮管理的特点和任务

(一)餐饮管理的特点

1.生产过程短,随产随销

餐饮管理具有很强的时间观念,必须将食品原材料的采购供应,加工切配,烹饪制作和销售服务形成一个整体。要坚持一条龙服务,正确处理生产过程中各个环节的关系,保持其衔接和协调。

2.花色品种多,技术要求高

餐饮管理事实上是一个多品种、少批量的生产管理过程。产品质量关键取决于厨房的技术力量和厨师的高超技巧。因此,餐饮管理必须合理选择经营风味和花色品种,加强技术力量的培养,发扬优良传统特色。

3.经营方式灵活,收入弹性大

餐饮收入水平的高低主要取决于企业的等级规格、市场环境、客流量大小、人均消费水平和服务质量。因此,餐饮管理必须坚持经营方式灵活、服务项目灵活、产品价格灵活;必须广泛组织客源,提高餐厅上座率和人均消费,改变客人消费构成。

4.成本构成复杂,成本不易控制

餐饮经营成本包括食品原材料成本和流通费用。因此,餐饮管理必须加强成本控制,要建立一套成本管理制度,做好成本核算和成本分析,要正确掌握毛利,随时掌握实际成本消耗,加强成本考核,才能切实降低消耗提高经济效益。

(二)餐饮管理的基本任务

餐饮经营管理的基本任务,就是以市场开发和客源组织为基础,以经营计划为指导,利用餐饮设备、场所和食品原材料,科学合理地组织餐饮产品的生产和销售,满足宾客对餐饮服务产品的需求,达到社会效益和经济效益的最优化。

1.分析经营环境,设定管理目标

要满足客人对餐饮的需求,必需首先了解餐饮企业目标市场的消费特点与餐饮要求,掌握不同年龄、不同性别、不同职业、不同民族和宗教信仰的客人的餐饮习惯和需求,同时掌握国家方针政策和对餐饮经营的有关法规和规定等,然后对这些资料进行认真分析,结合企业自身条件,确定企业市场定位、经营方针、经营策略和经营特色,使企业的等级规格及餐厅场所、设备、用餐环境与接待对象相适应。

设定管理目标是分析经营环境的继续和深入。餐饮管理的目标设定,主要包括:①按时间划分为长期目标、中期目标、短期目标;②按内容划分为市场目标、销售目标、质量目标和效益目标;③按层次划分为企业目标、部门目标和基层目标。

设定目标,要坚持以提高经济效益为中心,以企业目标和部门目标为主,长短结合。因此要以调查资料为依据,通过预测分析,首先设定战略目标,然后形成市场、销售、质量、效益等具体目标,并通过目标的层层分解,转化成收入、成本、费用、利润等经济指标,落实到企业、部门、基层等各部人员。这样即能将各级管理人员至基层员工的注意力吸引到餐饮管理目标上来,向着共同的目标奋斗。

2. 发挥规划功能,合理配置资源

管理目标一经确定,就要根据其要求做好统一规划,以保证餐饮经营各部门、各环节的协调发展。重点是人力资源、服务项目和业务活动管理三方面的规划。

合理分配资源是发挥规划功能的自然结果。餐饮管理资源主要是人、财、物和信息四大资源,合理分配的目标是要达到人力到位,物资流、资金流和信息流畅通,为完善餐饮管理目标提供资源保证。其中,人力资源的开发与管理是最为重要的,要通过不断发掘人力资源的潜力,保证和提高企业的竞争力。

3. 广泛组织客源,扩大产品销售

客源是餐饮企业生存与发展的基础与前提,只有广泛组织客源,才能扩大餐饮产品的销售,因此,餐饮企业必须采取各种方法招徕并吸引客人前来就餐,从而提高餐饮企业的知名度、美誉度和经济效益。

4. 加强原料管理,保证生产需要

餐饮原料的质量直接影响餐饮产品的质量;而其价格又直接关系到餐饮企业的经济效益,因此,加强对餐饮原料的采购、验收、储存管理,既可保证厨房的生产需要,又可降低餐饮成本。

5. 搞好厨房生产管理,提高菜品质量

厨房是餐饮产品的生产场所,其管理水平的高低直接影响餐饮产品的质量和客人满意程度。因此,餐饮企业应搞好厨房管理,根据客人需要,合理加工餐饮原材料,组织厨师及时烹制出适销对路,色、香、味、形俱佳的餐饮产品,并加强生产过程的控制,努力提高餐饮产品的质量。

客人的口味需求各异,应以适口为准。餐饮管理必须了解市场需求和客人的消费习惯,努力使企业供应的菜点酒水品种符合目标市场的需求,厨房制作必须照顾到客人不同口味的需求,原料的采购、厨房的制作和餐厅的服务等环节必须密切配合。一旦出现问题,能及时解决。

6. 抓好餐厅服务管理,满足宾客需要

餐厅是餐饮企业的销售场所,又是为客人提供面对面服务的现场,它使餐饮产品的价值最终得以实现。适口的菜品酒水,只有配以优质的对客服务,才能真正满足客人的餐饮需求。所以,要为客人营造怡人的就餐环境,提供主动、热情、礼貌、周到的服务。优质的餐厅服务虽然不能掩盖或弥补因粗劣的菜品酒水带给客人的不满,但适口的菜品酒水却肯定会因不良的服务变得难以下咽。由此可见,对客服务在某种程度上比美味佳肴更能满足客人的需要。因此,抓好餐厅管理,既可满足客人的物质和精神需要,提高客人的满意程度,又可体现并反映餐饮企业的管理水平与服务质量。

7. 加强成本费用控制,提高经济效益

餐饮企业应根据等级、客源市场的消费水平和经营目标等因素制定相应的成本标准,按规定的毛利率确定菜肴的售价,在满足客人需求的前提下,保证餐饮企业的经济利益。因此,餐饮企业应建立餐饮成本控制体系,加强对餐饮生产全过程,如采购、验收、库存、发放、厨房的粗加工、切配、烹制、餐厅销售等各环节的成本控制。并定期对餐饮成本进行比较分析,及时发现存在的问题及其原因,从而采取有效的降低成本的措施,最终提高餐饮企业的经济效益。

8. 注重食品安全卫生,确保客人生命与健康

食品在人们的日常生活中一直占有主要的位置。餐饮安全卫生,直接关系到客人的生命健康。近几年危害人们生活和身体健康的食品安全事件屡有发生,引发了全社会对食品安全卫生的关注,公众的安全意识大大增强,也给餐饮企业的经营管理敲响了警钟。因此,餐饮企业必须把保障食品安全卫生,作为一项十分重要的管理任务常抓不懈。餐饮经营活动环节多,饮食安全涉及面大,是一项复杂的业务活动。餐饮企业要增强社会责任感,强化食品安全意识,加强生产经营各环节的管理,练好扎实内功。要从系统管理角度进行综合考虑,建立完善的餐饮安全控制系统,确保食品安全万无一失。

三、餐饮组织机构

任何企业组织为了实现其使命和目标,都必须建立有效的组织系统。现代餐饮企业组织,就是为实现其经营管理目标,由许多相互联系、彼此合作的部门和人员,共同形成的一个有机的整体。

(一)餐饮组织设计

餐饮组织设计的目的是对企业员工的工作分工协作关系做出正式、规范的安排,建立一种有效的组织机构,实现餐饮企业经营目标。餐饮组织机构要根据其经营目标和等级标准来设计。例如,某高星级饭店的目标市场是高消费的商务客人或欧美旅游者,那么饭店餐厅就要按高星级饭店的要求,设立西餐厅、高档中餐厅、酒吧等服务项目。

1. 餐饮组织设计的依据

(1)战略因素。餐饮组织结构设计应服从企业战略的需要。设计适应战略要求的餐饮组织结构是实施战略、实现餐饮企业组织目标的前提。实现餐饮组织目标,通常可有多种战略选择,而不同的战略选择会影响餐饮组织结构:一是不同的

战略要求不同的业务活动,从而影响组织设计;二是战略重点的改变引起工作重心转移,从而有必要对各部门及相关岗位做出相应调整。

(2)环境因素。任何企业组织都在一定的社会经济环境中运转,外部环境必然对组织内部的结构形式产生一定的影响。例如,在市场经济的条件下,餐饮企业必须自己开拓市场,因此,企业就要建立市场营销部,有的还要在重要部门中设立销售机构或相关职位,如饭店餐饮部中的宴会推广部等。

(3)技术因素。餐饮经营业务活动需要利用一定的技术和反映一定技术水平的物质条件。技术和技术设备水平不仅会影响餐饮业务活动的效果和效率,而且还会影响其内容划分、岗位设置和人员素质要求。例如,计算机技术在餐饮经营管理中的普遍运用,使许多岗位降低了工作强度,减少了人员配备,但对操作人员的基本素质提出了新的要求。

(4)规模与等级因素。规模与等级是影响餐饮组织结构的一个十分重要又非常直接的因素。餐馆规模的大小往往与其等级紧密相关。高档大型餐馆要求有齐备的服务项目和配套设施,因此其组织机构也会比较复杂;规模不大的中小餐馆则不必要也不可能有复杂、庞大的组织机构。

2.组织设计的内容

(1)组织结构系统图。组织结构系统图是展示餐饮企业具体组织形式的组织网络示意图,它将餐饮组织各部门的设置情况、职责、业务范围以及各部门之间的协调关系用图表的方式展示出来。

(2)职务说明书。职务说明书是对每个职务(岗位)的工作内容、职责、权力,组织中其他部门和职务的关系,要求担任该职者必须具备的基本素质、技术知识、工作经验、处理问题的能力等条件的具体规定和描述的企业文件。

3.组织设计的步骤

(1)职务分析。在对餐饮经营目标要求逐步分解的基础上,确定为实现经营目标餐饮组织所需的各种管理和服务职务的类别与数量,以及担任各个职务的人员的职责和应具备的素质。

(2)确定管理层次与管理跨度。根据餐馆或餐饮企业的等级和规模、业务性质、管理要求、内外部环境条件,确定相应的管理层次与管理跨度。餐饮企业的管理层一般分为决策层(总经理)、管理层(部门经理)、督导层(领班)三级。管理跨度应根据不同管理层次、工作性质和特点确定。通常层次较高管理幅度较小,层次较低管理幅度较大,下属人员工作复杂管理幅度应相对较小,工作标准化程度高管理幅度可较大。

(3)部门划分。在前两步工作的基础上,依照一定的形式,把各种职务(岗位)组合成"部门",以形成餐饮管理的分工协作关系。餐饮企业部门划分的标准可随着经营目标、环境和条件的改变而不断调整。

（二）餐饮组织结构的基本形式

餐饮组织结构是餐饮企业的指挥管理系统。组织内部门和人员之间的权责关系，各项工作之间的上下左右协调关系和隶属关系，都以组织结构图来表示。组织结构可以采取多种多样的方式，从而形成不同类型的组织结构。餐饮企业组织常见的组织类型有直线制、直线—职能制和事业部制三种。

1. 直线制

直线制也称军队式组织。它是企业从最高层到最低层，按垂直系统建立的组织形式。一个下属部门只接受一个上级领导的指挥，不存在管理的职能分工。

直线制组织机构的优点是：机构简单，权力集中，权责分明，联系简捷，指挥与命令统一，人员少，效率高。它的主要缺陷是：缺乏合理的分工，不利于同级协调与联系，领导者工作负担过重，经常处于忙乱的状态。直线制的组织机构形式，一般只适用于那些没有必要按照职能实行专业管理的小型餐馆或企业，或是饭店的餐饮部，或是应用于服务现场管理。某中型饭店餐饮部的组织结构示意图如图 1-1 所示。

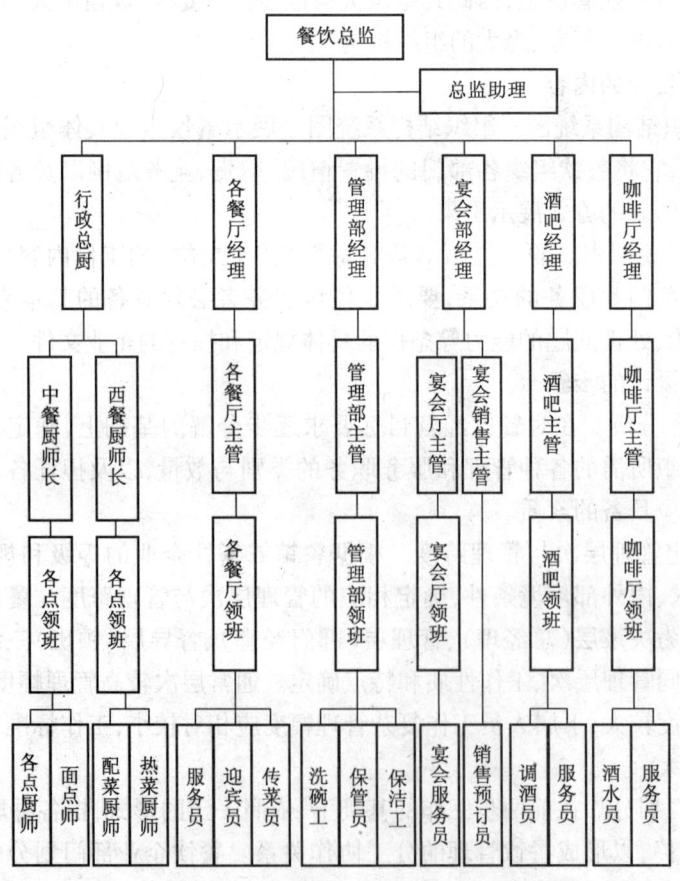

图1-1 某中型饭店餐饮部的组织结构图

2. 直线—职能制

直线—职能制是指由垂直的生产、服务指挥系统和按专业分工的横向职能系统相结合而成的组织形式。其优点在于:既保留了业务部门直线系统的管理渠道,又使职能部门能有效地发挥监督和参谋的作用,实现了分工管理的统一性。一方面,指挥命令权集中于直线指挥人员,一个下属只接受一个上级领导的命令,因而有利于集中命令、统一指挥。另一方面,每个直线指挥人员都有相应的职能部门人员给予协助,提供建议,有利于提高其管理的有效性。缺点在于:权力过于集中,往往使高层领导陷于日常事务中,也不利于下属人员积极性和主动性的发挥;管理职能的专业化分工较细,部门之间横向沟通差、协调的难度大。

一般来说,餐饮企业普遍采用的组织形式是直线—职能制,纵向分为决策层、管理层、督导层、操作层等层次,横向通常由销售、厨房、餐厅、采购、人力资源、财务等部门组成。但是不同规模、不同等级的餐饮组织常有各自的表现方式。某餐饮企业的组织结构如图 1 – 2 所示。

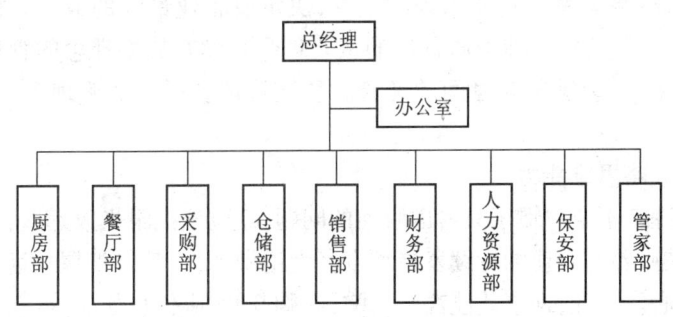

图 1 – 2　某餐饮企业的组织结构示意图

3. 事业部制

事业部制组织结构形式按照"集中政策,分散经营"的原则,把企业的生产经营活动按产品或地区的不同建立事业部。总公司主要负责研究和制定公司的各种政策及做出涉及公司整体发展的重大决策;事业部是一个利润中心和责任中心,在总公司领导下,实行独立核算、自负盈亏,对公司负有完成利润计划的责任。但在总公司的宏观控制下,有经营管理的自主权,可以独立地从事生产经营活动。事业部制组织结构形式的优点在于:有利于公司的最高管理层摆脱日常行政事务,搞好战略决策和长远规划;各事业部有相对独立的利益和自主权,便于内部协调,发挥其生产经营的积极性和主动性;有利于把集团化和专业化结合起来,从整体上增强公司的市场适应能力和竞争能力。其缺点在于:从整个公司角度看,机构重叠,用人较多;各事业部独立性较强,易产生本位主义,不利于部门之间的横向协调,忽略公司整体利益。事业部组织结构形式是一种适用于集团化经营的餐饮连锁企业的组织结构形式。

餐饮组织结构形式各异,都各有其利弊。采用何种形式应视企业具体情况而定,应从本企业的实际出发选取一种最适合的组织结构形式。总之,组织结构的选取应有利于餐饮企业的经营管理,有利于提高工作效率,使餐饮组织发挥出最大的效能。

四、餐饮经营管理理念

经营理念即系统的、根本的管理思想。它在餐饮经营管理中起着十分重要的作用,支配和指导着餐饮企业的经济行为和管理行为。餐饮管理者必须树立先进的经营理念,并使之成为企业及全体员工的明确的、始终如一的共识意念。

(一)战略理念

所谓战略理念,是指企业全部生产经营活动(包括其战略管理活动在内)的指导思想,即为企业生产经营活动所确定的价值观、信念和行为准则。在激烈的市场竞争环境下,战略关系着企业未来的生存,决定着企业最终的成败。树立战略理念,已经成为现代餐饮管理中居首位的重要理念。没有战略理念的管理者虽然可以取得一时之利,却经不起时间的考验。餐饮管理者树立战略理念,应做到以下几点:

1. 具有战略思维能力

餐饮管理者不要习惯于只考虑眼前的问题,而应该把眼光放远些,要用战略的思想思考问题,要对企业的持续发展负责。无论做什么,都要把握长远、整体、全局这样几个核心。这样,遇事才能高瞻远瞩,心胸开阔,应付自如。

2. 把目标放在未来

近期利益和长远发展是一对矛盾统一体。餐饮管理者每天都要处理一些具体的、烦琐的事务,以完成近期目标。这固然重要,但未来才是中心。今天做的一切,是为明天打下基础;今天的生存,是为了将来的发展。没有未来的目标,今天就失去了意义。特别是在不景气时,眼光更要看远些,从而树立信心,激发力量。

3. 关键在追求整体效果

餐饮企业是一个综合系统。有时,企业的经营效果从局部看,从短时间看,可能会得不偿失;但是从全局看,从长时间看,产出将远远大于投入。因此,不能为一时的、局部的结果所蒙蔽。对于企业再造、技术创新和人才培养这些关系着企业发展大计的事情,要敢于决策,敢于投资,可以肯定,将来的受益会成倍于现在的投入。

4. 注重品牌塑造

品牌(Brand)是用以识别一个或一群产品或劳务的名称、术语、象征、记号或设计及其组合,以和其他竞争者的产品或劳务相区别。品牌是企业战略的重要组成部分,只要企业存在就应该努力塑造品牌。综观国外餐饮企业的发展,无一不是依靠其雄厚的品牌实力,如麦当劳、肯德基等。随着市场经济的日益完善和体验经济时代的来临,未来餐饮企业之间的竞争将更多地表现为品牌的竞争。餐饮经营管理者的经营理念不能只停留在产品思维的层面上,而应该用品牌战略思维来统筹企业,注重品牌的建构、维护和发展。

餐饮品牌是由企业知名度、美誉度、影响面及品牌所代表的餐饮服务产品的质量、性能以及消费者对品牌的认识程度等多方面组成。管理者要苦心经营和维护自身的品牌,以求得一个公众认可的品牌知名度、美誉度、忠诚度,品牌联想和市场影响,求得基业常青。

品牌塑造是系统工程,不单单是炒作、广告、CI 设计等传播层面的事情。要求管理者必须长期坚持不懈,把产品质量、服务、内部管理等相关工作落到实处。

（二）市场理念

餐饮企业既然是独立面对市场,管理者就应有强烈的市场理念。顾客需求是企业经营活动的出发点和归宿,是企业的生存发展之源。企业生产什么、生产多少、什么时候生产以及生产的产品以什么方式去满足顾客的基本需求是市场理念的基本内涵。餐饮管理者的市场理念应有以下几方面的具体要求:

1. 重视市场调研

社会需求总是通过市场反映出来的。市场是社会需求的晴雨表。市场需求是企业经营活动中最活跃的起主导作用的因素。在市场经济条件下,餐饮企业生存和发展的基础来自于对市场需求的认识及满足这种需求的程度。

2. 开拓潜在市场

客源是餐饮企业在市场上立足的根本。统计资料显示,我国餐饮业零售额近20 年来已连续保持高速增长,显示出住宿餐饮业已成为中国服务业的重要支柱性行业。随着我国经济的迅猛发展、带薪休假制度的完善,以及人们生活观念的改变,餐饮业必将得以更快的发展,市场潜力巨大。餐饮经营者必须不断开拓,创造市场需求,挖掘潜在市场。

3. 做好顾客服务

市场理念的核心是一切为顾客服务。在任何时候,顾客的需求都决定着企业的命运。餐饮管理者要树立以顾客为中心的经营指导思想:一是树立"顾客至上"的职业意识,二是树立"一切为了顾客"的经营作风,三是倡导"顾客的要求就是我们的需求"的经营思路和经营方法。

4. 积极参与市场竞争

竞争是市场经济的必然产物。餐饮企业必须适应市场经济的要求,在竞争中求生存、求发展。餐饮管理者必须具备强烈的竞争意识,懂得优胜劣汰、新陈代谢是宇宙万物的普遍法则,也是企业生存、发展的客观规律。要有敢于竞争的思想,这样才能激发自己的智慧和才能,鼓舞员工的信心和积极性,上下一致,形成合力,战胜竞争对手。餐饮管理者要懂得,不犯错误、甘居中游的落后、迂腐观念,已被竞争的时代远远抛弃。要么拼搏取得成功,要么落后遭到淘汰,两者必择其一。

5.居安思危,未雨绸缪

在市场经济的浪潮中,任何一个企业随时随地都有可能出现危机。危机包括外部危机和内部危机。对餐饮企业而言,内部管理不当导致的危机,如火灾、食物中毒、盗窃抢劫、劳资纠纷等是其需要着重处理的。

如果危机处理不当,就会使企业多年辛苦建立起来的良好形象化为乌有。危机的普遍存在性、隐蔽性要求管理者要想在商场中有最高的胜算,就必须具有居安思危、未雨绸缪的危机意识,必须充分考虑和重视企业的危机管理问题,必须具有危机预防、应对和处理能力,做到防患于未然,保证企业处变不惊,增强企业的免疫力、应变力和竞争力。

(三)效益理念

效益,既包括经济效益,又包括社会效益。餐饮企业是一个经济组织,有良好的经济效益和社会效益才能生存和发展;没有效益,或者很少效益则只能被淘汰。餐饮管理者必须牢固地树立效益理念。

1.时时关心经济效益

餐饮经营者必须时时关心企业的经济效益,把提高企业经济效益作为自己的天职。经济效益是产出与投入之比,或者说是成果与消耗之比。比值越高,经济效益越好;反之,则很差。不断提高经济效益是餐饮企业经营的目的之一,也是餐饮企业对社会贡献的体现。管理者要有经济头脑,要时时、事事把成果与消耗加以比较,力求用最少的消耗创造出最多的经营成果。

2.做好餐饮产品销售

扩大产品销售是增加效益的重要途径。因此,餐饮经营者必须根据市场需求,千方百计扩大产品销售。一方面要建立一支精干高效的销售队伍,不断了解市场,实施各种营销策略,提供顾客满意的餐饮产品,实现企业的经营目标。另一方面要增强全员销售意识。所谓全员销售意识就是要求餐饮企业经营的每一个环节都从顾客需求出发,企业的每一位成员都应去了解市场、理解营销、服务顾客,以企业的良好整体形象和产品,以尽善尽美的服务,达到最大限度的顾客满意。餐饮经营者必须认识到扩大产品销售取决于企业全员在内的整体实力,面对市场,所有岗位都是相互关联的,都是举足轻重的。

3.加强成本费用控制

控制成本,降低费用,就是提高效益。随着市场环境的变化,餐饮市场竞争日趋激烈,高利润时代已经成为过去。从内部管理抓利润,加强财务管理,降低成本,获得最大的利润,是加强餐饮管理的出发点和归宿。餐饮管理者要发动全员参与,提高认识,形成一个处处讲节约、杜绝浪费的氛围;要在菜单设计、原料采购、验收、库存、发货、菜品生产和销售等各环节精打细算,科学制定和严格执行规章制度,堵塞漏洞。

做好餐饮成本控制,要坚持一个原则:控制成本要以质量为前提。要注重目标市场和餐饮产品定位,坚持品质是第一位的原则。以牺牲质量为代价的成本控制是得不偿失的。

4.增强社会责任感

现代企业承担着双重责任,即经济责任和社会责任。经济责任最直接地说就是赢利,尽可能扩大销售,降低成本,正确决策,保证利益相关者的合法权益。社会责任是指企业在创造利润、对投资者承担法律责任的同时,还要承担对员工、消费者、社区和环境的责任。企业的社会责任要求企业必须超越把利润作为唯一目标的传统理念,强调在生产过程中对人的价值的关注,强调对消费者、对环境、对社会的贡献。

(四)人本理念

所谓人本,顾名思义,就是以人为本。以人为本强调人与人之间的和谐、尊重、互信和支持。管理的人本理念,是指在管理活动中,坚持一切以人出发,以调动和激发人的积极性和创造性为根本手段,以提高效率和人的不断发展为目的的理念。人本理念是现代管理的核心理念。餐饮业是"人"的行业,人在餐饮经营管理中有着极其重要的意义和作用。一方面餐饮产品主要是由人来完成的;另一方面,餐饮产品质量的高低也是以人的主观体验来评定。餐饮经营的一切活动都应围绕着人来展开。

1.把员工的利益放在首位

人本理念的基本含义:①人是生产力的首要因素,是社会一切财富的创造者;②人的自由和全面发展是整个社会发展的趋势和追求目标。因此,管理人本理念的实质不是仅仅把人看成是生产力的首要因素,还在于要把关心人、尊重人、激励人、解放人、发展人作为管理的目的,从而纳入管理要追求的最高目标。

餐饮业是人与人密切接触的服务行业,餐饮产品的生产、销售和消费几乎是同步进行的,员工对餐饮服务产品的质量起着决定性作用。餐饮企业管理者更是应该关心、尊重、激励员工,满足员工的合理需求,激发员工的工作热情。"没有满意的员工,就没有满意的顾客"。

管理者不应把使用员工看成是简单的雇佣,而是必须考虑员工的发展,要不断地对员工进行教育培训,使员工在为企业努力工作的过程中不断成长。

2.树立科学的人才观

在企业的各种资源要素中,人才资源是最活跃、最关键、最特殊的第一要素,是生产力的核心。只有通过人才资源的最优组合,才能发挥物质资源等其他资源的最大效用。对餐饮企业而言同样如此,人才资源起着决定性的作用。一流的餐饮企业必须有一流的餐饮产品和一流的技术。而运用一流的技术制造一流的产品,就必须要依靠一流的人才。现代餐饮市场的竞争归根结底是人才的竞争!

管理者要树立科学的人才观,重视人才开发和智力投资,用人所长,发挥人才群体的力量,为人才创造和谐的工作、学习、发展的环境与机会。

3. 树立"顾客至上"的意识

"顾客至上"就是把客人看做本企业最重要的人,客人是大家的"衣食父母",是给大家带来财富的"财神"。所以,要把客人的需要作为服务活动的出发点,把追求客人的满意当作服务活动的宗旨。餐饮经营的一切活动都必须建立在对客人尊重的基础上,都要有一种人文关怀。要以客人为本,全面关怀,要充分理解客人的角色特征,掌握客人的心理特点,提供有针对性的产品和服务,使客人的满意度得到全面提高。

(五)服务理念

餐饮业是服务性行业,热情好客是本行业的最基本特点,服务是餐饮企业的灵魂与精华。为客人提供服务既是企业员工的本职工作,更是管理者的重要职责。管理者不但自身要有牢固的服务理念,而且还要把这种理念灌输给全体员工。管理者的服务理念是双重的,一方面要树立为顾客服务的理念,另一方面又要树立为员工、为下属服务的理念。具体讲,至少应该强调以下几点:

1. 全员服务意识

为顾客服务是餐饮企业从业人员的真正的和全部的工作内容,虽然企业划分为很多不同的部门和岗位,其基本工作职责都各不相同,但所有部门和岗位所做工作的目的是很清楚的,那就是为了服务顾客,为了顾客的满意。所以,服务意识是餐饮企业全体员工都必须具备的最基本素质。

服务人员在为外部顾客服务时,需要组织内部其他部门的支持,如果内部各部门、各个管理环节之间不能协调一致,就会直接影响一线员工对外部顾客的服务。所以,要特别强调内部服务理念。所谓内部服务理念就是企业内部上级管理层与下级管理层之间、上一个部门与下一个部门之间、同级的各个部门之间,以及上一道工序与下一道工序之间等,都应该像一线员工对待外部顾客那样,是一种服务主体与服务对象之间的关系。

【小资料1-5】

1985年美国学者卡尔·阿布里奇在其《美国的服务》一书中就写了如下名言:"如果不是正在为顾客服务,那你最好为顾客一样的人服务。"也就是说:如果你不直接为顾客服务,那么你最好为那些直接为顾客服务的人提供服务。

2. 为下属服务的意识

内部服务理念本身就要求管理者必须为下属服务。针对管理者的格言是:你希望员工怎样对待顾客,你就怎样对待员工。实践证明,管理者对员工的态度如何,直接影响着员工对顾客的态度。如果管理者要求员工对待顾客要主动、热情、尊重、礼貌,而他们对员工却很严厉甚至刻薄,那么,管理者自身的言行就与他们的教导相冲突,员工就难以在心里真正接受和贯彻顾客服务的理念。唯有以人为本,以人性化的方式待人处事,为下属创造良好的工作环境,提供展现自我的平台,才能真正感动人,教育人,鼓舞人,下属才能够更好地为顾客提供满意的服务。

3. 优质服务意识

如前所述,餐饮产品的质量高低是以顾客的感受来评判的。所以,优质的服务是以满足顾客的服务要求为前提的,是达到或超出顾客期望的服务。优质服务是规范服务和超常服务的统一,即它是在规范服务的基础上有超乎常规的表现。规范化的服务可以使客人无法感到不满意,而超常服务则是在完成规范服务的基础上,使自己的服务效率更高,或者增加一些规范服务中所没有涉及的、根据特定情况所额外提供的个性化的服务内容。

就餐饮服务而言,优质服务应该是所提供的服务要包含完备的设施、幽雅的环境、可口的餐饮、可靠的安全保障、快捷的效率以及优雅的礼仪等。管理者必须精心设计服务产品,科学建立服务质量体系,制定和严格执行服务标准和规程,并在此基础上提供有针对性的个性化服务,努力提高服务质量。

4. 职业意识

职业意识是作为职业人所具有的意识。具体表现为:敬业爱岗,工作积极认真,有责任感,具有基本的职业道德。没有良好的职业道德、职业操守和职业行为是做不好服务工作的。

首先,要尊重自己的职业。餐饮管理者及全体员工都应该尊重自己所从事的工作和职业,因为你只有自重,才会得到别人的尊重。服务是当今社会人与人之间的一种基本关系,服务工作同样是展示才华的舞台。特别是职业化的管理者,更要把自己所从事的餐饮管理工作,作为终生为之奋斗和努力的事业。勤奋敬业,坦诚公正,严明自律是餐饮职业经理人的人格魅力所在。在餐饮服务与管理的繁杂工作中,忠诚、敬业是第一位的。

其次,要掌握对客服务的知识和技能。餐饮管理者不但要具有强烈的职业责任感,还要认真钻研业务,不断提高服务与管理能力,要成为对客服务和经营管理的行家里手。餐饮管理者的知识结构、心理素质、文化修养、公关能力、协调能力、专业技能、思想观念、领导才能等,必须适应社会的快速发展和激烈的市场竞争的需要。要提倡不断学习,终生教育。

（六）创新理念

适者生存是市场经济永远不变的法则。企业的生存环境发生了变化,企业应该具有迅速做出反应的创新能力。美国著名的企业家李·艾柯卡（Lee Iacocca）说过:"不创新就死亡。"这不仅说明了市场竞争的残酷,也道出了创新是企业生存和发展的活力源泉。餐饮业是一个完全竞争的行业,虽然市场空间巨大,但行业壁垒低,加之餐饮产品和服务的无专利性,要求餐饮管理者必须具有创新理念和创新能力。

企业创新是一个复杂的系统工程,包含着多种内容,其中最主要的是观念创新、技术创新、产品创新、服务创新、营销创新、管理创新。

 **章后案例**

定位准　菜系全　管理精细化:"湘鄂情"借力上市打造餐饮航母

"如果你每天都来吃饭,保证你吃上一周都不会烦!"

作为一家酒楼,湘鄂情的"菜品"兼容并蓄,有主有辅,形成了以粤菜、湘菜、鄂菜三大菜系为主,以淮扬菜、鲁菜为辅的复合菜系。

这颇令湘鄂情公司高管引以为自豪,"我们的市场定位非常准","公司提供融湘鄂情特色菜品与湘鄂情特色服务为一体的餐饮服务,主要面对的是中高端公务、商务宴请,并兼顾了家庭消费群体:即橄榄球经济模式,两头小,中间多,这样抗风险能力较强"。

另一个令湘鄂情公司管理层骄傲的地方是,在酒楼每间包厢的茶几上,都留有了总经理的电话号码和亲笔签字的提示牌:顾客有任何不满意的地方都可以直接打电话给他。湘鄂情内部一直所倡导的是"没有隔夜的工程",反馈的问题必须在48小时内解决,"我们的管理团队具有强大的执行力。"

正是凭借着出色的管理和精准的市场定位,湘鄂情拟凭借登陆中小板市场的机会,解决融资渠道单一问题,向"品牌知名、管理科学、创新能力强、核心竞争力突出"的餐饮航母目标迈进。

——响应保就业口号建立人才基地

湘鄂情在进入北京地区的10年间,从只有1家门店发展到在北京地区拥有11家连锁店,而未来公司将遵循"以华中为基地、以北京为战略中心,向周边重点城市逐步拓展"的发展策略,以直营店为主、加盟店为辅,实现全国连锁发展。

"以北京为中心,辐射其他城市",湘鄂情公司高管表示,辐射范围的标准便是"乘飞机一个小时的路程"。

湘鄂情公司主管经营的负责人表示,为了保证菜品的正宗,湘鄂情坚决实行的是"本地菜一定是本地师傅做,原材料也一定是本地的原材料。"湘鄂情公司将在原产地建立原材料生产、加工和配送基地,在业务重心北京地区设立"中央厨房",实现对北京和周边地区的统一配送,为公司下一步的标准化、连锁化发展提供保障。

为此湘鄂情建立了人力资源培训基地,为实现连锁化的目标做好人力资源方面的持续、统一培育和储备,实现服务品质的统一。

"我们已经培养出了四批优秀的管理人才和技术人才。"湘鄂情公司相关负责人介绍,在人力资源开发方面,与高校进行合作,将新员工的岗前培训、老员工的定期轮训、中高级管理人员的提高培训结合起来,为公司发展提供人力资源保障。

在金融危机、全球经济不景气的情况下,这一举措积极响应了国家倡导的保就业的政策和口号,湘鄂情与团中央开展密切的合作,将招工的重点面向广大的大中专毕业生,为他们提供就业的机会,同时更是突破了餐饮业门槛低的限制,成功扭转了餐饮人员即"端盘子"的大众观念。

——制定运营手册　严把质量关

有了深厚的人才储备,还需要良好的管理机制。制订运营手册是提高和统一管理水平的有效手段,有利于连锁企业的科学管理,保证企业经营管理的连续性和一致性。

2007年9月,北京湘鄂情餐饮管理有限公司建立了系统、规范的工作程序——《湘鄂情五常法手册》(以下简称五常法),详细地规定店长和店员的作业内容和标准,规范了员工行为,保证了各分店产品服务质量和标准的统一。五常是指"常组织、常整顿、常清洁、常规范、常自律"。

另外,为了完善公司的治理,湘鄂情将在5个方面完善公司的用人机制:一是双向选择,做到能进能出、自由流动;二是能者上,庸者下;三是责权分明;四是建立激励机制,报酬与职务、业绩挂钩,逐步实行年薪制、期权制;五是强化监督机制,约束不合规行为。

"在加强团队管理的同时,湘鄂情也不放松质量的把关",湘鄂情公司高管表示。

为了加强质量管理,湘鄂情分别在三个阶段进行质量控制。首先,对原材料采购进行质量控制。原材料进店后,由各门店质检员采用抽检或全检的方式进行检验,并对主要供应商纳入质量保证体系考评,合格后才能进入公司的供应商名录,从根本上保证了来料品质的稳定。

其次,在产品加工生产过程中实行过程控制。由出品管理部的专业人员深入加工间,对菜品质量、卫生和操作流程进行检查,对发现的问题及时采取处理措施予以纠正解决。

最后,建立产品质量问题的信息反馈机制,对于质量方面发生的各类问题,通过每天收市后"出品会"的形式,对问题进行事后分析、讨论并及时制定预防和纠正措施,从而有效地防止同类问题再次发生。公司的产品质量控制体系还与员工的绩效考核及薪酬体系挂钩,从而进一步强化了员工的质量意识。

——赢利能力强

湘鄂情大力推广和实施的"五常法"收到了成效,精细化管理也降低了公司成本,提高了其赢利的能力。

公司毛利随着其营业收入的增长而持续增加,其中,餐饮业的收入是公司最主要的收入来源,2006年至2008年分别占公司营业收入的98.91%、97.37%和97.47%,2008年餐饮毛利率为63.41%。

经过近10年的发展,湘鄂情实现了国内外连锁店扩张20余家,连锁销售总额高达20多亿元。公司相关负责人指出,公司将按照发展战略加大新开连锁店的投入,计划到2011年连锁店总数达到36家以上,年连锁销售总额达到16亿元以上。

讨论题:

1. 湘鄂情的成功经验是什么?
2. 结合本案例,谈现代餐饮企业应如何加强企业的经营管理。
3. 结合本案例,并查阅相关文献,讨论分析中国餐饮业的未来发展趋势。

 **复习思考题**

1. 解释下列概念:

餐饮业　独立经营　连锁经营　直营连锁　特许连锁　自由连锁　餐饮服务产品　餐饮管理

2. 餐饮业的类型有哪些?
3. 餐饮业的地位作用是什么?
4. 餐饮业有哪些经营形式?
5. 餐饮服务产品的含义、构成和特点是什么?
6. 怎样理解餐饮管理的含义?
7. 餐饮管理的特点和任务是什么?
8. 餐饮组织设计的依据、内容和步骤是什么?
9. 餐饮组织结构的基本形式有哪些? 各自的优缺点是什么?
10. 餐饮管理者必须树立怎样的经营理念?

第二章

餐厅认识与设计布置

学习目标

1.了解餐厅的含义与类型。

2.掌握西餐的服务方式和中餐的服务方式。

3.熟悉餐厅服务人员的岗位职责和素质要求。

4.了解餐厅的面积与设备;熟悉餐厅就餐气氛的营造与餐厅特色;掌握餐厅的设计原则。

【引例】

上错菜之后……

一天晚上,住在新奥尔良某饭店的赖特先生到饭店餐厅用餐。赖特先生要了"铁扒牛排"和"海鲜饭",但服务员却把"铁扒牛排"错上为"红烩尖角牛排",显然是服务员把餐桌号搞错了。赖特先生非常生气,起身要走。服务员连忙向他道歉,并要马上替他换菜。赖特先生说:第一,服务员上错菜是看不起他;第二,他也没有时间再等候换菜。此时,餐厅经理匆匆过来道歉,但无济于事。

餐饮总监兰森特闻讯赶来,亲自向赖特先生道歉,并提出免费供餐的建议。"您如果实在不愿在餐厅用餐,我们可以把您要的酒、菜等直接送到您的房间去,餐费全免。"兰森特充满诚意地建议道。

"我在外面用餐,侍者从来没有上错过菜,在你们这里是第一次。可见,你们是看不起我。至于这顿晚餐的餐费,我会全部支付的。"赖特先生从兰森特手中接过他递来的毛巾,气呼呼地说道。

"您到我们饭店就是我们的贵宾,请您一定要给我们面子。今天晚上我请您喝苏格兰威士忌。"兰森特话题一转,挥手让服务员拿酒。

一说要喝苏格兰威士忌,赖特先生的眼睛立刻发亮,气也消了。兰森特把赖特先生劝回餐桌,让送错菜的服务员为客人和他斟上酒,便和他碰起杯来。不一会儿,客人要的菜和饭端了上来,还增添了几样菜肴。兰森特见客人已经完全放松,便婉言告诉客人自己有事要离开。临别前,兰森特给了客人名片,并欢迎他再次光顾餐厅。

服务小姐在赖特用餐期间,非常小心地服务着客人,为他斟酒、撤换刀叉、送甜点、倒咖啡,井然有序。客人临走时,服务小姐向他献上一束鲜花,上面的纸条上有餐厅总监兰森特的亲笔留言:"赖特先生,希望您忘却一切不快,留下愉快的回忆。欢迎您再次光临我们的餐厅。"

赖特先生看后,对服务小姐说:"你们的服务很真诚,明天我一定来这里用餐。"

第一节　餐厅的类型

"餐饮"这两个字对酒店管理者而言就是膳食与饮料,供应这些产品的地方就是我们所说的餐厅,那么什么是餐厅? 我们可以从英文的"Restaurant"这个词发现,它原来是由法文转变而来的,其意是指供应营养美食、使人恢复精神与元气的地方。

我国早在秦汉时代就出现了餐厅,那时的餐厅是为当时的官宦与客商往来提供食宿的场所,只是当时并没有餐厅这个名词而已。而欧美餐饮的起源以欧洲的古希腊罗马为最早,在地中海沿岸为了配合商旅的需要,餐厅到处可见,除了提供餐饮服务之外,还有歌舞表演,但那时的餐厅是家族式经营的小型餐厅,只能说是粗具餐厅的规模与形态而已。

一、餐厅的含义

餐厅(Restaurant)一词,在法国百科大辞典中意为恢复精神与元气的场所,后来经过时间的演变而成为给顾客提供休息与供应食物及恢复体力精神的地方,一直演变至今成为我们熟悉的餐厅。

从以上叙述我们可以为餐厅下一个定义:所谓餐厅(Restaurant),是以赢利为目的,能为大众提供食物、饮料、服务及休息的场所。

二、餐厅的分类

总体上,我国的餐厅主要分为中餐厅与西餐厅。

中餐厅是一般酒店都有的餐厅类型,所提供的菜肴、点心都是中国式的,可以提供粤菜、淮扬菜、川菜、潮州菜等多种菜系,是家庭聚餐、交际应酬、朋友聚会、喜庆宴会的较好去处。

西餐厅以供应正式的西餐为主,早餐就餐人数较少,以午餐、晚餐为主,也可以将西餐作为自助餐来服务顾客。西餐厅是三星级以上的酒店必须设立的餐厅类型。

从服务方式上,酒店的餐厅可以分为:①散客餐厅;②宴会餐厅;③风味餐厅;④自助餐厅;⑤快餐店;⑥咖啡厅;⑦旋转餐厅等。

第二节　餐厅服务方式

餐厅服务方式是指餐厅中招待客人的方式。我国的餐厅可分为中餐厅和西餐厅两大类。不同类型的餐厅其服务方式各不相同。我们通常所说的西餐主要包括西欧国家和美国的饮食菜肴,大致可分为法式、英式、意式、俄式、美式等多种不同风格的菜肴及其服务方式。中餐在其长期的发展过程中,兼收并蓄,逐步形成了自己的服务方式。

一、西餐常用服务方式

(一)美式服务

美式服务起源于美国的餐厅。这类餐厅不需要分菜服务,省时省力,服务效率高,主要适用于中低档次的西餐零点和宴会用餐。我国许多西餐厅都采用美式服务。其服务程序主要是:服务员接受宾客的点菜后,将点菜单送至厨房。厨师依据点菜单将菜肴准备完毕,按每人一份的原则,将每道菜分置于餐盘中,由服务员端至宾客身边,用左手从宾客的左侧放在宾客面前的餐桌上。美式服务也称盘式服务。服务时应遵循的原则是:菜从左面上,饮料从右面上,用过的餐盘从右面撤下。这种服务方式快捷、方便、易于操作,但个性化服务程度较低,不利于烘托餐厅就餐气氛。

(二)俄式服务

俄式服务主要适用于高档的西餐宴会用餐。俄式服务起源于俄罗斯沙皇宫廷和贵族之中,后渐为欧洲其他国家所采用。当今欧美国家的豪华饭店大多采用这一服务形式。俄式服务是一种豪华的服务,使用大量的银质餐具,十分讲究礼节,风格典雅,能使宾客享受到体贴入微的个人照顾。其服务程序主要是:服务时所有的菜肴在厨房中加工,准备完毕后由厨师按一道菜配一个银质大浅盘的原则,由服务员端至餐厅,同时将客用空餐盘用托盘送到餐桌边上的服务台或边桌上,服务员用右手按顺时针方向从宾客的右侧将餐盘依次放在就餐者面前。空餐盘上完之后,服务员回到服务台或边桌,用左手托起放菜的大浅盘,右手拿餐具,用餐叉和餐勺配合,从宾客的左边派菜,派菜前应向宾客展示菜肴,将宾客所需的菜肴分量夹到宾客的餐盘里。派菜时按逆时针方向绕台为宾客分餐服务。

在俄式服务过程中应当注意的是:派菜之前,应先向宾客报出菜名;展示银盘内的菜肴。这样,既使宾客充分欣赏到厨师的手艺,也让装饰漂亮的菜肴给宾客以赏心悦目的感觉,利于增进宾客的食欲。送上空盘时应注意,冷菜上冷盘,热菜上热盘。空盘从宾客右边按顺时针方向摆放,派菜从宾客的左侧按逆时针方向进行。分派菜肴时,服务员应灵活掌握其数量,分派的数量要符合宾客的需要,剩余的食物应退回厨房。

(三)法式服务

法式服务也称"李兹服务",是由西查·李兹于 20 世纪初发明的一种服务方式,主要用于豪华饭店高档的西餐零点用餐。法式服务比较注重礼节,其服务节奏较慢,服务成本高,用餐费用昂贵。上菜特点是客前切割和燃焰表演,不仅能够烘托就餐气氛,还能为宾客提供亲切而高雅的个性服务。

法式服务一般有 2 名专业服务员协作完成,一名为主,一名为辅。为主的服务员负责接受点菜、烹饪加工、桌面服务、结账等工作。为辅的服务员负责传递单据、物品,摆台,撤台等工作。

与俄式服务类似,法式服务使用大量银质餐具,餐具种类较多。具体服务过程是:菜肴大多要在宾客面前的辅助边桌和手推烹制车上进行最后烹调。许多半成品用银质大盘从厨房端到餐厅,放在边桌或烹制车上,用电或燃料的保温炉为食品保温。菜肴经过客前的烹调、加工整理和装饰之后,放在不同的餐盘(冷菜用冷盘,熟菜用热盘)中,端给宾客。需要注意的是,客前加工的菜肴食品必须在很短的时间内烹制、装盘、服务,所以只有适合于客前烹调的菜肴才能这样处理。上菜时,服务员用右手,从宾客右侧服务。等所有宾客都吃完后,才可收拾餐具。

(四)自助式服务

自助式服务适应了当代社会人们生活节奏加快的特点。宾客进入餐厅就能到自助餐台上自己动手选择菜肴,经济实惠,简单快捷。服务员餐前的主要任务是布置食品陈列台,餐中提供诸如撤收脏杯盘和补充食物等简单服务。

二、中餐常用服务方式

中餐服务方式是指中餐在其长期的发展过程中博采众长,兼收并蓄,逐步形成的侍应宾客的服务方式。这种服务方式与中餐的餐饮习惯和菜肴特点相适应,并随着经济社会的发展和人们生活水平的提高而不断变革和进步。目前,中餐常用的服务方式有共餐式和分餐式两大类。

(一)共餐式服务

共餐式服务是中餐传统的和最为普遍的服务方式。依其就餐人数的多少和就餐形式的不同,通常可分为零点服务和包餐服务。

传统的共餐形式,由就餐者用自己的筷子到菜盆中夹食菜肴;而今天的共餐式服务已有较大改进,在每个菜盘中放上了公筷或公勺,宾客用其将喜爱的菜肴夹取到自己的接盘中,然后用自己的筷、勺进食。

共餐式服务中的餐台转盘方式,适用于大圆台的多人用餐服务,既可用于旅游团队包餐,也可用于各种宴会的聚餐。转盘式服务是在大圆桌上,居中安放直径比餐桌小50~60cm的转盘,将菜肴放置在转盘上,供就餐者将需要的菜肴转到面前就近夹取。转盘式服务可以使每道菜点首先呈现到主宾面前,礼让主宾先用,再依次转向其他宾客,或者转到主陪、副陪面前为宾客派菜。迎合了中国人聚餐喜好恭敬礼让,重视感情融通的文化心理特点,有利于营造热烈的就餐气氛。

共餐式服务由宾客各取所需,相互服务,方便自由,它比分餐式服务节省饭店人力成本,一名服务员可以同时为多桌宾客服务。

(二)分餐式服务

随着人们生活水平和卫生意识的提升,传统的"和餐共食"开始移风易俗。分餐式服务正是吸收了西餐服务的优点,使之与中餐服务相结合的一种服务方法,故有"中餐西吃"的说法。分餐式服务主要有三种形式:厨师分餐,厨师在厨房将制作的菜点成品按每客一例分配,由服务员送到每位宾客面前。服务员分餐,餐厅服务员在餐桌或边桌上将菜点成品分配给每位就餐者。宾客自行分餐,宾客使用公筷、公勺分取菜点成品,各自食用。第三种形式在共餐式服务中,也在不同程度地使用着。

分餐制是餐饮服务和餐饮消费双方的互动行为。对宾客而言,分餐是一种就餐的方式;对餐饮管理来说,是提供服务的方式。中国烹饪协会早在1993年底就向全国提出推广分餐制,但是中餐分餐服务一直不能普及。这其中固然有餐饮管理成本增加的困难,也有消费者不愿改变饮食习惯的原因。餐饮管理者有责任积极引导实施分餐式服务。

第三节　餐厅服务人员的岗位职责与素质要求

服务人员是餐厅服务的提供者,所以餐厅服务人员的职责履行情况和素质高低直接影响餐厅服务质量,影响宾客的满意程度。餐厅的每位服务人员都应该熟悉和贯彻执行自己的岗位职责,并在对客服务过程中不断提升自己的能力和素质。

一、餐厅服务人员的岗位职责

(一)餐厅领班的岗位职责

领班是餐厅的基层管理人员,其岗位职责是:

(1)配合餐厅经理、助理经理的工作。

(2)掌握服务员的出勤情况和平时工作表现,定期向经理报告。

(3)负责检查服务人员的仪容仪表,主持班前会,带领并督促服务员做好各项工作。

（4）了解当日客情，必要时向服务员详细布置当班工作。

（5）确保按规格布置餐厅和摆台，负责维持高标准的程序服务。

（6）检查服务柜里的用品、调味品等的准备情况。

（7）开餐时参加并监督食品饮料的服务，与厨房协调，保证按时、按质上菜。

（8）接受宾客投诉，并向经理汇报。

（9）负责点菜、推销菜肴的工作，亲自为重要客人服务。

（10）及时向有关部门汇报财产、设备损失情况，确保及时维修，使餐厅处于最佳状态。

（11）检查所有规章制度的执行情况，以身作则，为下属树立良好的榜样。

（12）下班前负责为下一餐布置好台面。

（13）核查账单，保证在宾客签字付款前完全正确。

（14）负责培训新员工或实习生。

（15）当班工作结束后，填写"领班报告单"。

（16）完成上级下达的临时性任务。

（二）值台员的岗位职责

（1）着装整洁，守时礼貌，服从指挥。

（2）负责擦净餐具、服务用具，搞好餐厅卫生工作。

（3）负责餐厅棉织品的送洗、点数、记录工作。

（4）负责布置餐桌摆位，做好服务前的一切准备工作。

（5）负责补充工作台，准备服务特式菜肴的手推车、燃焰炉等一切用品。

（6）熟悉各种酒水，做好推销工作。

（7）熟悉餐厅菜单内容，了解其主料与佐料、烹调方法及时间、口味，掌握菜肴服务方式。

（8）按餐厅规定的服务程序和规格，为宾客提供尽善尽美的服务。

（9）负责将所有脏餐具送到洗涤间并分类摆放，及时向餐具柜内补充餐具。

（10）负责在宾客走后翻台，或为下一餐摆位。

（11）负责做好结束工作。

（12）完成领班布置的临时任务。

（三）引位员的岗位职责

（1）着装华丽，守时，彬彬有礼，服从指挥。

（2）负责接受宾客的电话预订和当面预订，并记录在案，负责落实。

（3）负责做好开餐迎宾时的准备工作。

（4）了解其他餐厅的客情，以便随机安排。

（5）负责为所有到餐厅用餐的客人礼貌地安排就餐。

（6）推销餐前酒。

（7）负责替宾客存放衣帽、伞具等物品。

（8）搞好区域环境卫生。

（9）掌握宾客用餐人数、桌数等餐厅业务情况,并做好书面记录。

（10）接受投诉,并向经理汇报。

（11）接听电话,并通知受话人。

（12）与宾客、上级、同事保持良好的关系。

（13）负责将宾客满意地送出餐厅,并向宾客道谢、道别,替宾客按电梯按钮,将其送上电梯。

（14）在餐厅满座时,要安排好候餐的宾客,并做好推销工作。

（四）调酒师的岗位职责

（1）着装整洁,守时礼貌,服从指挥。

（2）负责当日盘点,并开出领货单,请经理或主管签字确认。营业前负责吧台内的一切准备工作。

（3）负责到酒水库房领取酒吧需要的酒水。

（4）接受酒水订单,为酒吧和餐厅宾客准备鸡尾酒及其他酒水。

（5）负责妥善保管宾客存放在酒吧的烈性酒。

（6）负责擦净酒吧所有玻璃器皿和服务用具。

（7）保养吧台内设备,如有损坏及时维修。

（8）提醒酒吧服务员积极向宾客推销酒水。

（9）与餐厅保持联系,以便保证在预订等特殊情况下,能为宾客提供良好的酒水服务。

（10）设立临时流动酒吧,为宴会、酒会、自助餐会提供酒水服务。

（11）保存所有酒水订单,并交财务部以备核查。

（12）掌握各种酒水的服务知识;开发新的鸡尾酒品种,搞好销售。

（五）传菜员的岗位职责

（1）其工作区域只限于厨房与餐厅连接处的通道内。

（2）着装整洁、朴素、大方,守时、快捷、礼貌,服从指挥。

（3）负责将订菜单上所有菜肴,按上菜顺序准确无误地送到点菜宾客的餐桌值台员手中,由值台员端上桌去。

（4）开餐前负责准备好调料、配料及传菜用具,并主动配合厨师做好出菜前的准备工作。

（5）协助值台员将工作台上的脏餐具、空菜盘撤回洗碗间并分类摆放。

（6）负责小毛巾的洗涤、消毒工作或去洗衣房领取洗好的小毛巾,并将其叠成卷筒状或长条状放入毛巾垫里,保温备用。

（7）负责传菜间和规定地段的清洁卫生。

（8）负责保养各种传菜用具，掌握特色菜使用的器具的端放方法。

（9）负责保管出菜单并交财务部，以备核查。

服务人员自身素质如何，决定了其服务水平的高低。为了向宾客提供更好更优质的服务，餐饮服务人员应不断地从思想、业务、身体、礼貌等各方面充实自我。

二、餐厅服务人员的素质要求

（一）思想素质

具有良好的思想素质是做好餐厅服务员工作的前提，餐厅服务人员需具备的思想素质包括：①在岗爱岗，敬业乐业；②热情友好，宾客至上；③文明礼貌，优质服务；④不卑不亢，一视同仁；⑤团结协作，顾全大局；⑥忠于职守，廉洁奉公。

（二）业务素质

餐饮服务人员在业务素质方面的培养，主要是知识和技能两部分。

1. 业务知识

（1）菜肴、酒水知识。熟悉中、西菜系的特点及各大菜系中著名菜点的主料、风味。能够识别中、外名酒，鉴别其品质、年份及其最佳饮用时机。

（2）烹饪知识。了解中、西餐的基本烹饪要求，了解现代厨房管理程序。

（3）食品知识。了解食品营养价值，懂得营养配餐，具有食品卫生知识。

（4）习俗知识。了解各国的风俗习惯、宗教信仰、民俗礼仪、饮食习惯和禁忌等。

（5）其他相关领域知识。服务心理学、营销学、饭店管理知识、法律知识、电器设备的使用及养护知识等。

2. 业务技能

（1）熟练的服务技能。掌握摆台、斟酒、上菜、分菜等服务技能，并熟练掌握中、西餐服务程序。

（2）一定的组织管理能力。掌握与上级沟通、与同事协作的能力，并有一定的经营和组织能力。

（3）一定的语言能力。有较强的理解和表达能力，并至少掌握一门外语，可为外宾提供餐饮服务。

（三）身体素质

餐饮服务人员的工作，其实并不轻松，"日行百里不出门"，站立、行走、托盘等都要一定的腿力、臂力和腰力，所以要有健康的体魄才能胜任此项工作。服务人员必须每年进行一次身体健康检查和卫生知识培训，取得健康证后方可上岗，凡患有各种传染病和化脓性、渗出性皮肤病的人不宜从事餐饮服务工作。

（四）礼貌素质

懂礼节，讲礼貌是餐饮服务人员必须具有的基本素质。主要表现在微笑服务、仪容仪表、行为举止和服务用语等方面。

1. 微笑服务

微笑服务在礼貌服务中占有特殊的地位,它是一种"无声的语言",不但表现了服务员热爱本职工作,全心全意地为宾客服务的精神,同时也能够感染用餐的宾客,让客人感到"宾至如归",使他们的心情和情绪向愉快的方向发展。

2. 仪容仪表

(1)着装。服务员上岗应按酒店规定着装,并保持整洁。除工作需要外,衣袋里不要放无关物品,服务名牌端正地戴在左胸前。

(2)发型。男服务员发际线不得盖住耳朵、衣领;女服务员不得梳披肩发,长发应盘起。

(3)面部。女服务员上岗应化淡妆,不可使用香水和有异味的化妆品,男服务员应每日刮净胡须。

(4)手和指甲。服务前应洗净双手,指甲应经常修剪、清洁,不允许使用指甲油。

(5)装饰品。除手表外不可佩戴任何与工作无关的装饰品,如手链、耳环等。

3. 行为举止

(1)站姿。从正面看,两脚跟相靠,脚尖开度在45~60度。身体重心线应在两腿中间向上穿过脊柱及头部。双腿并拢直立,挺胸,收腹,双肩放平,双臂放松,自然垂于体侧或交叉于腹前或反剪于背后,双目平视前方,下颌微收,嘴微闭,面带微笑。站立时间较长时,男服务员可左脚向左横迈一小步,以不超过肩宽为宜;女服务员双脚可呈"v"字形,右脚在前,将右脚跟靠于左脚内侧前端,身体重心可以在双脚间稍移,通过变化身体重心来减轻长久站立后的疲劳。

(2)走姿。行走时挺胸,收腹,双目平视前方,面带微笑,肩部放松,身体重心稍向前倾,手臂自然地随着行进的步伐前后摆动。男服务员的步幅在40cm左右,步速为110步每分钟左右;而女服务员步幅在30cm左右,步速为120步每分钟左右。餐厅服务员在行进中切忌奔跑,如有急事可加快步速,加大步幅,多人一起行走时,不要横作一排并行,以免挡路,更不可勾肩搭背。如身后有宾客走来,应让到一旁,请宾客先行,如有急事要超过前面的宾客,超过时应向宾客致歉。

(3)手势。餐饮服务员在工作中经常要运用手势来为宾客服务,如介绍菜点、引路、指方向等。但手势不可乱用,不同的手势传递不同的信息,相同的手势有时在不同的国家和地区有着不同的甚至完全相反的意思。

餐饮服务人员的手势要求是:在给宾客指引方向时,伸展手臂,四指并拢,拇指张开,手掌侧向上,以肘关节为轴,指向目标,同时目光在兼顾宾客的同时,也应转向指示目标。在为宾客指示方向时,忌用一根手指指点。

(4)接待礼节。

①握手礼。餐饮服务人员在工作中,不宜主动与客人握手,但如果宾客主动与

服务人员握手时,服务员不应回避。行握手礼时,服务员应上前与客人相距一步的距离,上身稍前倾,两脚立正,伸出右手,四指并拢,拇指张开与对方握手,并轻轻上下摇二三下,礼毕即松开。行握手礼时应注意,对男子握手可适当重些,以示友情深厚,但又不宜握得太重,以不产生疼痛感为宜,对女士握手可适当轻些。男子握手时,应将帽子、手套脱下,女士则不必。如有疾病不便行握手礼时,可向对方声明,并道歉。如遇多人握手时,应顺序进行,抢着握手和交叉握手都是不合适的。

②鞠躬礼。行鞠躬礼时,采取立正姿势,避免两腿叉开或向前弯曲,双目注视宾客,面带微笑,然后身体上部向前倾斜30度左右。视线随鞠躬自然下垂,接着恢复。男子鞠躬时,双手要放在裤线稍前的地方,女性则将双手在身前下端轻轻搭在一起。行礼时必须脱帽,脱帽时所用之手和敬礼方向相反,即向左边的人敬礼,以右手脱帽;向右边的人敬礼,以左手脱帽。

4. 服务用语

餐饮服务工作时时离不开语言,恰当、礼貌、优美、机智的语言,不仅使宾客感到温暖与尊重,还可以为服务操作锦上添花,并化解宾客的一些不愉快。

与宾客进行礼节性的交谈,可围绕菜肴、天气、旅游、交通等话题,但绝不可问及宾客的经济收入、婚姻状况、宗教信仰、年龄等私人问题。

与宾客谈话时,应本着实事求是的原则,不要随便答复自己不清楚或不知道的事情,对服务范围以外和自己无把握办到的事情,不要轻易允诺宾客。

谈话时与宾客相距1米左右,保持站立姿势,目视宾客,面带笑容,不可左顾右盼或有不文雅的举止,要进退有序,谈话结束,应先后退一步再转身离去,以示对宾客的尊重。

宾客之间交谈时,不可驻足旁听。如有事需询问,通常会暂停谈话,而倾听服务员询问,服务员应立即向客人表示歉意,并用最简短的话语询问客人问题,得到答复后即刻离去。

第四节　餐厅的设计与布置

餐厅的设计与布置是餐厅档次与特色的标志,是餐饮企业提高竞争力、吸引回头客、增加企业收入的基本保证。独具特色的餐厅设计与布置、功能齐全且布局合理的服务设施设备和服务场所等,构成餐厅所特有的环境氛围。

一、餐厅面积与家具、设备

(一)餐厅面积与餐座设计

餐厅的面积指标以每个座位的平均面积为衡量单位,一般与餐座形式、饭店的星级、餐厅的等级等因素有关。

据有关资料统计,根据餐厅的等级档次、所提供的餐饮品风格(如中餐、西餐、日餐等)、餐饮经营形式(如大型宴席厅、一般散客餐厅、快餐厅、自助餐厅、咖啡厅等)等因素的不同,餐厅的面积指标有较大的差异,大型豪华宴席厅的面积指标为 1.8~2.5m² / 餐座;大型宴席厅的面积指标为 1.5~2m² / 餐座;普通大众型餐厅的面积指标为 1.2~1.5m² / 餐座;咖啡厅的面积指标为 0.8~1.4m² / 餐座。

影响餐厅面积指标的因素还有以下一些方面:采用圆形餐台比采用方形餐台的面积指标要高;小型餐厅由于受出入口多的影响,平均面积指标较大型餐厅要高;主题酒吧、主题餐厅因增加其他服务吸引物,其面积指标也较高;雅间单房因受四面墙壁的约束,其面积指标也较高。

(二)餐厅家具

1. 餐台

中餐厅一般采用方台、圆台和长台。

(1)方台。方台规格通常为 85cm、90cm、100cm 或 110cm,高 75cm。这种方台的使用功能最多,既可以当圆桌面的桌腿,又可以拼成会议桌、中心菜台、酒吧台、水果台、点心台等。这种桌子用途很广,一个同时容纳 300 人进餐的餐厅需要方台 50 张。

(2)圆台。圆台分为大小两种,直径为 110cm 左右的小圆台可设 4~6 个座位,直径为 150cm 以上的大圆台可分设 8~12 个座位。圆台的大小与座位的多少有关系,一般以每人占 60cm 边长为最低限,否则就会显得拥挤。圆台的最小尺寸可按以下公式求得:

$$圆台最小直径 = \frac{60 \times 座位数}{3.14}$$

(3)长台。西餐厅多采用方台和长台。长台分为两种,长的一种长为 170cm,这个长度正好是两张方台的长度,宽为 42.5cm,是方台宽度的一半。短的一种长为 127.5cm,相当于一张半方台的长度,宽为 42.5cm,是方台宽度的一半,高度均为 75cm,这种长台在必要时很容易和方台并拢,一物多用,拼成长餐桌。长餐桌的规格如表 2-1 所示。

表 2-1　长餐桌的规格

人数(人)	宽度(cm)	长度(cm)
2	60~65	72~85
6	75~90	130~160
8	80~100	160~180
10	80~100	175~205

(4)转盘。在 10 人座位以上的圆桌面上,一般都配有转台。转台底座内装有滚球轴承,菜点摆放在转台上,使用时只要轻轻地拨动,所需的菜点就会转动到客人面前。根据圆桌面的大小,可分别使用不同规格的转台,其直径一般为 70 ~ 150cm。

(5)落台。落台既是储藏柜又是工作台,柜内存放餐具,柜面作为上下菜时的落台,酒水和菜品也放在柜面。常用落台的规格,长为 100cm,宽为 48cm,高为 80cm。

2. 餐椅

餐厅用的椅子要与餐厅的整体风格相协调。餐厅用椅一般有以下几种。

(1)木椅。它可分为一般木制坐椅和硬木制坐椅。木椅一般主要是为中式餐厅配备的,有的硬木椅的做工相当精制和考究,有雕花和贝壳镶嵌作为饰物,在众多的坐椅当中,它的造价是最昂贵的。硬木椅一般配有精美的坐垫,以显示出它的庄严和豪华。配有这种坐椅的中式餐厅,在整体布局上都应与传统的中国风格相适应。

(2)钢木结构椅。其主要框架为电镀钢管或铝合金管,有圆形和方形管,又有可折叠与不可折叠之分。它的特点是重量轻,结实,可叠摞在一起,所需存放面积较小,也便于搬动。其尺寸规格一般是椅背高度为 90cm,坐椅高度一般为 45cm,其面积为 $(45 \times 45) cm^2$,中西餐厅均可使用。

(3)扶手椅。带扶手的餐椅从习惯上不用于中餐,通常安放在西餐的长方形餐桌的两端,作为主人席位。档次高的西餐厅,也有全部餐椅都使用扶手椅的。扶手椅的形体一般要比木椅宽大些,后靠背宽,弧度略大些,坐在上面比木椅更舒适。

(4)儿童椅。为了方便带儿童的宾客前来用餐,饭店的中西式餐厅一般都配有几把专为儿童使用的餐椅。儿童餐椅座高为 65cm 左右,座宽、座深都比普通餐椅小。但是必须带扶手和栏杆,以免儿童跌落。

(5)其他特殊椅。如酒吧的沙发式椅、悬空椅,自助餐、快餐中的连接椅,椅、餐桌连接组合、旋转活动椅等。

3. 其他家具

(1)酒柜。各式餐厅内一般都设有条形酒柜或立式玻璃酒柜,酒柜的作用在于陈设各种酒类和菜肴的样品,起到推荐的作用,同时又可与餐厅整体布局融为一体,起到装饰的作用,酒柜宜放在餐厅的醒目处,以便于宾客观赏和挑选酒水。一般酒柜的规格和样式可根据餐厅的整体布局来考虑。

(2)沙发。沙发是餐厅休息室不可缺少的家具。沙发的种类较多,根据休息室的不同等级和豪华程度,所选用的沙发也不一样。沙发一般有单人沙发、双人沙发和组合沙发。组合沙发一般是一个双人沙发配有两个单人沙发,也有的是摆一个双人沙发和四个单人沙发。一般休息室使用单人沙发较多。沙发的规格也很多,以让人感到舒适、轻松为标准。它的尺寸应在 60~65cm 为宜。沙发靠背倾斜角度在 92°~98°较合适。

（3）茶几。茶几是与沙发配套的家具。一般有木制和不锈钢支架玻璃面两种。茶几的主要用途是在休息室内供宾客摆放饮料、茶具、烟缸等物。茶几有单层和双层之分,其规格分为大小两种,小茶几一般放在两个单人沙发之间,大茶几一般放在双人沙发前面。茶几的样式可分为方形、长方形、圆形和椭圆形等。

（三）餐厅设备

1. 温、湿度调控设备

温度、湿度、通风虽是无形的,但却是餐厅环境气氛中极为重要的一个因素。过低的温度,使人有"冷遇"之感,同时使餐饮产品快速降温,导致菜品质量欠佳的错觉,温度低使人体各器官有收缩的反应,让人"胃口"大减。

目前,大多数的餐厅为吸烟者提供便利,只有一少部分为非吸烟餐厅,因此,大量的烟雾、食物的热蒸汽会使餐厅空气严重污染。排出不洁空气,输入新鲜空气,才会使餐厅保持一份无形的优质。所以餐厅的温湿度调控设备应全面、质高。

2. 消防设备

餐厅应具有自动火警报警及自动喷淋系统、消火栓系统以及必备的灭火器材等消防设备。在酒店中的餐厅,常常还有隔离消防钢门将餐厅和其他营业区域加以区隔,在餐厅与厨房之间增设水幕设施,作为防火隔断。

餐厅自动火警报警系统,其测量头多数为烟感器。要注意烟感器的检测最大区域为 $83.7m^2$,两个烟感器距离不应超过 $10.7m^2$,烟感器与墙之间的距离不应超过 5.5m,也不应小于 2.03m。喷洒系统多数采用玻璃球闭式喷头,其玻璃球内色标颜色表示公称动作温度,餐厅一般选用红色,厨房选用绿色。每个喷头保护面积为 $5.4~8.0m^2$。因此,喷头与墙柱距离为 1.1~1.4m。

3. 音像系统设备

音像系统一般由播放音像设备、收视设备、麦克风、扬声器及其连线组成。

播放音像设备应放置在客人不易看到和触摸到的地方,不仅节约营业场所面积,而且不易被损坏。

收视设备不应悬挂在某一餐台上方,距最近的餐位应大于 2m 的距离,每一台收视设备的收视距离以 8m 为宜,即收视范围以收视设备为圆心,75°角 8m 边长的扇形收视区。

扬声器要分布匀称,高低适度。两个相邻扬声器的距离建议小于 15m,其功率不得低于 3W,音量要适中,曲调选择要适宜。如顾客以青年人为主,则以稍快节奏音乐曲调为宜;如顾客以老年人为主,则以较慢节奏为宜;如是西餐厅则宜于播放西方古典音乐;同时,还可利用进餐者人数的多少与营业高峰、低谷的关系,变换不同节奏的音乐。

4.灯光

餐台对灯光的要求是非常严格的,它不仅仅是照明问题,还涉及美学问题。一个良好的餐厅应是舒适、愉快的,是室内设计和照明设计统一的结果。就光源而言,其显色性最好应是白炽灯。它的光色与人类祖先夜晚长期使用的黄火的火焰十分接近,从遗传角度来说,使用白炽灯符合生理的习惯。

餐厅的照度,应根据餐厅的不同而不同。中餐厅、咖啡厅,灯光宜明亮,不应低于150lx。扒房、酒吧光线宜较暗,但有时也要求较亮,为此应配置调光灯。宴席厅也宜明亮,应配置部分调光灯,通常达到250lx。

二、餐厅就餐气氛的营造与餐厅特色

餐厅的气氛是餐厅设计的一项重要内容。气氛设计的优劣直接影响着餐厅对顾客的吸引力。餐厅经营的经验证明,很多餐厅之所以倒闭,就是因为没有进行气氛的最优化设计。认真地研究餐厅气氛的设计及其相关的因素,对搞好经营,必然有一定的指导意义。

（一）餐厅气氛的基本概念

气氛是指一定环境中给人某种强烈感觉的精神表现或景象。餐厅的气氛就是指餐厅内顾客或用户所面对的环境。餐厅的气氛包括两个主要部分:一种为有形气氛,如位置、外观、景色、内部装潢、构造和空间布局等方面;另一种是无形的气氛,如服务人员的态度、礼节、能力以及让顾客满意的程度等。有形的气氛要依靠设计人员和管理人员的协作来创造,无形的气氛主要依赖于全体工作人员共同努力。

（二）餐厅气氛的作用

餐厅有形气氛是餐厅整体设计的重要组成部分,有形气氛设计的优劣对顾客有很大的影响,从而直接关系到餐厅经营的成败。

餐厅有形气氛与餐厅的其他设计工作共同组成一个有机的整体,反映餐厅经营的主题。

餐厅气氛的主要作用在于影响消费者的心境。所谓心境就是指顾客对组成餐厅气氛的各种因素的反应。优良的餐厅气氛能给顾客留下深刻的印象,从而增强顾客的光顾动机。

餐厅气氛设计是占有目标市场的良好手段。顾客的职业、种族、风俗习惯、社会背景、收入水平和就餐时间以及偏好等因素都直接影响餐厅的经营。餐厅设计既要考虑到消费者的共性,又要考虑到目标市场消费者的特性,针对目标市场特点进行气氛设计,是占有目标市场的重要条件。

餐厅的气氛能影响消费者的行为,从而加速或延缓顾客就餐的时间。

总之,餐厅的气氛对餐厅经营的影响是直接的。要想进行优良的气氛设计,就要考虑"舒适"这一标准。由于"舒适"的含义是抽象的,而且不同的顾客对"舒适"有不同的标准,因此,要想达到"舒适"就必须深入地了解顾客的心理因素。这些心理因素通常是指顾客对餐厅的光线、色调、音响、气味、温度等方面的感知。优良的餐厅气氛是这些因素的最佳组合。

（三）餐厅气氛的构成

餐厅气氛是由内部气氛和外部气氛所组成的一个整体。餐厅的内部气氛就是指影响消费者心理的各种因素。内部气氛的设计要比外部气氛的设计具体得多,其作用也大得多,成功的内部气氛设计完全能够控制顾客的情绪和心境。内部气氛的设计是餐厅气氛设计的核心部分。要想达到良好的内部气氛设计,通常要考虑如下几项基本内容:

1. 光线

光线是餐厅气氛设计应考虑的最关键因素之一,因为光线系统能够决定餐厅的格调。餐厅使用的光线的种类很多,如烛光、白炽光、荧光以及彩光等。不同的光线有不同的作用。

烛光是餐厅传统的光线。这种光线的红色焰光能使顾客和食物都显得漂亮。它比较适用于朋友聚会、恋人会餐、节日盛会等。

白炽光也是餐厅使用的一种重要光线。食品在这种光线下看上去最自然。这种光最容易控制,而且调暗光线能增加顾客的舒适感,从而延长顾客的逗留时间。然而,白炽光的成本较高,一般适用在较为豪华的餐厅。

荧光是餐厅使用最多的光线。这种光线经济、大方,但缺乏美感。因为荧光中蓝色和绿色强于红色和橙色而居于主导地位,从而使人的皮肤看上去显得苍白、食品呈现灰色。美国宾夕法尼亚州立大学饮食管理系的副教授卡罗琳·兰伯特博士认为荧光会缩短顾客的就餐时间。她说,尽管餐厅有舒服的桌椅、柔美的音乐和周到的服务,然而光线（荧光）的效果却不一样。这些相互作用的因素必须综合考虑。

此外,不论光线的种类如何,光线的强度对顾客的就餐时间也有影响。昏暗的光线会增加顾客的就餐时间,而明亮的光线则会加快顾客的就餐速度。

彩光是光线设计时应考虑到的另一因素。彩色的光线会影响人的面部和衣着。红色光对家具、设施和绝大多数食品都是有利的,绿色和蓝色光通常不适于照射顾客,桃红色、乳白色和琥珀色光线可用来增加热情友好的气氛。

2. 色彩

色彩是气氛中可视的重要因素,是设计人员用来创造各种心境的工具。不同的色彩对人的心理和行为有不同的影响。有些人认为,红、橙之类的颜色有激励的效果。其他如蓝色等冷色则有镇静的作用。

【小资料2－1】

一般说来,颜色对人的心境有如下影响（见表2－2）:

表 2 - 2　颜色对人心境的影响

颜色	效果
红色	振奋、激励
橙色	兴奋、活跃
黄色	刺激
蓝色	宁静、镇静
紫色	自由、轻松
棕色	优美、雅致
绿色	松弛

不仅颜色的种类对人的心理和行为有影响,而且颜色的强度也有此效果。例如明亮的蓝色有相同于红色的激励作用。

在餐厅气氛的设计过程中,要想提高顾客的流动率,餐室里最好使用红绿相配的颜色,而不是用诸如橙红色、桃红色和紫红色等颜色。因为橙红和紫红等颜色会给人一种柔和、悠闲的感觉。在快餐馆气氛的设计中,鲜艳的色彩十分重要。这种色调配合以紧凑的座位、窄小而又不太舒适的桌子和火车座、明亮的灯光和快节奏的音乐,过分鲜艳的色彩和嘈杂声使顾客无暇交谈,驱使他们就餐后快速离开这里。

要想延长顾客的就餐时间,就应该使用柔和的色调、宽敞的空间布局、舒适的桌椅、浪漫的光线和温柔的音乐来渲染气氛,从而使顾客停留时间变长。

色彩还能够用来表达餐厅的主题思想。例如,在以前,美国的海味餐厅多画着帆船航海图,或梁上悬挂着船灯、帆缆,甚至有救生艇,但是,现在的餐厅打破了原有的传统,设计师用冷色的绿、蓝和白巧妙地表现了航海的主题。

颜色的使用还与餐厅的位置有关。例如:在纬度较高的地带,餐厅应该使用暖色如红、橙、黄等,从而给顾客一种温暖的感觉;在纬度较低的地带,使用绿、蓝等冷色则效果更佳。

3.家具

家具的选择和使用是形成餐厅整体气氛的一个重要部分。在选择家具之前,首先要考虑目标市场的顾客。如果目标市场是高收入阶层的人,那么传统的家具效果较好。如果您想要招待的是在坚硬的地板上忙碌了一整天的业务人员,那么现代化的家具——包括宽大而舒适的椅子和沙发会创造出一种非常舒适的气氛。如果想让顾客彻夜狂欢,那么舒适的睡椅或长沙发最为理想。如果想驱使顾客频繁地流动,最好使用坚硬的塑料椅和塑料桌面。

除了家具的种类之外,还应该注意餐桌的高度和椅子的高度以及斜度。要想鼓励顾客交谈和增加舒适的气氛,餐桌和椅子的高度必须合理搭配。一般来说,餐桌和椅子的最佳搭配要按图2-1所示的高度和长度。

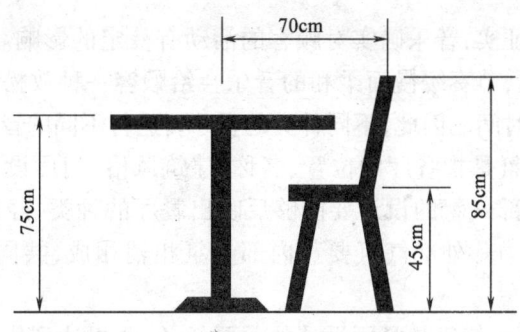

图2-1　桌、椅最佳高度示意图

餐厅设计师的经验证明,如果想让顾客快速离开餐厅,可以利用改变椅子斜度的方法。尽管椅子的倾斜度只减少了几度,但会使顾客产生一种快要滑下去的感觉,顾客会很快莫名其妙地离开餐厅。

除了桌椅之外,餐厅的窗帘、壁画和餐厅的布局都是应该考虑的因素。

4. 温度、湿度和气味

温度、湿度和气味是餐厅气氛的另一方面,它直接影响着顾客的舒适程度。温度太高或太低,湿度过大或过小,以及气味的种类都会使顾客产生反应。

顾客因职业、性别、年龄的不同而对餐厅的温度有不同的要求。通常,女性喜欢的温度略高于男性,孩子所选择的温度低于成人。活跃的职业使人喜欢较低的温度。此外,季节对餐厅的温度也有影响:夏天餐厅的温度要使人感觉凉爽,冬天要温暖。一般来说,餐厅的最佳温度应保持在21℃~24℃。

温度还能影响顾客的流动性。很多快餐馆利用较低的温度来增加顾客的流动率。同样,豪华的餐厅应该用较高的温度增加餐厅的舒适程度和活跃程度,因为较温暖的环境给顾客以舒适、轻松的感觉。

湿度会影响顾客的心情。湿度过小,即过于干燥,会使顾客心绪烦躁,从而加快流动。反之,适度的湿度能增加餐厅的舒适程度,减缓顾客的流动。

气味也是餐厅气氛中的重要组成因素。气味通常能够给顾客留下极为深刻的印象,顾客对气味的记忆要比视觉和听觉更加深刻。有时,食物的香味弥漫整个餐厅,会引起顾客的食欲。然而,如果气味不能严格控制,餐厅里充满了一些不好的气味,必然会使顾客产生极为不良的反应和印象。

5. 背景音乐

声响是指餐厅里的噪声和音乐。噪声是由烹调、顾客流动和餐厅外部所造成的。不同种类的餐厅对噪声的控制有不同的要求。对于招待忙碌了一天的顾客的餐厅来说,需要安静和幽雅的环境,因此,对噪声的控制较严。但是对于学生食堂就不一样,由于学生在宁静的教室上了半天课,喧闹的食堂会起到放松和休息的作用。

现代研究已经证实,音乐确实对顾客的活动有一定的影响。明快的音乐会使顾客加快就餐,相反,节奏缓慢而柔和的音乐会给顾客一种放松舒适的感觉,从而能延长顾客的就餐时间。因此,不同种类的餐厅要进行不同的音乐设计。

餐厅的外部气氛是指餐厅的位置、名称、建筑风格、门厅设计、风景和停车场等方面的因素。外部气氛的设计要能够反映出餐厅的种类、经营特色,同时要考虑到对顾客的吸引力。外部气氛要与内部气氛相辅相成,共同形成餐厅的整体气氛。

综上所述,餐厅的气氛是餐厅设计的重要任务,要想达到优良的气氛设计,必须深入研究目标市场以及各种因素对顾客心绪和活动的影响,同时,要注意这些因素之间的相互联系。餐厅管理人员必须与设计师、建筑师和顾客密切配合,共同创造出一种理想的餐厅气氛。

三、餐厅设计与布置的原则和内容

(一)餐厅设计的原则

1. 餐厅设计要符合经济、安全、高效的原则

完美、合理的餐厅设计不是单纯在材料上追求昂贵,而是要通过装饰布置,色彩线条来体现风格。餐厅设计要注意从以下几方面来考虑:

(1)经济性。要求设计出的餐厅在同档次中投资较少,而从投资空间所获取的收益最大。由于餐厅面积的利用程度直接影响到接待能力和营业收入,所以各种设计布置不应占据太多营业空间。

(2)安全性。这是指餐厅内的布局要合理、实用,保证用餐区内顾客、产品、服务员和设备的流动畅通,无安全隐患。具体包括:在用餐区要为员工提供安全的工作空间,为顾客提供公共通道,保证用餐区的卫生环境整洁。

(3)高效性。主要指:用餐区的设备、设施维修方便,费用较低;用餐区的高效节能,如最大限度地用自然采光,或者与饭店大堂共享喷泉流水等室内景观,以充分利用餐厅营业空间,并给客人带来乐趣;餐厅设计要为顾客提供舒适的环境。

2. 餐厅设计应满足功能需要

(1)在餐厅入口处设立收款员、引座员柜台,以控制进出,便于结账收款,并设衣帽间。

(2)将餐厅分为若干小区,在营业低峰时可以关闭部分区域。

(3)餐桌要有大小不同的规格,以便招待人数不同的各批顾客。

(4)10%的座位要建成火车座式,供单身顾客或情侣使用。

(5)餐厅里应设食品陈列柜。

（6）大约每80个位子设一服务台，用于为顾客提供水、咖啡，换台布，置放餐具等。

（7）使用可变灯光调节装置，以便创造不同的用餐气氛。

（二）餐厅的店面设计与布置

目前，餐厅在店面设计与布置上已改以往的封闭式为开放式，外表采用大型的落地玻璃使之透明化，使人一望既能感受到餐厅内的用餐气氛，同时注重餐厅门面的大方、气派和展示窗布置的生动、美观，招牌文字的醒目和简明。

1. 餐厅的通道设计与动线安排

（1）餐厅的通道设计布置应体现流畅、便利、安全，切忌杂乱。要求从视觉上给人以统一的意念，要求其平面变化达到完整与灵活相结合的布局效果。

（2）餐厅动线是指客人、服务员、食品与器物在餐厅内流动的方向和路线。客人动线应以从大门到座位之间的通道畅通无阻为基本要求。一般来说，餐厅中客人动线采用直线为好，避免迂回绕道。餐厅内客人的流通通道要尽可能宽畅，动线以一个基点为准。餐厅中服务人员的动线长度对工作效率有直接的影响，所以原则上越短越好。在服务人员动线安排中，注意一个方向的作业动线不要太集中，尽可能除去不必要的曲折。如果设置一个"区域服务台"，那么既可存放餐具，又有助于服务人员缩短行走路线。餐厅动线设计可参见图2-2。

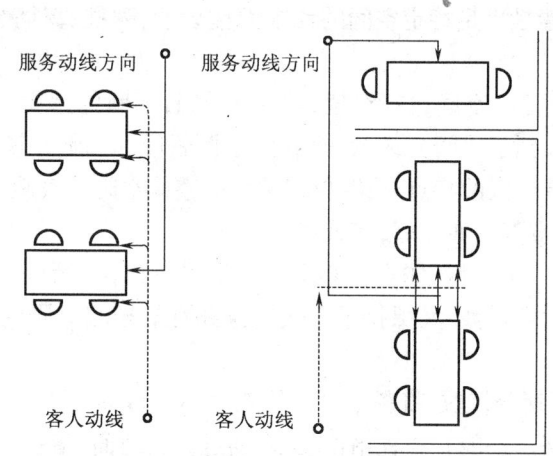

图2-2 餐厅动线图

2. 餐厅的空间设计与布局

餐厅内部的设计与布局应根据餐厅空间的大小决定。由于餐厅内各部门对需占用的空间要求不同，所以在进行整体空间设计与布局规划时，要做到统筹兼顾，合理安排。既要考虑到客人的安全性、便利性，以及营业各环节的机能、操作效果等因素，又要注意全局与部分之间的和谐、均匀、对称，体现出浓郁的风格情调，使客人一进入餐厅就能强烈地感受到形式美与艺术美,得到一种艺术享受。

餐厅的空间设计通常包括以下几个方面:①流通空间(通道、走廊、座位等);②管理空间(服务台、办公室等);③调理空间(配餐间、展示厨房、备餐间等);④公共空间(休息室、就餐区、洗手间)。

3. 根据厨房要求设计餐厅平面形式

餐厅的平面形式设计要根据厨房的要求、餐厅各室的种类及数量(如多功能厅、雅座、单间等)来进行。现代餐厅的平面设计大致分两类:一类是传统的封闭式厨房的餐厅,这类餐厅的就餐区和厨房是隔开的;另一类是开放式的厨房,使厨房展示在客人面前,这种餐厅现在越来越受到顾客欢迎。

4. 餐厅的空间分隔

餐厅空间分隔的总体原则是使客人既能享有相当隐蔽的小区域,又能感受整个餐厅的气氛。由于陈设的简繁以及空间曲折、大小、高低的不同变化,能产生出形态繁多的空间分隔。下面介绍几种餐厅空间分隔常用的形式。

(1)软隔断分隔,就是用垂珠帘、帷幕、折叠垂吊帘等把餐厅进行分隔。软隔断富丽、高档,一般在有空调的餐厅中使用。

(2)通透隔断空间,表现出传统的文化气息,通常是指挂落、落地罩、屏风式博古架、花窗墙隔断等,一般是在将大餐厅分隔成若干个雅座时使用。

(3)列柱、翼墙是满足特定空间的要求而虚设的,列柱、翼墙会给人稳定、厚重的感觉。

(4)用灯具对餐厅空间进行分隔,有一种隔而不断的感觉,达到一种特殊效果。灯具的布置起到了空间分区的作用,对于西餐厅和酒吧来说是室内环境设计的常用手法。灯具分区的特点是,既保持了大的整体空间的气魄,又在顾客的心理上形成分隔,而且空气流通良好,视野宽广。

(5)矮墙分隔空间,使就餐者在心理上产生了一种自我受到保护的感觉,人们既享受了大空间的共融性,又保持了一定的隐秘性。矮墙分隔同样具有灯具分隔的多种优点。

(6)升降高程划分,就是将餐厅室内的地面标高以局部提高或局部下降,用台阶作为联系的通路。一般升高程用得较多,通过突出地面,暗示出两个空间区域。

(7)用植物划分,不仅可以限定两个功能不同的空间,还可以阻挡视线,围合具有相对独立性的私密空间。植物本身就成为一种充满生机的"屏",隔而不断,使空间保持其完整性和开敞性。植物还可以调节室内空气,调节温湿度,改善小气候,增加视觉和听觉的舒适度。同时,由于人们对回归大自然的向往,对植物也有一种偏爱。

(8)装饰物的放置也可以暗示一个空间的结束,另一个空间的开始。此时,它与半通透的隔断或柱子,具有相同的作用,不会阻碍人们的视线,却阻碍人们的行动,从而给室内带来了丰富的空间层次。

按照空间构成的原理,多种类型的物体都可以在分隔空间时加以利用,如花架、水池以及铺地材质的变化等都能起到分隔空间的作用。

（三）餐厅座位设计与布局

餐厅座位的设计、布局,是根据餐饮类型、厨房特色来进行的,它对整个餐厅的经营影响很大。尽管座位的餐桌、椅、架等大小、形状各不相同,但还是有一定的比例和标准。一般以餐厅面积的大小、座位的需要数量作适当的配置,使有限的餐厅面积能最大限度地发挥其运用价值。

1. 桌椅的设计

在现代餐厅中,椅子的功能,首先是满足客人坐的需要,其次才是满足美感要求。所以椅子的设计,首先要有舒适感,其关键在于座面要符合人体坐姿的自然曲线。另外,靠背的支撑必须切中人体上部的着力部位。

日本学者研究表明,当座面高度为 40cm 时,腰部的肌肉活动最强烈。座面比 40cm 高或低时,肌肉活动都有所降低。这说明当人坐在 40cm 左右高的椅子上时,腰部不易疲劳。另外,椅子的高度应该比小腿的长度低 2 ~ 3cm。

桌子和椅子之间的高度关系十分重要。从功能上看,餐桌最重要的尺寸是差尺,即从座面坐骨结节点到桌面的距离,而不是地面到桌面的总高度。这是因为人们使用餐桌时,当坐骨结节点的位置确定之后,这个坐骨结节点和肘的位置关系,变成了确定餐桌高度的重要依据,一般为 30cm。

2. 餐桌的设计

餐厅中坐席的配置一般要根据用餐人数、桌子形状来确定合适的坐席数,做到既不使客人感到拥挤局促,又不使其感到相互间的疏远。

（1）圆形餐桌,按直径 15 ~ 20cm/人的比率来计算餐位数,如:110cm 为 5 ~ 7 餐位,250cm 为 12 ~ 14 个餐位。或以圆台大小与人数关系计算,以每人占 60cm 边长为最低限来确定餐位。

（2）长方形餐桌,根据用餐人数来确定不同的餐桌宽度和长度。如长方台:2 人,宽 60 ~ 65cm,长 72 ~ 85cm,高 72cm;6 人,宽 75 ~ 90cm,长 130 ~ 160cm,高 72cm;8 人,宽 80 ~ 100cm,长 160 ~ 180cm,高 72cm。

（四）辅助性营业设施的设计

餐厅中常设有一些为餐厅经营活动服务、便利客人的公共设施。

1. 接待室

接待室的设立是为了在餐厅客满时,客人不必站立等候,可以在设备设施齐全、安静舒适的休息室待位。接待室给客人提供一定的消遣性的、可以打发时间的设施和用品,如电视机、报刊、杂志等,如有可能还可设立一个小推销站。如接待室空间宽敞,必要时还可作为小型会议场所。

2. 衣帽间

衣帽间通常设在靠近餐厅进口处,由专门服务人员管理客人的厚重衣物和帽子、手杖等用品。

3. 洗手间

评价一个好的餐厅往往从装潢最好的洗手间开始。因为任何人都可以由洗手间的整洁程度来判断该餐厅对整体卫生的重视程度,所以应引起特别注意。洗手间的设置应做到:

(1)洗手间应与餐厅设在同一层楼,避免客人上下楼不便。

(2)洗手间的标记要清晰、醒目(中英对照)。

(3)洗手间切忌与厨房连在一起,也不宜设在餐厅中间或正对大门的地方,以免客人产生不好的联想,影响客人的食欲。

(4)洗手间的空间要能容纳三人以上。

(5)洗手间应设在排水方便的地方。

(6)附设的酒吧应有专用的洗手间。

此外,还可在餐厅一角设置专用的电话服务。

 **章后案例**

一连串的倒霉

一天,王先生带他的几位朋友到北京一家饭店就餐。落座前,王先生的一位朋友起身去洗手间,当他快到洗手间门口时,突然脚下一滑,这位客人一个踉跄,幸好在快倒下前急忙扶住旁边的收银台,才免于摔倒在地。虽是一场虚惊,但客人回到座位时仍心有余悸,而且因为这一动静比较大,引起了很多人的注意,令王先生的朋友感到面子上有些挂不住,本来很热烈的气氛因此而令人感觉很不自然。还好王先生比较开朗,迅速扭转话题,让大家忘掉了这一令人不快的情节。在接下来用餐的过程中,这位客人突然发现服务人员为自己更换的新骨碟中居然还有一丁点没洗掉的污渍,虽然服务员及时为客人更换了新的干净的骨碟,但客人的食欲还是因此进一步受到了影响。为了不让这些不开心的事情影响自己和朋友就餐的情绪,王先生尽可能地满足朋友提出的要求,并热情地向朋友们敬酒,可是没料到之后在服务员上汤时,又不小心将热汤洒在了一位客人的手上,这样一来客人所有的兴致都没有了,王先生也感到自己今天选择这家饭店实在是不明智。

讨论题：

1. 饭店应该给客人提供怎样的就餐环境？
2. 餐饮服务人员应具备怎样的基本素质？

 复习思考题

1. 解释下列概念：

餐厅　美式服务　共餐式服务　分餐式服务

2. 餐厅的基本类型有哪些？
3. 现代餐厅的设计理念是什么？
4. 餐饮服务人员的基本素质有哪些要求？

第三章

餐厅服务技能与标准

> **学习目标**
> 1.熟练掌握餐厅服务人员的基本技能及其操作标准。
> 2.掌握中餐服务程序与标准。
> 3.掌握西餐服务程序与标准。

【引例】

熟练的托盘服务

一个20人的美国旅游团在导游的带领下,来到北京某星级饭店用晚餐。饭店的餐厅内灯火辉煌,气氛热烈。客人们入座后,服务员马上为他们端茶、斟酒、倒饮料。不一会儿,道道精美可口的菜肴便——送上桌来。

进餐期间,一位客人突然问服务员,中餐上菜讲不讲究托盘服务。服务员告诉他,以前基本上是托盘服务,现在则用推车上菜。客人听后点点头,没有再问什么。

又过了一会儿,这位服务员突然手持托盘向餐桌走来。只见他左手将托盘举过肩部,五指平稳地顶着托盘,盘中放满了菜肴和酒水,动作熟练,步伐轻灵。

刚才那位提问的客人见到此景,不禁高兴地微笑起来。当服务员熟练地将托盘中的酒、菜平稳地放在餐桌上后,那位客人连声说好。他兴致勃勃地对服务员讲,美国人习惯于托盘服务,并把这种方式当做一门观赏艺术。当宾客到餐厅就餐时,见到托盘技术熟练、技巧出众者,往往还报以掌声。其他的客人听他说到此,也随声附和起来。他们纷纷表示,看到这种服务就仿佛身在美国一样。导游将客人们的话翻译给服务员听后,他一面撤换客人用过的餐具,一面谦虚地表示,美国饭店的服务水平很高,服务技巧的基本功也很扎实,有很多值得学习的方面,希望客人对他的服务多提宝贵意见。

　　"你们的菜很好吃,侍者也很有礼貌,但像你这样精通多种业务技巧的侍者,我见得还不多",一位客人说道。"这里饭店的服务态度很好,也很周到,只是有时有人员浪费的现象。昨天在一个餐厅吃饭时,我看到有七八个侍者站在一起闲着。这在我们那里很少见的",另一位客人补充道。服务员认真听取了这三言两语的意见后,表示了对大家的感谢。在宾客离开前,餐厅经理还亲自前来感谢大家,请客人填写了宾客意见表。宾客们对餐厅的服务工作表示满意,都说这家饭店的服务态度是一流的。

第一节　餐厅服务基本技能

　　餐厅服务基本技能是指提供餐厅服务所必须掌握的基本技艺,包括托盘、餐巾折花、摆台、上菜与分菜、斟酒以及餐间其他服务技能等。作为一名餐厅服务人员,规范地掌握操作技能并创造性地把待客技巧融入服务意识中,是做好餐厅服务工作的基本前提。

一、托盘

(一)托盘的种类与用途

　　托盘是餐饮服务员从事服务工作最基本的用具,其主要是用于端送物品。在服务过程中,尽量使用托盘为客人提供上菜、斟酒、递送餐具物品、结账等餐间服务,可表示对客人尊重,并保证食品、物品的卫生,在工作中使用托盘,可使操作更加方便、快捷。

　　托盘按质地分有木质托盘、金属托盘和塑料托盘三种。木质托盘以木做胎,外涂漆皮;金属托盘常用有银制、铝制、不锈钢制等;塑料托盘由于造价适中,养护较为简易,在餐厅中使用最多。

　　托盘按形状可分为长方形和圆形两种。圆形托盘的直径一般为 40~45cm,主要用于餐间服务。长方形托盘又有大、中、小型之分,大型托盘长为 90cm,宽50cm;中型长为 50cm,宽 40cm;小型长为 15cm,宽 10cm。其中大、中长方形托盘主要用于端送菜点、盘碟、酒水等较重物品,小长方形托盘则用于递送账单、便条、信件等。

(二)托盘操作

　　根据端托物品重量的不同,托盘的用途不同,托盘端托的方法可分为两种:轻托(又称胸前托)和重托(又称肩上托)

1.轻托

　　轻托多用于中、小型托盘,端托体积小、重量在 5 千克以下的物品(见图 3-1)。

图 3 - 1　轻托手法示意图

（1）理盘。根据所托物品种类选择适用的托盘,并将托盘洗净擦干,铺上干净的垫布。

（2）装盘。根据所托物品重量、体积及取用的先后顺序,进行合理地装盘码放,调整好托盘的重心。托盘重心应定于托盘中心或稍偏。装盘时重物、高物放里档,轻物、低物放外档;先上桌的物品在上、在前,后上桌的物品在下、在后。

（3）托盘。左手臂自然弯曲呈 90 度角,肘部离腰大约是一拳距离,掌心向上,五指分开,手掌自然呈凹形,掌心不与盘底接触,用五指和手掌根部六支点托住盘底,平托于胸前。

（4）行走。托盘行走时,头正肩平,挺胸收腹,目视前方,步伐稳健,托盘轻松,随着步伐托盘在胸前自然摆动,手不夹腰,托盘不靠腹,动作轻快敏捷。托盘行走时最忌右手扶托盘,因容易遮挡视线,且使左手找不准托盘重心,造成托盘失误。故除了在调整托盘重心、托盘落台或遇到突然障碍物时,切忌用右手扶托盘。

2.重托

多用于大托盘,端托重量在 5～10 千克的物品(见图 3-2)。

操作方法:双手将托盘移至服务台边沿,使托盘的 1/2 悬空,左手扶住托盘底部中心,双脚分开,身体前倾,双腿下蹲。左手确定好重心后,在右手的帮助下,慢慢将托盘托起。在起托同时,转动左手腕,将托盘送至左肩外上方,挺直身体,将托盘托实、托稳后,再将右手撤回呈下垂姿势。做到盘不压肩,不靠颈,行动自如。

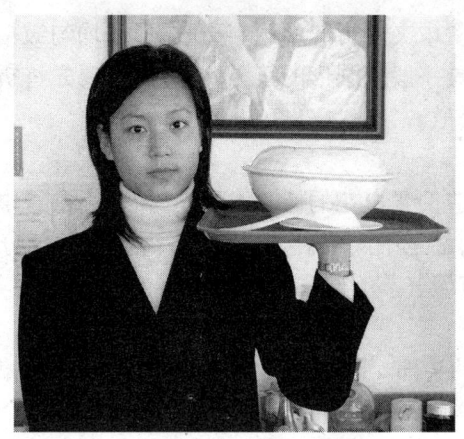

图 3 – 2　重托手法示意图

二、餐巾折花

餐巾又称口布或席巾,为 45～55cm 见方的棉质或化纤织品,是供给客人在进餐过程中使用的卫生用品。餐巾被折叠成各种花型,插在杯中或放在碟上,既美化了餐台,渲染了气氛,又可标志宴席主席位,成为餐饮服务中必不可少的用品。

（一）餐巾花分类

餐巾花的种类千变万化,按摆设工具的不同可分为杯花和碟花两种;按折花造型不同又可分为植物、动物和实物造型三大类。

（二）餐巾花折叠技法

1. 叠

叠是将餐巾平行取中一折为二,二折为四或折成三角形、长方形等其他形状。叠时要熟悉造型,看准角度一次叠成,避免反复,使餐巾上留下折痕,影响造型的挺括美观。

2. 折

折是将餐巾折成褶裥形状,使花型层次丰富、紧凑、美观。折时,由拇指、食指向前推折,中指控制第一折裥距离,三个手指互相配合,折出均匀整齐、距离相等的折裥。折裥可分为直裥和斜裥两种。

3. 卷

卷是指将餐巾卷成圆筒形以做出花型的手法。卷可分为直卷和斜角螺旋卷。直卷即将餐巾两边平行一起卷起。斜角螺卷是将餐巾一头固定,只卷一头或是一头多卷,一头少卷的卷法。卷要卷得紧、挺括,卷得太松会使花型弯曲变形。

4. 穿

穿是指用工具从餐巾夹层折缝中边穿边收,形成均匀皱褶,增加造型立体效果的一种方法。穿的工具一般用圆形的筷子。穿好后,要先将折花放入杯中,再将筷子抽去,否则皱褶易松散。

5. 翻拉

翻拉主要用于鸟造型餐巾花的修整。操作时,一手拿餐巾,一手将餐巾的巾角按造型要求翻上翻下,翻至中间或翻至外层,将需挺直的部分用力拉下,使餐巾线条分明,花型挺括而有生气。

6. 捏

捏主要用于折鸟的头部。操作时,先将餐巾巾角上端拉下做头颈,用食指将餐巾巾角尖端向里压,并用中指和拇指将压下的角捏紧,形成鸟的尖嘴状(见图3-3)。

图3-3 鸟头示例

(三)餐巾花摆放要求

(1)按席位摆放。主花要摆在主人席,与其他餐巾花一起高低均匀,错落有致。

(2)插入杯中部分的餐巾花要恰当掌握深度并保持完美。

(3)餐巾花观赏面朝宾客席位。

(4)同一张餐桌摆放不同花型时,要将相似花错开,对称摆放。

(5)餐巾花间距合适,不遮挡台上用品,不影响服务操作。

现代酒店的餐巾折花已经由纷呈复杂的杯花转变成盘花,这是餐巾折花的趋势,为客人提供简单、卫生、美观的餐巾是餐厅服务的基本要求(见图3-4)。

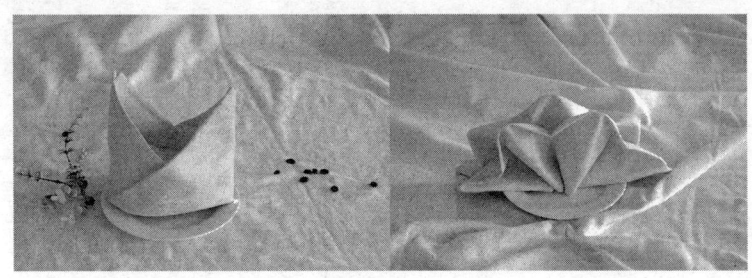

图3-4 盘花

三、摆台

摆台是根据用餐的需要将各种餐具、用具按照一定要求摆放于餐台上,它是餐厅服务工作中的一项重要工作,也是餐饮服务员必须掌握的一项基本技能。摆台主要包括:铺放台布、安排席位、摆放餐具、美化餐台等操作。摆台可分为中餐摆台和西餐摆台两大类。

(一)中餐摆台

1. 餐台

中餐一般使用木制的方台与圆台两种。方台常用的有边长为90cm,100cm,110cm规格的台型。圆台常用的一般为直径160cm,180cm,200cm,220cm规格的台型。餐厅可根据用餐人数的多少,场地的大小等选择合适的餐台进行摆设。

2. 铺台布,下转盘

服务员站在副主人位处,用双手将台布一次性抖开铺在台面上。一般铺法有四种,即平铺式、推拉式、撒网式、肩上式四种。抖铺时,台布不能沾地面,台布中间十字折纹交叉点居中,正面股缝朝上,并直对正、副主人席位,四角垂落部分相等。在餐台中间摆上转盘底座及转盘。

3. 围餐椅

围餐椅从主人位开始,餐椅要对正餐位,餐椅的前端与桌边平行,注意下垂的台布不盖于椅面。

4. 餐、饮具的摆放

各种餐、饮具要配套摆放,图案或文字要对正席位,每套餐、饮具间距相等。餐、饮具的摆放要做到既清洁卫生,又有艺术性,并方便宾客使用。

(1)早餐。见图3-5。

①摆骨碟:从主人位开始,按顺时针方向依次摆放,骨碟距桌边1.5cm。

②摆小碗、汤勺、调味碟:将小汤碗与调味碟放于骨碟正前方,距碟边1cm处。

③摆筷子、筷架：筷子和筷架放于骨碟右侧，筷子距调味碟1cm，筷子底边距桌边界线1.5cm。

④摆茶碟、茶杯：将茶碟放于筷子右侧，茶杯倒扣于茶碟之上，杯把朝右，茶碟距桌边1.5cm。

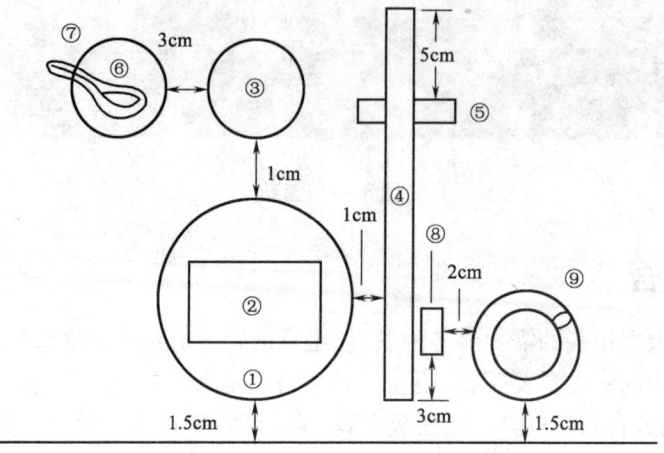

①骨碟 ②口布 ③味碟 ④筷子 ⑤筷架 ⑥汤碗 ⑦调羹 ⑧牙签 ⑨茶杯

图3-5 中餐早餐摆台

（2）午餐和晚餐。除摆放骨碟、小汤碗、汤勺、调味碟、筷子、筷架外，还应加摆饮料杯。饮料杯应放在小汤碗与调味碟之间的上方，距小汤碗1cm处。

（3）宴席（见图3-6）。需摆放骨碟、小汤碗、汤勺、调味碟、金属筷架、筷子、金属汤勺、饮料杯、葡萄酒杯和烈酒杯。

图3-6 中餐宴席餐具摆台

①摆筷架、筷子、金属汤勺：在骨碟右侧上方摆放金属筷架，如是动物造型，头冲左。在筷架右边放上筷子，左边放金属汤勺。

②摆饮具：先将葡萄酒杯摆放于小汤碗与调味碟之间的正前方，距小汤碗1cm处。烈酒杯摆在葡萄酒杯左侧。三套杯横向成一条直线，杯与杯之间相距1cm。

③摆公用餐具：在正、副主人席位前先各摆一个骨碟，中间放上筷架，在筷架上放一个金属汤勺和一双筷子，勺把向左，筷子手持端向右，筷子放在靠桌心一侧（供服务员为客人分菜用，主人自己的餐具与客人相同，另外再摆）。

5. 摆放用具

（1）摆牙签。摆牙签有两种方法：一种是摆放牙签桶，摆放在公用餐盘右侧，不出筷柄末端，不出公用餐盘的外切线；另一种方法是摆放袋装牙签，摆放于每个餐位的右侧，袋装牙签一般印有店名标志，要注意摆正。

（2）摆餐巾花。如使用杯花，应将叠好的餐巾花插在水杯中，再将水杯摆放在葡萄酒杯左侧；如摆放碟花，应将叠好的碟花放于骨碟上。

（3）摆烟灰缸、火柴。从主人位右侧开始，每隔两个席位摆放一个，烟灰缸前端应在水杯的外切线上。烟灰缸的三个架烟孔，其中一个应朝向桌心，另外两个朝向两侧的客人。火柴摆在烟灰缸上，正面朝上。

（4）摆菜单、台号。10人以下宴席应摆放2份菜单，分别摆在正副主人席位的右侧，菜单底端距桌边1.5cm；12人以上应摆4份菜单，摆成"十"字形。大型宴席摆放台号时一般摆在每餐台的下首，台号朝向宴席厅入口处，使宾客一进餐厅就能看到。

（5）检查摆台，放上花瓶。全部餐、用具摆好后，再次整理、检查台面，调整坐椅。最后在餐桌中心摆上花瓶。

（二）西餐摆台

1. 摆餐台，铺台布，围餐椅

西餐一般用长方形和正方形餐台，有时也会选用圆形餐台，在餐台上铺上台布。铺台布要求台布正面朝上，四边下垂部分均等。

2. 摆餐具、酒具

（1）早餐（见图3－7）。餐具的摆放可以从宾客的左手边开始。摆面包盘，盘上靠右侧摆放黄油刀，刀刃朝左，盘边距桌边2cm。面包盘的右边摆餐叉，叉尖朝上，餐叉与盘相距1cm，距桌边2cm。服务盘摆在餐叉的右边。服务盘的右侧摆餐刀，刀刃朝左。餐刀的右侧摆咖啡碟、咖啡杯、咖啡勺。咖啡杯的杯把朝右。咖啡壶、糖盅摆在咖啡杯的上方。

（2）午、晚餐（见图3－8）。

①摆餐盘（服务盘，展示盘）：从主人位开始，顺时针方向依次摆放在每个餐位的正中，距桌边2cm。

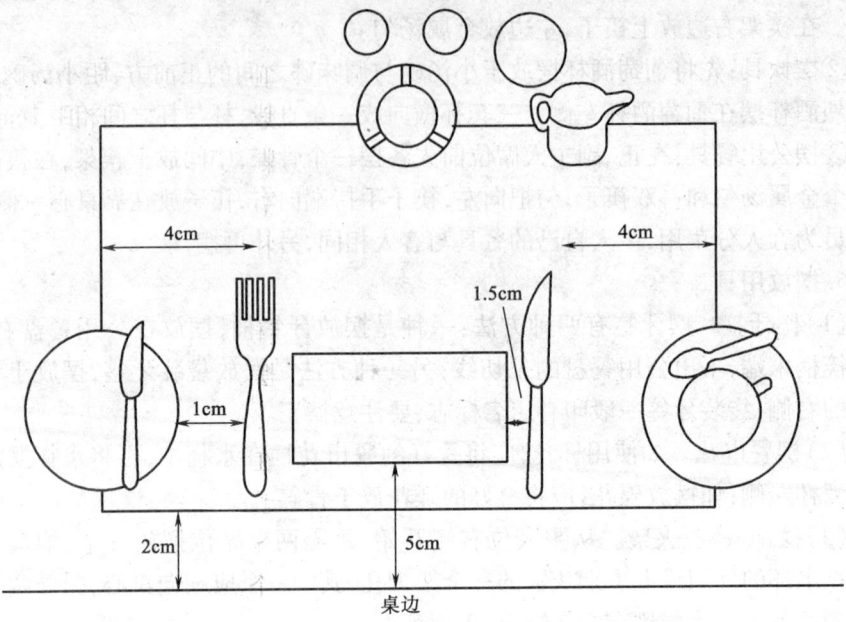

图 3 - 7 西餐早餐餐具的摆放

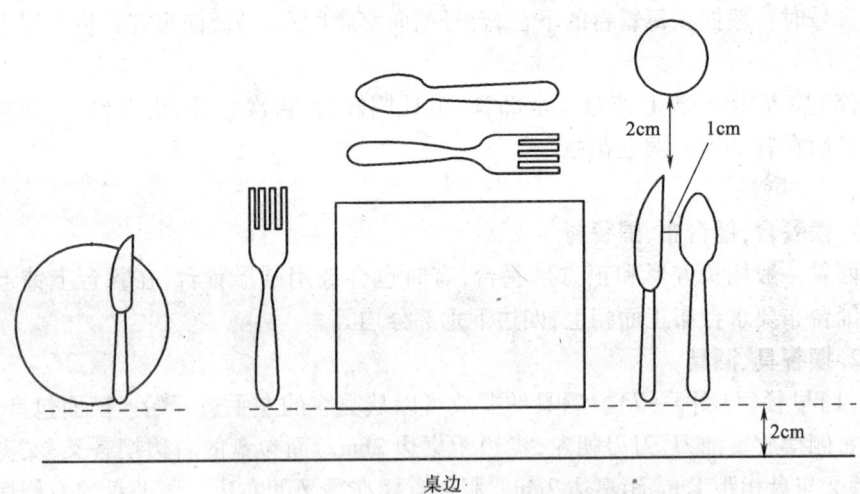

图 3 - 8 西餐午、晚餐具的摆放

②摆面包盘:在餐盘左侧5cm处摆放面包盘,距桌边2cm。

③摆刀、叉:在面包盘上右侧摆黄油刀。在面包盘与服务盘之间摆餐叉,餐刀和汤勺放在餐盘的右侧,勺口朝上,甜品叉、勺横放在服务盘的上方。靠餐盘先摆

甜品叉,叉把朝左,甜品叉的前方摆甜品勺,勺把朝右。

④摆水杯:在餐刀正前方2cm处摆放水杯。

(3)宴席(见图3-9)。

①摆餐盘:从主人位开始,顺时针方向依次摆放在每个餐位正中,距桌边2cm。

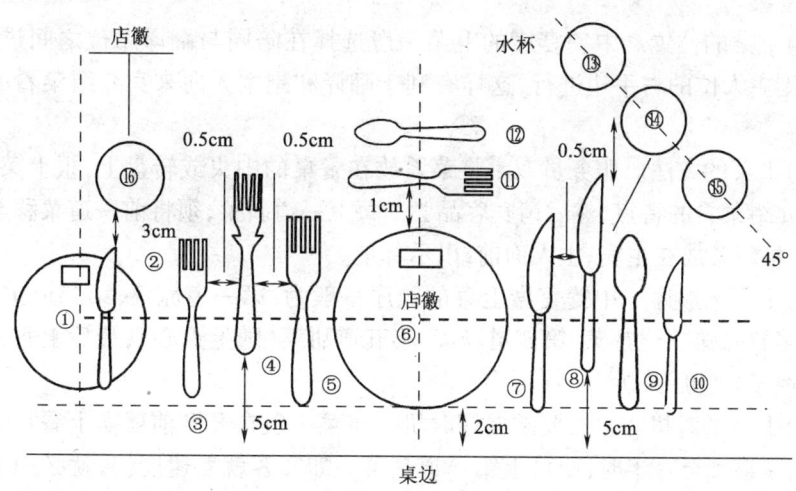

图3-9 西餐宴席餐位餐具的摆放

②摆餐刀、餐叉等:在餐盘的左侧由外及里依次摆放头盘叉、鱼叉、主餐叉,在餐盘的右侧由外及里依次摆放头盘刀、汤勺、鱼刀、主餐刀,鱼叉、鱼刀距离桌沿5cm,其他刀、叉、勺把平齐,距桌边2cm。

③摆甜品叉勺:在餐盘的正前方摆甜品叉、勺。其方法是:在餐盘正前方先摆甜品叉,叉把朝左,甜品叉前方摆甜品勺,勺把朝右。

④摆面包盘,黄油刀:在头盘叉的左侧1cm处摆面包盘,在面包盘上右侧摆放黄油刀。

⑤摆酒具:先将水杯摆在餐盘右上方,然后在其右方依次摆放红葡萄酒杯、白葡萄酒杯。三套杯在一条斜线上,与桌边呈45度角,杯与杯之间相距1cm。

3.摆放用具

(1)摆盐瓶、胡椒瓶、牙签桶:按每4人用一套的标准摆放在餐台中线位置上。

(2)摆烟缸:从主人位右侧摆起,每两个席位摆一个。

(3)摆菜单:放于正、副主人餐具的右侧,距桌边2cm。

(4)摆花瓶(插花):摆于餐台中心位置。

(5)摆烛台:烛台只在晚餐时使用,摆放于台面中股缝距花瓶10cm处。

4.检查摆台

检查餐台上各种用具是否齐全,每套餐具间距是否合适,餐具是否清洁,有无破损,坐椅是否整齐干净,台布是否符合标准。

四、上菜与分菜

(一)中餐上菜与分菜

1. 上菜

(1)上菜的位置。中餐宴席的上菜一般选择在陪同与翻译席位之间进行,也有的在副主人位的右手边进行,这样有利于翻译和副主人向来宾介绍菜肴的名称和特点。

(2)上菜的方法。服务员双手将菜肴放在餐桌的中央或转盘上,报上菜名,同时简要介绍菜肴的特点,然后请宾客品尝。每上一道新菜,须将前一道菜移至副主人一侧,将新菜放在主宾、主人面前,以示尊重。

(3)上菜的顺序。中餐宴席上菜的顺序一般为:第一道凉菜,第二道主菜(较名贵的菜肴),第三道热菜,第四道汤菜,第五道甜菜(随上点心),最后上水果。但粤菜习惯于先汤后菜。

(4)上菜的时机。上菜要掌握好时机。凉菜一般在开席前就摆上餐桌。宾客入席,当凉菜食至一半时,便可上第一道热菜。如宾客就餐速度快,就必须通知厨房出菜稍快一些;如就餐速度慢,则应通知厨房出菜稍慢一些,甚至暂停片刻。如遇宾主讲话或离席敬酒时不宜上菜,应等讲完话或敬完酒回位后再行上菜。当上最后一道菜时,应告诉客人"菜已上齐",以便主人选时机请宾客干杯。

(5)上菜的原则。中餐宴席上菜掌握的原则是先冷后热,先菜后点,先咸后淡,先咸后甜,先炒后烧,先清淡后肥厚,先优质后一般。

(6)中餐中几种特殊菜的上菜方法。

①上拔丝菜,如拔丝苹果、拔丝山芋等,要将菜盘搁在盛有热水的汤碗上保温,防止糖汁过早凝固,并跟上凉开水,供宾客蘸拔丝菜吃。

②上易变形的炸炒菜肴,如高丽虾仁、炸虾球等,一出锅应立即端上餐桌,上菜时要轻稳,以保持菜肴形状和风味。

③上炸油的响菜,如锅巴肉片、锅巴什锦等,这些菜一出锅就应立即端上餐桌,随即将汤汁浇在锅巴上,使之发出响声。做这一系列动作要连贯,不能耽误,否则此菜将失去应有效果。

④上配有佐料的菜,如北京烤鸭配有大葱、甜面酱、荷叶饼,上清蒸鱼有姜醋汁。上菜时,应先上齐佐料再上菜(或同时上桌),并向宾客略作说明。

⑤上原盅炖品,如冬瓜盅,上台后要当着宾客面启封,以保持炖品的原味。并使香气在席上散发。揭盖时要翻转移开,以免汤水滴落在宾客身上。

⑥上泥封、锡纸包、荷叶包的菜肴,如叫花鸡、锡纸包排骨、荷香鸡等,要先端上台让宾客观赏后,再拿到操作台上打破或启封,以保持菜肴的香味和特色。

2. 摆菜

摆菜就是将上台的菜肴按一定的格局摆放好,摆菜的基本要求是:讲究造型艺术,注意礼貌,尊重主宾,方便食用。

(1)摆菜的位置要适中。散座摆菜要摆在小件餐具前面,间距要适当。宴席摆菜,一般从餐桌中间向四周摆放。

(2)将冷荤主盘看面及热菜头菜看面朝向主人,其他菜肴看面朝向四周,使所有上桌菜肴均成看面朝向宾客。

(3)各种菜肴要对称摆放,讲究造型艺术。

(4)如有热菜使用长盘。盘子应横向朝主人。

(5)整形菜的摆放,应遵照我国传统的礼貌习惯,"鸡不献头,鸭不献掌,鱼不献脊",即上菜时将鸡、鸭、鱼头部一律朝右,脯(腹)部朝主人,表示对客人的尊重。

3. 分菜

分菜又称为让菜。中餐分菜是在宾客观赏完菜肴的整体造型后,由服务员用服务叉、勺等工具依次将菜肴分让给宾客。中餐宴席中对名贵菜、特殊菜、整形菜、汤羹类等菜肴,服务员应进行分菜,尤其是较高档的宴席更需要分菜。

(1)分菜用具及使用方法。中餐宴席的分菜用具有:分菜叉(服务叉)、分菜勺(服务勺)、公用勺、公用筷、长把汤勺、刀等。

①分菜叉、勺的用法:服务员右手握住叉和勺的把柄部分,勺心向上,防止汤汁滴落。右手食指插在叉和勺把之间,与拇指配合捏住叉把柄,其余三指控制勺把柄。

②公用勺、公用筷的用法:服务员站在上菜位(翻译与陪同席之间),右手握公用筷,左手持公用勺相互配合将菜肴分到宾客餐碟之中。

③长把汤勺的用法:用长把汤勺分汤菜时,汤中如有菜还须用公筷配合操作。

(2)分菜的顺序。分菜的顺序是:先送主宾,副主宾,主人,然后按顺时针方向依次派送。

(3)分菜的方法。

①桌上分让式:服务员用左手垫上餐巾将热菜盘托起,右手拿分菜叉、勺,站在宾客的左侧进行分菜。

②二人合作式:一名服务员站于上菜位(翻译与陪同席之间),左手持叉,右手持长把汤勺进行分菜。另一名服务员站在宾客左侧,把餐碟递给分菜服务员,待菜肴分好后将餐碟放回宾客面前。

③分菜台分让式:由服务员将菜端上台,介绍菜式,供宾客观赏后,端到分菜台。服务员在分菜台上将菜肴分到餐碟内,然后用托盘端送给客人。

(4)分菜的注意事项。

①分菜时,对菜肴的数量要做到心中有数,分派均匀,质量相同。

②头、尾、残骨等不宜分给宾客,叉勺不要在盘上刮出响声。

③分高档菜肴,应一次分均分光。分一般菜肴时,分掉4/5,留下1/5,以示菜肴的丰裕和以备为宾客再次进行添加。

④分清蒸整鱼:左手握餐叉将鱼头固定,右手用餐刀切断头骨,再断尾骨,然后用餐刀从鱼中骨由鱼头处顺切切至鱼尾,将切开的鱼肉分向两侧脱离鱼骨。餐叉与餐刀相配合轻轻将鱼骨托起放于鱼盘靠桌心一侧的盘边处,再将上片鱼肉与下片鱼肉相合,使之仍呈一整鱼状。然后将鱼肉切分成相应等份,用餐叉、餐勺将鱼肉分别盛于餐碟中送与客人。

分鱼服务要求:餐刀、叉、勺使用手法正确,操作动作干净利落;做到汤汁不滴不洒,保持盛器四周清洁卫生、鱼骨完整且不挂肉。分鱼装碟数量均匀准确。

(二)西餐上菜与分菜

1. 西餐上菜服务程序

(1)上面包、黄油。用清洁的面包篮和黄油碟盛装新鲜的热面包和与面包数量相配的冷冻黄油,在客人订单之前送上。

(2)上头盘(亦称开胃菜)。

(3)上汤。

(4)上沙拉(亦称沙律,色拉)。

(5)上主菜。

(6)上甜品。

(7)上咖啡、茶或水果。

2. 西餐上菜、分菜服务方式

西餐上菜的服务方式主要有四种,美式、法式、俄式和英式服务方式,每一种服务方式对菜肴的服务要求均不相同。

(1)美式服务又称盘式服务。它具有服务快捷、成本低廉等特点。菜品的质量完全由厨房控制,服务员只需用托盘将菜肴送入餐厅端给客人。上菜的位置一般在客人的左侧。

(2)法式服务又称餐车服务。这是一种高档的服务方式,餐厅多使用银制餐、用具,并备有各种轻便的手推餐车。菜肴一般在厨房进行半加工后端出,置于餐车上,由餐厅服务员当着客人的面进行"桌前烹饪",完成烹制过程。客人选择法式服务,很大成分是为了欣赏服务员出色的表演。法式服务中除了面包、黄油、配菜外,其他的菜肴一律用手从客人的右侧上,右侧撤下。

(3)俄式服务又称大盘服务。厨房根据订单,将准备好的菜肴整齐地摆放在银制的大浅盘中,由服务员端到餐厅向客人展示后,分别为客人分让菜肴。在分菜前,先从客人的右侧,按顺时针方向在每位客人面前摆放空菜盘,然后服务员用左手托住大浅盘,从客人的左侧按逆时针方向,用右手使用餐叉、餐勺为客人分菜。

这种服务方式比较适合用于宴席服务。

（4）英式服务是一种典型的家庭式服务。由服务员将已烹制好的菜肴从厨房端出，并先让给主人，由主人按家庭方式起传，把菜肴绕桌传递，客人自取所需的菜量，各种调味汁、配菜则摆放在餐桌上，由客人自取。这种服务方式使客人感到比较随意，服务员主要负责台面的清理，并协助客人传递菜肴。

（5）在西餐上菜时，服务员还应注意：

①餐具和配料、调料摆放齐全后，才可为客人上菜。

②客人一道菜肴未用完，不可将下一道菜肴上桌。在客人用完该道菜肴，并询问客人是否可以撤盘，得到客人允许后，才可将客人用完的餐盘及该道菜所配用的餐用具、配料、调味品一起撤下，并为客人服务下一道菜肴。

③在宴席服务中，应注意上菜的节奏，每道菜应同时上桌，或为每位客人同时揭开菜肴盘盖。

3.分菜的顺序

先宾后主，先女士后男士。即按主宾、主人，或女主宾、主人、男主宾，然后其他来宾的顺序进行。

五、斟酒

（一）示瓶

示瓶的目的在于请客人确认其所点酒水的品牌，这是斟酒服务的第一道程序。操作的要领是，服务员站在主人（或点酒客人）右侧，左手托瓶底，右手扶瓶颈，酒标朝向客人请其确认。

（二）冰镇或温烫

服务员应熟知各种酒品的最佳饮用温度。视室温的高低确定酒品是需要冰镇、温烫还是直接饮用。

（1）冰镇。许多酒品饮用温度要求大大低于室温。如啤酒最佳饮用温度为8℃～12℃，白葡萄酒（干型）也在8℃～12℃，香槟酒和有汽葡萄酒在4℃～8℃，因此要求对酒进行冰镇处理。冰镇的方法通常有用冰块冰镇和冰箱冷藏冰镇两种，用冰桶盛装冰块，将酒瓶斜插入冰块中，10分钟左右可达冰镇效果。冰箱冷藏一般以半小时为宜。

（2）温烫。有些酒品，如黄酒、加饭酒，在饮用前将酒温升高到40℃～50℃，更符合人们的饮用习惯。温烫的方法主要有：水烫、火烤、燃烧，将饮料冲入酒液中或将酒液注入饮料中升温等四种。

（三）开瓶

（1）常用的开酒器有螺丝拔（又称酒钻）和扳手（又称酒启子），前者专用来开启木瓶塞，后者专用来开启冲压式盖封瓶。

（2）不同酒品的开启方法。

①葡萄酒：先用小刀将瓶口部位的锡纸剥掉，并用洁净的巾布揩擦干净。用酒钻对准瓶塞中心，按顺时针方向钻下，直至将螺旋部分全部钻入，然后将瓶塞慢慢拔起。最后再用巾布将瓶口擦净。在开瓶过程中要尽量减少酒瓶的晃动，以免酒渣泛起，影响酒质。

②香槟酒：香槟酒因瓶内有较大气压，故软木塞的外面套有金属丝。在开瓶时，用左手斜拿（呈45度角）瓶颈处，大拇指压紧塞顶，用右手转动瓶颈上的金属环使之完全松动，然后去掉金属丝和金属箔。右手拿一块干净的巾布捏住瓶塞上段，左手轻轻转动瓶身，让瓶内的压力将瓶塞顶出。开启香槟酒时，瓶口始终都不能朝向天花板和客人，以防酒水喷到客人身上或天花板上。

（3）开瓶后的检查及清洁工作。开瓶后应对酒的质量进行检查。检查的方法主要是嗅辨瓶塞插入瓶内的部分，看是否有酸败、霉腐味，同时，开瓶后酒的封皮、木塞、盖子等杂物，不要直接放在桌面上，可放在小盘子里，操作完毕一起带走，切忌留在宾客的餐桌上。

（四）斟酒

（1）斟酒姿势。服务员站在宾客右侧后，身体微向前倾，右脚伸入两椅之间，左脚微微踮起。将右臂伸出进行斟酒，左手托托盘略向外出，身体不要贴靠宾客。

（2）斟酒要领。

①右手持瓶要求：握住酒瓶中部，商标朝向宾客，瓶口不能搭碰酒杯口，以相距2cm为宜。

②斟酒标准：中餐斟酒一般以8分满为宜。白葡萄酒斟倒酒杯的1/2，红葡萄酒斟倒酒杯的2/3，白兰地酒只斟杯的1/5或1/6，标准是当把酒杯横放时，酒液与杯口平齐。

③随时注意瓶内酒量的变化情况，以适当的倾斜度控制酒液流出速度。因瓶内酒量越少，流速越快，酒液容易冲出杯外。

④当酒量斟至适度时，应稍停一下，并旋转瓶身，抬起瓶口，使最后一滴酒随着瓶身的转动均匀分布在瓶边沿上，避免酒水滴洒在台布或宾客身上。

（3）斟酒的方法。斟酒的基本方法有两种：桌斟和捧斟。

①桌斟：服务员站在宾客右侧身后，侧身用右手握酒向杯中斟倒酒水（见图3-10）。

②捧斟：服务员站在宾客右侧身后，右手握瓶，左手持杯，向杯中斟满酒后，绕向宾客左侧将装有酒液的酒杯放回原来的杯位。捧斟适用于非冰镇处理的酒品。

（4）斟酒的顺序。

①中餐斟酒顺序：在宴席开始前5分钟，服务员应将烈性酒和葡萄酒斟好，以便宾客入席即可举杯祝酒。斟酒顺序是从主宾开始，先斟男主宾，再斟女主宾、主

图 3 - 10　桌上斟酒

人,其他宾客按顺序依次斟倒。如果是两名服务员同时斟酒,则一位从主宾开始,另一位从副主宾开始,按顺时针方向依次进行。

②西餐宴席斟酒顺序:西餐宴席对酒水服务要求很高,几乎每道菜都配有一种酒。吃什么菜跟什么酒,用什么样的酒杯,都有严格规定。斟酒的顺序是:先斟女主宾,再斟男主宾,然后斟主人,其他宾客按顺时针方向依次斟倒。

在宴席中,如遇宾主祝酒讲话,服务员应停止一切活动,端正肃立在一旁,并要注意每位宾客杯中的酒水,特别是照应好主宾和主人,待讲话完毕时,服务员要及时送上一杯酒,供其祝酒。当宾主离位祝酒时,服务员应持酒瓶跟随其后,以便及时为客人斟酒、续酒。

六、餐间其他服务

(一)撤换餐具

1. 中餐撤换餐具

(1)撤换的时机。为了宾客用餐的方便和舒适,服务员应及时地为宾客撤换有食物渣的骨碟,收撤用过的汤碗菜盘及不需要的餐具,保持餐台干净整齐,用具清洁齐备。

(2)撤换的注意事项:

①手法要卫生,用手托盘时可垫上干净的毛巾,当托盘时如手指不慎沾上菜肴的汤汁,应先用毛巾擦净,再给宾客换上干净的骨碟。在撤碟时,尊重宾客的习惯,

如有客人将筷子放在骨碟上,在换上干净的骨碟后,也要将筷子按原样放在骨碟上。

②收撤菜盘时应征求客人的意见,如餐桌上菜盘过多,而宾客又要求保留未吃完的菜肴时,可主动为宾客分菜或换用小号的菜盘盛装。

2. 西餐撤换餐具

西餐食用每道菜肴所使用的餐具都有不同,故客人订好单后,要根据食品单为宾客摆放所需餐具。撤换时,应先向客人礼貌示意。从宾客右侧按顺时针方向进行,女士优先。根据宾客所订菜肴的服务先后次序,从宾客两侧由外及里码放,同时注意手法卫生,一次只允许手拿两件,持餐具时须用食指和拇指捏握餐具的柄,严禁直接用手握住餐具接触食物的部位。

宾客每用完一道菜肴后就应礼貌地为宾客撤下该道菜的菜盘及配用的餐具。撤盘时,要注意观察宾客刀叉的摆法。如刀叉平行或交叉放在盘上,即表示不再用了,可以撤盘。如刀叉搭放在餐盘两侧,说明宾客还将继续食用,不可贸然撤去。

宾客未离席,桌上的酒杯、水杯不可随意收撤。当看到宾客水杯中的冰水只剩下 1/3 时,应及时添加,酒杯中酒水已饮用完,应先征询宾客是否需要添加或还需什么酒水,如宾客表示不再需要,才可撤下空的酒杯。

（二）撤换烟灰缸

在客人就餐过程中,服务员要注意观察吸烟的宾客,如周围无烟灰缸应及时送上,如宾客烟灰缸内已有两个烟蒂就应更换。

撤换方法:在托盘内放上干净的烟灰缸,走到宾客右侧身后,用右手将干净的烟灰缸覆盖在已用过的烟灰缸上,再一起撤下放在托盘里,然后再将干净的烟灰缸放上餐桌。这样,可以避免烟灰飞扬,污染菜点或落到宾客身上。

（三）撤台

客人就餐结束,离开餐厅,服务员开始撤下台面的餐具,其顺序和方法如下:

首先,左手托托盘,右手将台面上的餐、用具收撤。收撤的顺序:先撤下餐巾、毛巾,然后撤下各种玻璃饮具,再撤下碗碟、筷子、烟灰缸等餐、用具。撤烟灰缸时应留意烟头是否全部熄灭,同时动作不要过猛,以免烟灰洒落弄脏台布,可在烟灰缸中加少许水,再进行收撤。如果在营业过程中更换台布,应用干净台布盖住脏台布进行更换,不能让周围就餐的宾客看到没有台布而裸露的台面。如果餐厅已停止营业,可将脏台布面向里折好,先撤下放在坐椅上,再铺上干净的台布。

第二节 中餐服务程序与标准

中餐服务是我国餐饮企业餐厅服务的主要形式。中餐厅分为零点餐厅、团体餐厅、宴会餐厅等,不同餐厅其服务程序和标准也不相同。

一、中餐零点服务程序

(一)准备工作

准备工作主要包括:环境准备、餐用具准备、服务用品准备、当日菜单准备及个人仪容仪表准备五个方面。

(二)迎客入座

首先,引座员站在餐厅门口一侧,面带微笑,站立恭候宾客。

其次,见到宾客到来,主动迎上前致以问候,如"您好,欢迎光临!"如来宾不止一人,要先向主宾致意,再向其他宾客问候,如果伴有女宾,则先要向女宾致意,然后用恰当的服务用语问候已有预约和用餐人数。

再次,引领宾客入席时,引座员应走在宾客前方 1~1.5m 处,并不时回头招呼宾客。引领时,引座员应该对安排的餐位做到心中有数,不可进入餐厅后东张西望,带着宾客在餐位间任意穿行。

最后,合理安排座位,既要使宾客满意,也要便于服务人员工作。为宾客拉椅让座,递上餐牌,并招呼看台员前来服务。

(三)开茶服务

当宾客入座后,值台员要立即上前向宾客问候。在为宾客铺餐巾、除筷套的同时,询问喝什么茶,并主动介绍餐厅的茶叶品种。按宾客的要求送上所需茶水,并为宾客斟茶,上毛巾。一般 8 人以下开一壶茶,8 人以上开两壶茶,第一杯礼貌茶不宜斟倒太满,一般以 8 分满为宜;热毛巾用毛巾托放在宾客的右手边。如就餐人数与餐具套数不符,还应为宾客进行撤位或加位服务。

(四)接受订单

宾客看菜单时,服务员应静候在附近,准备接受点菜。当宾客抬起头用目光搜寻服务时,服务员立即迎上前去,并询问宾客是否需要写单。

清楚地记录下宾客所点菜肴名称及特殊要求,并主动介绍本餐厅的特色菜、时新菜和当日的特价菜。但不可硬性推销。

如宾客所点菜肴已卖完,应向宾客致歉,并主动介绍与宾客所点菜肴原料或口味相近似的菜肴,而不应简单地说"没有";如宾客所点菜肴是菜单上没有的,应先询问厨房是否能烹制,如厨房能够做,宾客又接受所开出的价格,则应为宾客订单;如果宾客点了相同的菜或汤应主动提示宾客;如宾客所点的菜肴烹制时间较长,应向宾客事先声明。

宾客点完菜后,服务员应将记录复述一遍,核对无误后,方可开单。同时还应主动询问宾客还需什么酒水、饮料。

开出一式三联的点菜单,一联交给收款员,一联交厨房,一联交传菜部。在点菜单上清楚地记下台号、人数、日期并签名。

（五）酒水服务

按客人所点酒水到酒吧取酒和相应的酒杯。需冰镇的酒品,如白葡萄酒、香槟酒,应让宾客确认品牌后,在餐桌旁架冰桶,对酒品进行冰镇处理。

如宾客点的是整瓶酒,应先让宾客确认品牌后当着宾客的面开瓶。罐装酒水一般在托盘上开罐,操作时应注意勿将罐口对着客人,以防酒水喷到客人身上。

服务员在宾客右侧身后斟酒,中餐酒水一般斟8分满。

（六）上菜服务

上菜的顺序是:冷菜、热菜、甜菜、汤菜、主食,最后上水果(粤菜则先上汤)。

上菜时要先上其所需佐料、配料;用手食用的菜肴,要先上净手盅。

随时留意宾客台面上的菜是否上齐,若宾客等了很久还没上菜,要及时查单,看是否有错漏,或告诉领班催菜。上最后一道菜时要主动告诉客人,菜已上齐,并询问客人还有什么需要。

（七）席间服务

席间要为宾客更换脏的骨碟,收撤用过的空菜碟、汤碗、饭碗和空的酒水杯。烟灰缸内有两个烟头或有纸团、杂物应立即撤换。随时为宾客添加酒水和服务热毛巾。热毛巾服务的次数,视餐厅及用餐的档次而定,一般服务三次,即开席前一次,用餐中一次及结束用餐时一次。

（八）结账、送客

宾客要结账时,服务员应立即告知收款员,并将核对无误的账单用专用的收款夹呈递给客人。收款时要向宾客道谢,如宾客对账单有疑问时,应向宾客礼貌地解释。

在服务工作中,送客与迎宾一样重要。宾客用餐完毕,服务员可主动征询意见。宾客离座时应上前拉椅送客,提醒宾客不要忘记所带物品,并向其道别,欢迎下次光临。

（九）餐后工作

客人走后应再次检查是否有遗留物品,如有发现立即交还给客人或餐厅领班处理。收拾餐台,并重新摆台,等候迎接下一批客人。

二、中餐团体包餐服务

团体包餐这种就餐形式,一般用于会议、旅游团队及大型团体活动。团体指一个具有一定人数的集体。包餐指一种按固定就餐标准、就餐规格,定时用餐的就餐形式,因此,又将团体包餐称为集体包餐。

（一）团体包餐服务的特点

团体包餐的就餐形式多样,有圆桌聚餐式、份饭包餐式等。不同的团体包餐,其标准不同,档次不同,人数不等,就餐方式不同。因此,形成了菜肴数量的丰俭不同,菜肴品种的档次不同,因而为其提供的服务方式也不同。

团体包餐与零餐相比,除以上区别外,就服务而言,又有着较为突出的特点:①用餐人数固定,开餐桌数固定,人数集中。②用餐标准统一,消费标准一般低于宴会和零点。③开餐时间统一,服务要求速度快。④菜肴品种统一,服务要有新品种。⑤服务方式统一,但也要体现团队的特点。⑥就餐顾客易形成统一意见。

团体包餐的消费标准往往低于宴会和零餐,不以品尝美味佳肴为主要目的,对服务的方式和要求不是很讲究,但绝不能因此而忽视菜肴、服务的质量。餐厅应想方设法变换花样品种,确保饮食、服务质量,最大限度地满足客人的要求。

根据不同的团体包餐的就餐形式,餐厅服务工作应采取不同的方式。如接待使用圆桌、选用聚会式就餐方式的团体包餐,餐厅服务应提供具有一定面积的就餐场地、设备及相应数量的服务人员。另一种是份饭式的团体包餐如盒餐或盘餐。这种包餐一般是凭券领取,一人一份,标准统一,食品统一,比较简单。

（二）团体包餐的服务程序

1. 承接任务,了解情况

接到团队预订单后,要掌握团队的名称、国籍、身份、职业、生活习惯,并要了解团队就餐的具体情况,做到"六掌握",即:

（1）掌握包餐标准。无论是 20 人、50 人、100 人还是更多人的团体包餐,一般都是统一标准。因此,服务员在开餐前首先要了解团体包餐的标准,按标准为客人准备菜单。食单、菜单的内容要严格执行标准规定,并适合于包餐人的饮食习惯。

（2）掌握就餐人数。团体包餐的人数较为固定,服务员应按其包餐人数提供大小适当的就餐环境,同时安排好就餐所需桌椅及各种餐饮用具。

（3）掌握就餐方位。每一包餐团体的用餐方位在开餐前一定要落实,服务人员一定要做到心中有数。餐厅有大有小,团体包餐人数有多有少,如果一个餐厅同时接待几个包餐团体时,一定要注意按事先安排好的方位将每一团体引领到其座位上,以避免出现错位现象。

（4）掌握包餐时间。掌握包餐时间的关键有三点:一是掌握包餐的开餐时间,以便准时开餐;二是掌握包餐团体的用餐时间要求,以便服务人员在规定的时间内完成好各项服务,上齐各种菜肴食品;三是掌握好开餐、用餐时间要求,合理安排服务,提高劳动效率。

（5）掌握包餐性质。包餐有会议包餐、旅游团包餐、访问团包餐、考察团包餐等。包餐人员又有国内外之分。由于包餐性质的不同,前来就餐的人员构成也不相同,所以服务人员要做到了解包餐顾客的国籍、身份、民族及宗教信仰,使餐间服务准确无误,了解包餐顾客的特殊需求及饮食禁忌,把服务工作做到细微之处。

(6)掌握包餐顾客的特殊需要。团体包餐一般人数较多,有些花费的时间也比较长,在包餐过程中,难免会有一些顾客需要特殊照顾,餐厅服务人员就应灵活服务。

2.制定菜单

按团队就餐标准和团队的特殊要求为客人准备菜单。菜单的菜肴品种、档次及数量内容既要严格执行标准,又要适合包餐团体的饮食习惯;了解货源情况,使菜肴安排合理,既要做到荤素搭配,又要注意营养;应尽量做到每餐菜肴不重样,如果是一连几天的包餐,更应将菜单调剂好,做到餐餐有新意,使客人进餐后感到舒适。拟订菜单时,要与包餐主办单位负责人取得联系,经协商确定菜单,然后通知各个生产部门并取得配合,菜肴品种、档次及数量根据标准确定。

3.按人数安排餐厅,摆好餐桌

根据团队就餐人数安排合适的餐厅,合理调整餐桌布局,如果一个餐厅同时接待两个团队,要划分就餐区域,布置好每一团体的就餐方位,并配好必要的标志及桌号牌、席位牌等。同时大餐厅可写出告示牌,放在客人进口处,以便客人辨认自己的就餐方位。根据就餐的餐别、规格进行摆台,要求台面摆设统一、美观,方便客人使用。

4.上齐菜点,按时开饭

将包餐所配用的酒水、饮料的瓶罐擦净备好待用;可在开餐前 5 分钟按照荤素、口味、颜色搭配的要求摆放好冷盘;热菜则在客人就餐后依次上桌;所需的各种随菜调料、佐料,应在客人到来之前准备完毕,并分装待用。酒水饮料的开启应在客人陆续就位时进行,不可过早启封,以免影响其质量、效果。主食可自取的,用盘装好上桌;如果是米饭面条等,由服务员分派后,递送给客人。汤上桌后,可由客人用汤碗自盛。酒水饮料则由服务员征询顾客意见后,为顾客斟上。餐前、餐后应备有茶水及毛巾。

有时要按照团队要求,在客人到达餐厅之前将菜点上齐。

5.按桌清点人数,收取餐券

负责团体包餐的服务员,在开餐前核对人数,做到心中有数。客人到齐后应迅速通知厨房准备起菜。凭餐券用餐的团队,值台服务员要在客人入座后,按桌清点人数,收取餐券,然后根据餐券数量通知厨房,同时将餐券交收银室以备结账使用。如规定的开餐时间已到,而个别客人未到,服务员应主动征求主办单位的意见,在得到主办单位许可后方可开餐。

6.分工服务,及时为客人添汤、添饭

服务员在客人进餐过程中,巡视自己负责的区域,及时为客人斟茶倒水、添汤添饭,保证米饭和馒头等主食及时、充足的供应,并随时为客人清理台面,保持台面

的整洁。

7. 热情服务，照顾好每位宾客

服务员要自始至终地为客人提供热情、周到的服务，回答客人的问题，征询客人有什么需要帮忙的事情，照顾好团队每一位宾客。

8. 餐毕离店，礼貌送别

客人就餐完毕离座时，应主动为宾客拉椅，并提醒客人带好携带的物品，向客人致谢道别，并欢迎客人下次光临。顾客离席后，要及时整理餐台，检查是否有遗留物或丢失物品，一旦发现上述问题，做到及时、妥善处理。

团体包餐的结账方式与其他就餐形式不同。会议包餐，一般是餐毕将其用餐账单整理好后请大会秘书处的负责人签字并交至收银台；使用餐券用餐的则应将餐券整理、清点、汇总登记、封包后交收银台。旅游团队包餐，餐毕将其用餐账单整理好后请订餐单位的陪同人员或随团的地方负责人签字并交至收银台，收银台核对无误后转入该旅行社在饭店所设的总账中，以备定期统一结账。总之，无论是给出哪种签单方式，看台服务员在结账时应注意，物品上账清楚，数量准确，结账及时，不留单，不压单，以便及时汇总结账，防止出现错单、丢单。

待所有客人离开餐厅后，按规定整理清扫餐厅卫生，为下一餐做准备。团体包餐服务程序见图 3 – 11。

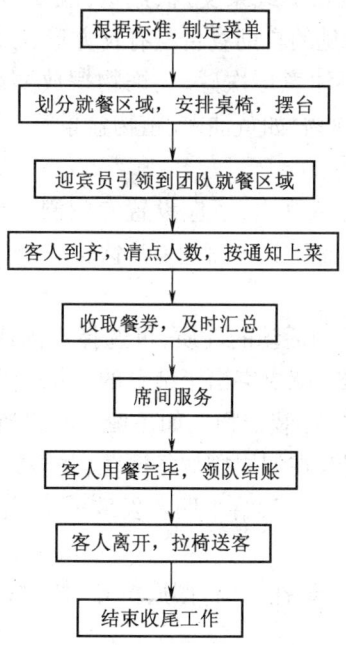

根据标准，制定菜单

划分就餐区域，安排桌椅，摆台

迎宾员引领到团队就餐区域

客人到齐，清点人数，按通知上菜

收取餐券，及时汇总

席间服务

客人用餐完毕，领队结账

客人离开，拉椅送客

结束收尾工作

图 3 – 11　团体包餐服务程序

三、自助餐服务

自助餐服务是一种用于冷餐会、鸡尾酒会等的餐饮服务方式。它的主要特点是:①自助餐收费标准固定,无论宾客食用多少,统一收费,较为经济实惠;②菜点、饮料提前摆放陈列,宾客可自取所需;③以宾客自主服务为主,故服务效率较高,能以相对较少的人力在较短时间内,组织大型的接待。

由于自助餐气氛轻松愉快,不拘泥于烦琐的礼节,比较适合现代人的生活节奏,故越来越受到人们的欢迎。在许多的节日、庆祝活动、聚会时,都采用这种服务模式。

（一）自助餐场地布置

1. 自助餐台设计

自助餐台是整个自助餐服务的中心,如何布置餐台,摆放菜肴,从而吸引客人,是自助餐设计者的一项关键性的工作。

（1）自助餐台可设于场地的中部或两侧,布置一定要醒目。为了突出餐台,可用射灯照射台面,但切忌使用彩色灯光,以免使菜肴颜色改变。

（2）自助餐台设置的数量要依用餐人数而定,如预定人数达100人以上,最好设置两个自助台,以免人多拥挤。

（3）自助餐台型设计一定要线条美观、流畅,既要方便客人取食物,方便服务员操作,还要有艺术性。常见的自助餐台型有长方形、半圆形、弧形、回形等。

（4）自助餐台设计还要注意层次感,装饰物摆放要高低错落。通常在自助餐台中央摆放一个大型的装饰物,如黄油雕、植物盆景等,选用鲜花、植物、面粉制品、小工艺品等来装饰整个餐台。

（5）如自助餐中供应各款酒水,还应设置专门酒吧台,为宾客提供酒水服务。自助餐中常供应的酒水有:葡萄酒、啤酒、果汁饮料、汽水等。

2. 环境布置

（1）根据组织者的要求和活动的性质,可选择室内或室外的场地举办自助餐。如:中秋节赏月,在室外就餐,就更突出了节日的气氛。

（2）根据活动主题,来选择装饰物。如圣诞节自助晚餐,可在餐厅里布置上圣诞树,悬挂彩灯、纸制的雪花,在四周摆放圣诞花,并播放圣诞音乐。让餐厅的员工装扮成圣诞老人在门口欢迎宾客,给小朋友发放礼物,这样,整个晚餐就会又生动又有浓郁的圣诞气氛。

（3）根据主办者的需要,悬挂条幅,摆放鲜花、植物,设置主席台、签到台、麦克风等。

（二）菜肴陈列

菜肴陈列的顺序一般为:开胃品、沙律、汤、主食、热蔬菜、烤炙类或其他热主菜、甜品、水果。可将一些特色菜分台摆放,如设甜品台、水果台或切割烤炙肉类的服务台。热菜要用保温锅保温,凉菜在未开餐之前要用保鲜纸封好,并可用冰块保持其凉度。每盘(盆)菜肴前都要摆放一副取菜用的公用叉勺,并摆放中英文菜牌。与各种菜肴相配的酱汁要配齐,并与菜肴摆放在一起。菜肴的装饰也十分重要,可选用不同的盛器,如银盘、玻璃盘、竹篮等来盛装不同的菜肴、配料。菜肴摆放时注意色彩搭配,做到美观整齐。

（三）用餐服务

宾客到来,引座员要主动迎上前欢迎,引领宾客到合适的餐位就座,并招呼看台员前来服务。看台员主动问候宾客,并为宾客斟倒冰水,介绍菜肴。根据就餐人数,开出点菜单,一联交收款员,一联交厨房,一联餐厅自留。负责整理自助餐台的服务员,要及时地补充自助餐台上的盘碟、酒吧台的杯具。留意保温锅下的固体燃料是否需要更换,保证自助餐台的清洁,并主动为宾客介绍菜肴。看台员要不时地巡台,随时撤下宾客用的杯盘,更换烟灰缸,添加冰水。宾客每次离座取菜时,看台员要把宾客的餐巾整理好摆放在餐具旁。宾客结束用餐,为宾客提供结账服务,拉椅送客并表示感谢。然后收拾台面,重新摆台,迎接下批宾客到来。

四、中餐宴会服务

宴会是政府机关、社会团体、企事业单位或个人为了表示欢迎、答谢、祝贺等社交目的以及庆祝重大节日而举行的一种隆重、正式的餐饮活动。

中餐宴会是中国传统的聚餐形式,宴会遵循中国的饮食习惯,饮中国酒、吃中国菜、用中国餐具、行中国传统礼仪。中餐宴会是餐饮部一项重要的服务项目,很大程度上体现了餐饮部的服务水平和管理水平。

（一）宴会预订

1. 接受预订

客人通过电话、面谈、传真、互联网等方式进行宴会预订,预订员根据宴会厅使用情况接受客人的预订。

2. 填写宴会预订单

将客人预订洽谈的具体事项、细节要求等逐项填写在预订单上,以备宴会的组织实施。

3. 填写宴会安排日记簿

在宴会安排日记簿上填写清楚活动地点、时间、人数等事项。

4. 签订宴会合同书

宴会安排得到确认后,将经过双方认可的菜单、场地布置示意图等细节资料及一式两份的宴会合同书,迅速送交给客人,经双方签字后生效。

5. 收取订金

为确保宴会预订的成功率,可以要求客人预付订金。但饭店的重要客户及信誉良好的常客不必预付订金。

6. 跟踪查询

如果宴会预订提前的时间较长,应主动与客户保持联络,并进一步确认宴会举办的日期及有关细节。对暂定的预订,应进行密切跟踪查询和服务。

7. 确认和通知

在宴请活动前几天,与客人联系确认后,填写"宴会通知单"送往各有关部门,以备各部门配合协作。

8. 变更及取消预订

若确认的内容与原预订有异,应立即填写"宴会变更通知单",送有关部门,变更通知单应注明预订单的编号。如果客人因故取消宴会,预订员应填写"取消预订报告"送至各部门。

9. 督促检查

宴会预订员在活动举行的当日应督促检查大型宴会活动的准备工作,发现问题及时纠正,并随时了解、掌握宴会进展情况,保证宴会顺利进行。

10. 信息反馈并致谢

宴请活动结束,应主动向宴请主办单位或主办个人征求意见,表示感谢,以便今后加强联络。

11. 建立宴会客户档案

将客人的有关信息和活动资料整理归档,以便再次合作时提供针对性服务。

(二)宴会前的准备工作

1. 掌握情况

接到宴会通知单后,宴会厅管理人员和服务员应做到"八知"、"三了解"。

"八知"是知道主办单位或个人的信息,邀请对象的身份、国籍,参加宴会的人数,宴会台数,宴会标准,开餐时间,菜式酒水品种及要求,结账方式。

"三了解"是了解宾客风俗、习惯;了解宾客的特殊需求;了解主、宾的特殊爱好等。

2. 宴会厅布置

根据宴会的性质和档次及餐厅的情况,调整好餐厅的布局,要体现出隆重、热烈、美观大方,又要突出中国传统特色。中餐宴会通常要求灯光明亮,一般在宴会周围摆放花草、盆景以增加宴会隆重、热烈的气氛。

按照"中心第一,先右后左,高近低远"的原则进行台型布置,要做到主桌突出,布局合理,整齐美观,并留有客人行走通道和服务通道(见图3-12)。

3. 宴前会

由经理召开宴前会,让每一位员工了解宴会的情况,强调宴会的注意事项,检

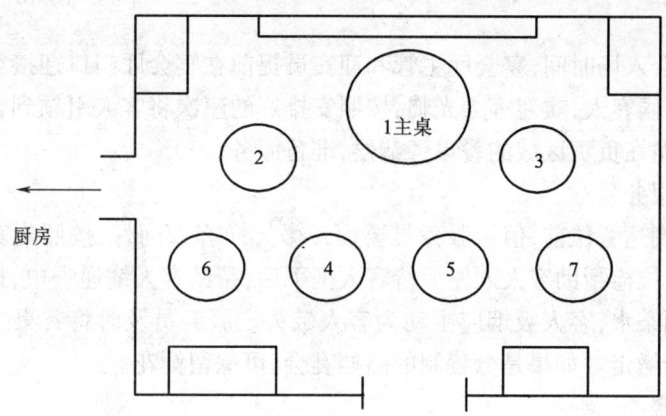

图3－12　中餐厅桌次安排示意图

查员工的仪容仪表,对宴会工作进行具体分工,做好人力、物力的充分准备,并保证宴会善始善终。

4.准备物品,进行摆台

按宴会规格和摆台要求进行摆台。根据菜单要求准备餐具、分菜用具、各种服务用具,按要求摆好鲜花、酒水、香烟、水果等,根据菜肴特点,准备好与菜式跟配的调味料。

5.熟悉菜单

服务员应熟悉宴会菜单并能准确说出每道菜肴的名称和主要菜肴的风味特色、典故传说,能准确说出每道菜的配菜和配食佐料以及烹饪方法,以做好菜肴服务和回答客人对菜点提出的各种疑问。同时了解每道菜的上菜程序,确保正确地进行菜肴服务。

宴会菜单每桌至少两份,重要宴会则每人一份,要求制作精美,字体规范,可留作纪念,并可起到广告宣传的作用。

6.摆放冷盘

大型宴会开始前15分钟,一般宴会开始前10分钟左右摆放冷盘。冷菜主盘或大拼盘摆放在席面中央,其他冷盘摆在主盘四周,注意色彩、荤素、口味的搭配,保持冷盘间距并保持冷盘的造型,然后根据情况可提前5分钟斟倒预备酒。

准备就绪后,管理人员要进行一次全面的检查,检查内容有:摆台是否规范,餐具是否齐全完好,冷盘摆放是否统一合理,卫生是否达标;空调、灯具、音响、麦克风等设备设施是否正常运转等,做到有备无患,保证宴会顺利进行。最后,所有工作人员各就各位,面带微笑,等待客人的光临。

（三）宴会接待程序和要求

1. 迎宾

根据宴会入场时间，宴会厅主管和迎宾员提前在宴会厅门口迎接客人，客人到达时，礼貌问候客人，欢迎客人光临，按照安排好的座次将客人引领到合适的位置。值台服务员站在负责区域的餐桌旁恭候，准备服务。

2. 入席服务

当客人到达餐位前，值台服务员要面带微笑向客人问好，按照先宾后主、先女后男的顺序，拉椅帮助客人入座。待客人坐下后，帮助客人铺递餐巾，撤去筷套，递送毛巾，斟倒茶水，客人吸烟应主动为客人敬火。服务员及时将餐桌上的鲜花、桌号牌、席位卡撤走。如果是分餐制的高档宴会，可保留鲜花。

3. 斟酒服务

从主宾开始征求宾客意见，按顺时针方向站在宾客右侧斟倒酒水。宾主致辞前要为宾客准备好酒水；宾主致辞时，服务员应在服务桌旁静候；值台服务员要注意观察客人杯中酒水情况，随时为客人添加酒水。

4. 菜肴服务

当冷菜吃剩余 1/3 或得到主人暗示后，通知厨房开始上热菜。为保证菜肴温度，厨房上菜时要加盖，待菜上桌后取走。上菜要根据主桌或听从指挥，做到行动统一，避免早上或迟上、多上或少上现象的发生。

5. 席间服务

宴会进行中，要对所负责的区域勤巡视、勤斟酒、勤换烟灰缸。细心观察宾客的动作、表情，主动提供服务。保持转盘清洁，根据宴会的档次、程序和菜肴的品种及客人的需求更换骨碟。高档宴会要求每道菜必须更换骨碟，一般宴会是冷菜后上热菜前、吃过汤汁浓厚的菜肴后、口味差异大的菜肴之间以及上甜点、水果前更换食碟。若盘中有未吃完的食物，应征求客人意见，如客人表示还要继续食用，可暂时不换或并入新更换的食碟中。客人席间离座，应主动拉椅，整理餐巾；回座时拉椅让座，铺递餐巾。客人席间站起祝酒时，服务员应上前拉椅，方便客人站立和入座。

上甜品、水果时，送上香巾，收拾台面，更换骨碟，然后上甜品、水果；客人吃完水果后，撤走水果盘，摆上鲜花，以示宴会结束。

（四）宴会结束工作

1. 结账

上菜完毕后做结账准备。清点酒水、香烟，未开启的及时送回吧台，并开退单，由吧台服务员签字认可，将所有消费单据送收银台准备账单。客人示意结账时，按规定办理结账手续。

2. 拉椅送客

主人宣布宴会结束，值台员要提醒宾客带好随身物品。客人起身离座时，要主动为客人拉椅,视情况目送或随送客人至餐厅门口,向客人致谢道别,并欢迎客人再次光临。

3.结束收尾工作

宾客离席后,值台员要检查是否有客人遗留物品,并检查是否有未熄灭的烟头,清除安全隐患。在客人全部离开后收拾台面,清理餐厅。按规定重新布置餐厅,以备下次使用。

收尾工作结束后,主管领班对设施设备、卫生状况、餐厅布置做全面检查,待全部项目合格后方可下班或离开。宴会主管要对任务完成情况进行小结,以利于不断提高服务质量和服务水平。中餐宴会服务程序见图3－13。

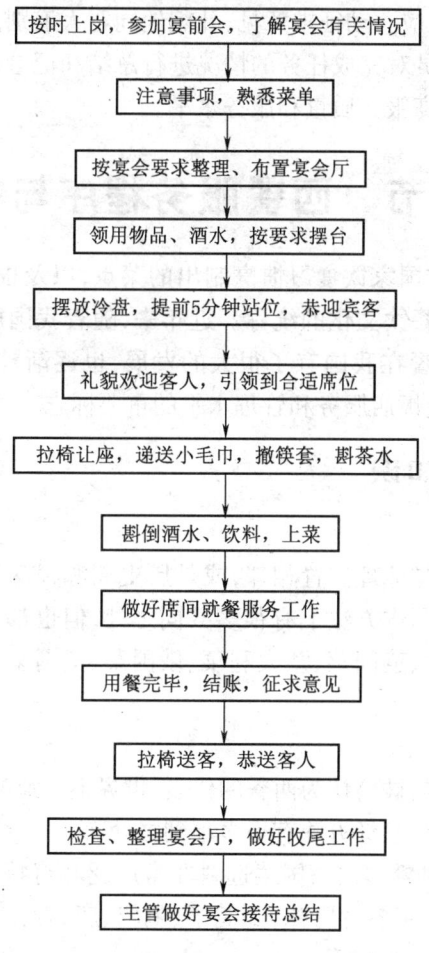

图3－13　中餐宴会服务程序图

（五）宴会注意事项

宴会接待要注意以下事项：

第一，宴会服务应注意节奏，不能过快或过慢，应以客人进餐速度及宴会程序安排为准。

第二，服务操作时，注意"三轻"，即说话轻、走路轻、操作轻，严防打碎餐具、碰倒酒瓶和酒杯等，影响宴会的气氛。

第三，当宾主在席间讲话致辞或国宴演奏国歌时，服务员要停止一切操作，迅速退到工作台两侧肃立，保持餐厅内安静。

第四，宾主到各桌敬酒时，应安排专门服务人员端托酒水跟随，准备随时添酒。

第五，各岗位服务员之间要分工合作，密切配合，保证宴会的顺利进行。

第六，宴会结束时，应主动征求意见，礼貌地同客人道别。

第七，宴会主管人员对完成任务的情况进行总结和记录，发现优点，查找不足，以便积累经验，不断提高服务质量和服务水平。

第三节　西餐服务程序与标准

西餐泛指根据西方国家饮食习惯烹制出的菜点，以及根据西方习俗提供的服务，也可以说是对西方餐饮文化的统称。近年来，随着我国旅游业的蓬勃发展，国际交往的日益频繁，西餐在我国有了很大的发展，也逐渐被越来越多的客人所喜爱。西餐服务成为衡量饭店服务和管理水平的重要标志。

一、西餐基本知识

（一）西餐菜式

由于西方各国，或是地理位置相邻，或是历史渊源很深，在文化上也有千丝万缕的联系，因此在菜点制作方法上有很多共同之处，但也都各有鲜明的个性特征。西菜大致可分为法国菜、英国菜、意大利菜、俄国菜、美国菜等几种，不同国家的人有着不同的饮食习惯。

1. 法国菜

法国大餐享誉世界，被公认为西餐的代表，世界上一流的西餐大厨大多是法国人。法国菜菜肴很丰富，烹饪方法有很多独到之处。

（1）选料广泛，品种繁多。法国菜选料非常广泛和奇特，不仅使用极为普通的原料如洋葱、土豆，还选用各种野味，如鸽子、鹌鹑、鹿、野兔等，同时还使用稀有的名贵原料，如蜗牛、鹅肝、松露等。

（2）用料新鲜，讲究搭配。法国人多喜欢吃生鲜的菜肴，因此原料多选活的、新鲜的。法国菜对原料的要求非常严格，不合要求的绝不使用。另外，还讲究菜肴与蔬菜的搭配,规定每种菜的配菜不得少于两种,并且注重营养合理搭配。

(3)讲究烹饪,注重调味。法国菜肴的烹制方法多样,几乎包括了所有西餐的烹饪方法。烹制除了讲究方法外,还注重调味。用酒类和香料调味是法国菜调味的两大重要特色。不同的菜肴使用不同的酒调味,如清汤用白葡萄酒,火鸡用香槟酒,炸蛙腿用白兰地,点心和水果用甜酒,野味用红葡萄酒等,一般白色肉类用白葡萄酒,有色肉类用红葡萄酒,这些与用餐配的酒基本相互对应。法国菜对香料的使用也有规定,什么样的菜使用什么样的香料,都有一定的比例。

2. 英国菜

英国菜口味清淡、讲究花色、量少而精、注重营养搭配。烹调及调味相对比较简单,英国菜调味品很少用酒,主要有盐、胡椒粉、芥末酱、番茄沙司和醋等,通常放在餐桌上请客人自取。英国传统早餐比较丰富,英国人非常喜欢喝茶。

英国菜选料不广,多用牛肉、羊肉、水产、家禽、野味和新鲜瓜果蔬菜。烤肉、熏制的鳟鱼和鲱鱼一直是英国人喜爱的食品。另外,英国人爱吃各种布丁。

3. 美国菜

美国菜继承了英国菜的特点,可以说是英国菜的衍生物。但近百年来,美国人勇于改良和创新,形成了自己的特色:讲究营养搭配,清淡不腻,要求量少而精,口味趋向清淡、生鲜,咸中带甜、微辣、略微酸甜,做菜喜欢使用水果做辅料。喜爱铁扒类、炸制类和色拉类的菜肴。美国人爱吃各种新鲜蔬菜、各式水果和冷的点心,尤其是冰激凌。

4. 俄国菜

俄国地处高寒地带,受气候等地理条件与民族习俗影响,俄国餐饮在西餐中有自己显著的特色。俄式菜肴口味浓厚,制作方法较为简单。口味以酸、甜、辣、咸为主,酸黄瓜、酸白菜往往是饭店或家庭餐桌上的必备食品,擅长做汤。烹调方法以烤、熏、腌为特色。俄式高档宴请少不了鱼子酱(Caviar),分为红鱼子(大马哈鱼卵)和黑鱼子(鲟鱼卵),黑鱼子比红鱼子更为名贵。俄国人爱喝伏特加酒。

5. 意大利菜

意大利菜的特点是原汁原味,以味浓著称,烹调方法以红烩、红焖和炒的居多。意大利人爱吃甜酸味,不爱油腻,对火候的要求很讲究。

擅长用米、面做菜是意大利餐饮的一大特色。意大利人制作的面条至少有几十种,做工精细,闻名于世。面食中主要有各式各样的空心粉(Macaroni)和实心粉(Spaghetti)、意大利馄饨(Ravioli)等。另外,意大利馅饼(Pizza)、意大利奶酪和意大利香肠也世界闻名。意大利人爱吃牛肉、羊肉、鸡和鱼等,但不重视蔬菜,新鲜水果是餐后必吃的辅助食品。

（二）西餐烹饪特点

1.选料精细，口味香醇

西式菜肴大多数在烹制时不宜烧得太熟，加热温度不高，时间不长，往往达不到杀菌标准；有的甚至是全生或半生品，所以要求原料新鲜。

西餐的独特用料使其与中国菜肴相比，有明显的香味浓烈的特点。西餐的调料、香料品种繁多，烹制一份菜肴往往要使用很多香料；同时西餐多用奶制品调味，如鲜奶油、黄油、干酪等；另外西餐常用葡萄酒作为调料，烹制时讲究以菜配酒，做什么菜配什么酒。

2.沙司单制

西餐菜肴在形态上以大块为主，烹饪时不易入味，所以大都在菜肴成熟后伴以或浇上沙司，使其口味更富有特色。不同的菜肴配不同的沙司，在使用时严格区别，非常讲究。

3.烹饪方法别具一格

常用的西式烹调方法有煎、焗、炸、炒、烤、烩、熏、扒、铁扒、铁板煎等，其中铁扒、烤、焗等最具特色。

4.讲究营养搭配

西餐对原料的组配科学严格，营养均衡合理。

5.注重老嫩

西餐工艺对肉类菜肴，特别是牛、羊肉的老嫩程度很讲究，服务员在接受点菜时，必须问清客人的需求；厨师按客人的口味烹制。烹制牛、羊肉一般有五种火候，即一成熟（Rare 简写 R）、三成熟（Medium Rare，简写 M.R）、五成熟（Medium，简写 M）、七成熟（Medium Well，简写 M.W）和全熟（Well Done，简写 W.D）。

（三）西餐菜肴与酒水的搭配

西餐十分讲究以酒配菜。西餐的酒水服务主要分为餐前酒水服务、佐餐酒服务、甜食酒服务和餐后酒服务四个阶段。总的来说，就是口味清淡、色调冷的菜式与口味淡雅、色泽较浅的酒品相配；口味杂、色调热的菜式与香味浓郁、色调热的酒品相配；餐前选用利于开胃的各式酒品；餐后选用有助消化的各式甜酒。一般来说，肉类应搭配红酒，鱼类则搭配白葡萄酒；用什么酒水烹制的菜肴配备什么样的酒水；咸食选用干型、酸型酒类，甜食选用甜型酒类；先喝清爽的白葡萄酒再喝口感较浓、较丰富的红酒。香槟酒和玫瑰葡萄酒可以配任何菜肴饮用。

1.餐前酒

用具有开胃功能的味美思酒和鸡尾酒、比特酒或雪利酒，如法国和意大利生产的仙山露（Cinzano）、马蒂尼（Martini）等味美思酒（Vermouth），血玛丽（Blood Mary）鸡尾酒。

2.头盆(开胃菜)

根据头盆的内容选用酒品。如鱼子酱用俄国或波兰产的伏特加酒(Vodka);虾味鸡尾则用白葡萄酒。一般情况下可选用干型或半干型的白葡萄酒,如德国摩泽尔(Mosel)的白葡萄酒、法国阿尔萨斯(Alsace)的白葡萄酒和法国勃艮地(Burgundy)的白葡萄酒。

3.汤类

西餐喝汤时,可配较深色的雪利酒(Sherry)或玛德拉酒(Madeira)。有的客人喜欢用啤酒来配汤,也有人认为不同的汤应配用不同的酒,如牛尾汤配雪利酒,蔬菜汤配干白葡萄酒。

4.鱼类及海鲜类菜肴

鱼类及海鲜类菜肴选用干白葡萄酒,如德国莱茵(Rhine)的白葡萄酒、法国勃艮地白葡萄酒、美国的加州白葡萄酒、中国的王朝白葡萄酒等。

5.肉类、禽类及各式野味菜肴

小牛肉、猪肉和鸡肉等肉类最好选用酒度不太高,如11°～13°的干红葡萄酒,如法国的博若莱(Beaujolais)红葡萄酒、梅斯(Mace)红葡萄酒和意大利的奇安迪(Chanti)红葡萄酒等;牛肉、羊肉和火鸡等红色肉类最好选用酒度较高的(13°以上)的红葡萄酒,如法国的夜坡(Cote-de-Nuits)红葡萄酒和邦内坡(Cote-de-Beaune)红葡萄酒等。家禽类菜肴宜选用玫瑰红葡萄酒、德国特级甜白葡萄酒、美国加州红葡萄酒。野味菜肴肉色浅、味道鲜美的,适合选用淡味的布多斯红葡萄酒、意大利红葡萄酒。

6.奶酪类

奶酪各类菜品可继续使用正菜的酒品,也可选用甜味葡萄酒、香味浓烈酌白葡萄酒,有些品种的奶酪可配用波特酒。

7.甜食

甜食一般配用甜葡萄酒或葡萄汽酒,如香槟酒、德国莱茵葡萄酒和法国格拉夫斯葡萄酒等。

8.餐后酒

西餐讲究进餐完毕后要饮用咖啡、茶等,与其相配可选用各种餐后的甜酒、白兰地酒、利口酒或鸡尾酒等。

(四)西餐服务方式(详见第二章第二节)

二、西餐早餐服务

西式早餐用餐场所主要在咖啡厅,可以采用自助式或零点服务。

(一)西餐早餐的分类

西餐早餐按传统可分为英美式早餐和欧陆式早餐两类。

英美式早餐内容丰富,供应各种谷物类食品、各种蛋类食品,再配以火腿、咸肉等肉类食品及各种饮料等;欧陆式早餐也叫大陆式早餐,内容简单,只提供各种谷物类食品和各种饮料。

(二)西餐早餐服务程序

1. 餐前摆台

(1)铺台布,围餐椅,餐椅的前沿刚好与台布的下垂面接触,与桌边平行,椅子间的距离应当均匀。

(2)将折成统一花型的餐巾摆在餐位正中。

(3)摆餐具,西餐早餐摆台主要用具有餐巾、餐刀、餐叉、甜品勺、面包盘、黄油刀、黄油盅、咖啡具、果汁杯、胡椒瓶、盐瓶、糖缸、烟灰缸或禁烟标志和花瓶等。

摆餐具时先在餐巾花的右侧摆上餐刀,刀刃向左;再在餐巾花左侧摆上餐叉,叉齿朝上;花瓶、台号牌、糖缸、奶盅等集中摆放于餐桌的中心位置上。

2. 准备工作

备好咖啡、茶、黄油、果酱、面包、果汁和蜂蜜。检查服务用具和环境卫生。

3. 迎宾

(1)见到宾客时礼貌问候:"Good morning, Miss/Sir!"(早上好,小姐/先生!)并行30度鞠躬礼。

(2)询问客人是否有预订:"Have you made a book?"并将客人引领到合适的位置:"This way, please.""Is this table all right?"

(3)客人入座时,按女士优先的原则为客人拉椅、让座、打开餐巾。

(4)每位客人呈递一份菜单,以便为客人点菜。

(5)介绍服务员,祝客人用餐愉快。

4. 值台服务

(1)询问客人需要何种果汁,如不需要则替顾客倒冰水。

(2)问清顾客是否需先饮咖啡或茶:"Good morning, Miss/Sir. Would you like Some coffee or tea?"(早上好,小姐/先生,您喝咖啡还是喝茶?)

(3)为客人斟倒咖啡或茶。

(4)按规范为客人点菜,询问客人的特殊需求。

(5)控制上菜速度和顺序,先为客人分派黄油和面包。

(6)接着再按谷物类食物、蛋类食物和水果的顺序依次提供相应的服务。

(7)为客人提供撤换餐具、更换烟灰缸、斟倒饮料等服务。

5. 结账并送客

(1)提前检查核对账单。

(2)等客人示意结账后,按照规范为客人结账。

(3)主动征求客人的意见,致谢并欢迎客人下次光临。

6.结束工作

清理台面并重新摆台,准备迎接下批客人。

三、西餐午餐、晚餐服务

高级西餐厅也叫扒房,是体现饭店服务的高水准,满足高消费宾客的需求,增加饭店收入的餐厅。扒房以提供午、晚餐为主,有的只提供晚餐。扒房服务讲究、注重情调、节奏缓慢且价格昂贵。通常提供法式服务。

(一)接受预订

高级西餐厅客人一般都提前订座才能保证餐位,餐厅预订员负责按规范接受客人的电话预订或面谈预订,问清客人的姓名、订餐人数、就餐时间、房间号及客人的特殊要求等,填写预订单并落实安排。

(二)餐前准备工作

首先,整理环境卫生,并按规范摆台,保证就餐环境整洁有序。

其次,准备服务用具,检查菜单、点菜单、托盘、服务手推车、保温盖和笔等。

再次,准备冰水、咖啡和茶。

又次,备好各种调味品,如芥末、胡椒瓶、盐瓶、柠檬角、辣椒汁、番茄酱等。

最后,班前会。开餐前半小时由餐厅经理或主管主持短会,检查员工仪表仪容,介绍当日的特别菜肴、客人的预订情况,强调VIP客人接待注意事项,进行任务分工,等等。

(三)热情迎宾

迎宾员要了解餐厅预订情况,在餐厅门口规定位置,面带微笑迎接客人。

客人到达餐厅时,迎宾员主动问候,并问清顾客是否预订了餐位:"Good evening,welcome to the grill room,have you made a reservation?"(晚上好,欢迎您来我们西餐厅!请问您有预订吗?)

根据客人预订情况,将客人引领到合适的位置,请客人入座。

(四)值台服务

首先,餐厅服务员为客人拉椅,铺递餐巾并点燃蜡烛表示欢迎。然后上热毛巾,倒冰水。推销餐前酒:"Would you like some drinks before your dinner?"(请问您餐前喝些什么饮品?)

(五)接受点菜

服务员站在客人的右边,先女士后男士为客人点菜:"May I take your order?"(请问您现在点菜吗?)介绍当日餐厅的特色菜。因西餐是分食制、每位客人所点的菜都可能不同,所以应用座位示意图记录每位宾客所点的菜肴。

询问客人的特殊要求,重复所点菜的名称和数量,请客人确认,并致谢:"Thank you."(谢谢您。)

客人点菜时,应注意:①问清客人所点牛排、羊排的老嫩程度,并标记。②问清客人所需要搭配的酱汁,如点色拉则问配何种色拉汁。

(六)服务黄油和面包

客人点完菜后,服务员迅速在客人左侧分派黄油和面包。

(七)重新安排餐桌

服务员根据客人订餐内容和上菜顺序重新摆放餐具,按照从外向内的使用顺序摆放刀叉。

(八)推销佐餐酒

酒水员从顾客的右边递上酒,并根据顾客所点的菜主动介绍和推销佐餐酒(各种白葡萄酒和红葡萄酒):"What about a bottle of white wine to go with your seafood, sir?"(您要一瓶白葡萄酒配您的海鲜吗,先生?)

(九)服务佐餐酒

从客人右侧为客人按服务规范提供佐餐酒服务。白葡萄酒、玫瑰露酒和葡萄汽酒应用冰桶冰镇,并带上一条餐巾;红葡萄酒使用酒篮。先展示商标,待主人确认后开启酒瓶,将瓶递给客人鉴赏,并为客人斟倒少许请其品尝。得到认可后,遵照先女士后男士的顺序为客人斟倒佐餐酒,斟完酒后,将红葡萄酒瓶连酒架或酒篮一起放在桌面适当的位置上,酒的标签朝向主人,白葡萄酒酒瓶放回冰桶冷藏。

(十)服务菜肴

扒房上菜的顺序是开胃菜、汤、副盆、主菜、甜品。上菜服务员要注意控制节奏,不要太快,也不要太慢。上菜时报菜名并请客人品尝:"Enjoy your dinner please."(请您慢用。)

(十一)席间服务

为客人斟倒酒水。顾客酒杯里的酒少于 1/3 时,要随时斟上。

添加黄油和面包。客人吃面包时,当黄油盅里的黄油已少于 1/3 时,应当添黄油。

更换烟灰缸。烟灰缸有两个烟头或杂物时应当更换。

收撤餐具。顾客用完每道菜肴后,撤去用过的餐具并斟倒酒水。

(十二)服务奶酪和甜点

主动向顾客推销奶酪和甜品,展示放有各式奶酪的展示木板或手推车或呈递上甜品单,并推荐时令水果、雪糕、奶酪、各式蛋糕、特式咖啡、茶等。撤掉用完的餐具,再根据顾客需要的甜品摆上相应的餐具。为客人服务奶酪、甜品,个别甜品如苏珊特饼和火焰香蕉等可以在客人面前表演。

(十三)服务咖啡或茶

问清客人喝咖啡还是茶,摆咖啡具或茶具,根据需要送上糖缸、奶壶或柠檬片,随时添加咖啡或茶。

（十四）服务餐后酒和雪茄

询问客人是否餐后用些利口酒、白兰地或雪茄烟，并提供相应的服务。

（十五）结账

菜肴全部上完后，服务员准备并核对好账单，待顾客餐毕要求结账时，问清付款方式，马上送上账单。"Here is your bill. Thank you very much."（这是您的账单，非常感谢！）按规范和客人的要求办理结账手续。

如果要求分单结账，在点菜时和服务过程中，应准确记录每位客人的点单内容，以便迅速和准确地为各位客人办理结账手续。

（十六）热情送客

客人准备起身离开时，应为顾客拉开椅子，协助客人穿外套，迅速检查顾客是否有遗留的物品。将客人送出餐厅门外，再次向客人道谢并向客人道别，欢迎其再次光临："Thank you. Please come again."（多谢光临，欢迎再来！）

（十七）清理台面

送走客人后，服务员使用托盘，按照撤台的标准程序清理台面，重新摆台，等候迎接下一餐客人。

四、西餐宴会服务

西餐宴会是按西方饮食礼仪习俗举办的宴会，提供西式菜点和西式服务，采用西式家具、餐具和饮具。西餐宴会一般使用长方桌，讲究菜点和酒水的搭配，菜点按份分吃，餐间常有音乐伴奏，灯光柔和或偏暗，桌上设有烛台，气氛轻松而舒适。西餐宴会服务是高星级酒店给客人提供的一种高级餐饮服务，讲究礼节，服务程序化，一般采用美式服务，有时也采用俄式服务。

西餐宴会的基本环节包括宴会前准备工作、宴前鸡尾酒服务、宴会就餐服务、宴会结束工作等几大部分，具体操作程序和要求如下。

（一）宴会前准备工作

1. 布置餐厅宴请场所，摆设餐台

西餐宴会一般设男宾休息室和女宾休息室，以方便宾客餐前交谈，并可提供餐前鸡尾酒服务。西餐宴会场所的环境布置，应突出欧美文化和艺术特色，西餐宴会还要根据宴请的主题、性质、形式、主办单位的具体要求、参加宴会的人数并结合宴会厅的特点，摆出台型，常见的台型有"一"字形台、"U"字形台、"T"字形台、"E"字形台、"口"字形台等（见图 3 - 14）。现在许多西餐宴会也使用圆桌来设计台型。总之，西餐宴会的台型应根据宴会厅形状、宴会规模及主办单位的要求灵活设计。同时按宴会菜单进行摆台，台面中央放插花、烛台、胡椒盅、盐盅、牙签盅。现场布置要求美观、庄重、大方。

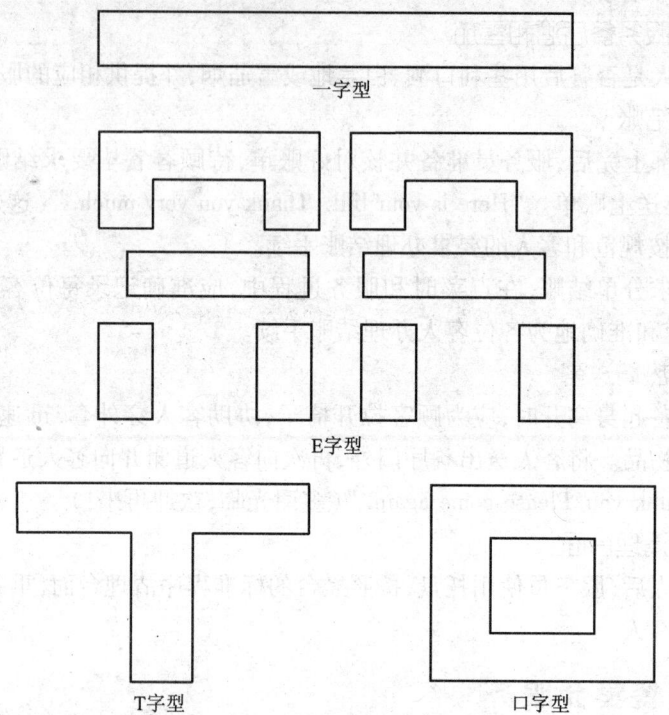

一字型

E字型

T字型

口字型

图 3 - 14　常用西餐宴会台型图

西餐宴会的席位安排也遵循"高近低远,先右后左"的原则。"一"字形台席位安排有两种方式,其他台型席位安排相似,大都是主人坐在餐台中央,主宾在主人右侧,其他来宾离主人越近,表示其身份地位越高。

2. 准备工作台

工作台是服务人员在客人用餐期间为客人服务的基本设备,是餐厅的主要家具之一,为方便和提高工作效率,一般来说,同一餐厅的工作台的规格、样式是统一的,主要功能是存放开餐服务时所需的各种服务用品,如餐具、酒水、饮料、调味品以及菜单、餐巾等。服务员在开餐前按照餐厅的要求对工作台的物品进行补充,分类存放整齐。

(二)宴前鸡尾酒服务

宴前半小时或 15 分钟,通常在宴会厅门口或休息室为先到的客人提供鸡尾酒会式的酒水服务。服务员征求客人意见后为客人送上饮料、鸡尾酒,如果客人是坐饮,则要先在客人面前的茶几上放上杯垫后再上酒水;如果客人是立饮,则先把餐巾纸递送给客人再递上酒水。果仁、虾条等佐酒小食品可预先摆放在茶几或小圆桌上,也可由服务员托送巡回向客人提供。当宾主到齐时或主人示意可以入席时,应及时引领宾客到宴会厅。同时通知厨房,宴会正式开始。

(三)宴会就餐服务

1.拉椅让座

当客人到达餐位前时,值台员要主动上前问好,然后按先女士后男士,先宾后主的顺序为客人拉椅让座,铺递餐巾。

2.酒水菜肴服务

(1)服务黄油和面包,在宴会前几分钟摆上黄油,再在面包盘内分派面包,或用面包篮送上各种面包。

(2)服务佐餐酒:安排宾客就座后,根据头盆配用的酒类,先女士后男士,最后给主人斟上佐餐酒,并征询是否需要其他酒类。

(3)上头盆:从客人右侧送上头盆,如是冷头盆,则可在宴前几分钟事先上好。

(4)上汤一般不用配酒,但如安排了酒类,则先斟酒。上汤时应加垫盘;从客人右侧送上。

(5)上鱼类菜肴:先斟倒白葡萄酒,再为客人从右侧送上鱼类菜肴。

(6)上肉类菜肴:先斟倒红葡萄酒,再从客人左侧分派肉类菜肴和蔬菜,菜肴的主要部分应靠近客人,然后从客人右侧分派沙司,有时还配有色拉。

(7)甜点水果:先斟酒,可继续饮用配主菜的酒水,也可以饮用甜葡萄酒,再从客人左侧分派点心水果。分派水果后,应送上配有柠檬或花瓣的洗手盅和水果刀、叉子。

(8)饮料服务:上咖啡或红茶前放好糖缸和淡奶壶,咖啡杯或茶具放在客人右侧,用咖啡壶或茶壶依次为客人斟倒。有些高档宴会需推酒水车,应问询客人是否送餐后酒或雪茄。饮料服务可在休息室进行。

3.结账

宴会接近尾声,清点所用的饮料酒水。若饮料费不包含在收费标准内,应及时传送饮料单,交收银员做出总账单。宴会结束时,由主人或助手负责结账。

(四)宴会结束工作

当客人起身离座时,为其拉椅,提醒客人带好随身物品,同时检查是否有遗留物品,送客人到宴会厅门口并致谢。检查台面是否有未熄灭的烟头,在客人全部离开后清理台面。收餐巾、餐具、台布,贵重物品要当场清点。收尾工作结束后,主管、领班进行检查,总结宴会接待情况。了解下餐宴会情况并在下班前准备下一宴会的餐桌摆台。

(五)西餐宴会注意事项

服务操作时要左叉右刀,左菜右酒;服务过程中应遵循先宾后主,女士优先的原则。

按菜单顺序撤盘上菜,在上每道菜前,先撤去上一道菜的餐具;如餐桌上的餐具已用完,要先摆上相应的餐具后再上菜;撤换餐具动作要轻稳。

上甜点水果前要撤下桌上除酒杯以外的餐具,摆好甜品叉、匙,水果要摆在水果盘上,换上干净的烟灰缸。

西餐宴会要求全场撤盘、上菜的时机一致;多桌时以主桌为准。

服务员要留意宾客要求撤盘时的示意方法,如果将刀叉并拢放在盘的两侧或上方,表示可以撤盘;如果呈"八"字形摆放,则表示暂时不需要撤盘。

【小资料3-1】

西方饮食文化的发展是与西方文明史分不开的。西方文明是在地中海沿岸地区发展起来的。公元前3100年,地中海南岸的埃及就形成了同盟制的国家,到公元前1087年,经历古王国时期、中王国时期和帝国时期,创造了灿烂的古埃及文明。据史料记载,埃及宫廷的饮食非常丰富,法老每天进餐5次,每次食用2种奶,4种啤酒,一种无花果酒,4种葡萄酒和几十款美味佳肴。在埃及众多的宫殿和陵墓的壁画中,有一幅壁画展示了公元前1175年底比斯城中宫廷制作面包和蛋糕的情景,这说明有组织的烘焙作坊和模具在当时已经出现,据记载,当时面包和蛋糕的品种已有16种之多。

资料来源:李丽,严金明.西餐与调酒操作实务[M].北京:清华大学出版社,北京交通大学出版社,2006.

 **章后案例**

上菜时间未达国际标准

一天晚上8:30,几位住在北京某大宾馆的美国客人,经过一天的旅游劳顿后已是饥肠辘辘,他们回到房间稍作休息,便一同去餐厅吃晚餐。

由于时间较晚,餐厅就餐的人已经不多,服务员都在忙着收台,在领位小姐的引导下,他们在一张干净的餐桌前入座。客人们点了熟悉的"番茄柳肉"、"咖喱牛肉"、"香滑鸡球"等4菜1汤,还要了啤酒和矿泉水等饮料,点菜后,服务员礼貌地用英语告诉他们,有些菜由于加工的需要,可能要晚一点上来。客人们点头表示理解。

十几分钟过去了,客人点的热菜仍没有上桌。一位喝着啤酒的客人招手把服务员叫过来对她说,在美国,客人在餐厅从不长时间等菜,如果上菜时间太慢,客人很可能会起身离去。服务员微笑着向他们道歉,并答应马上去催。2分钟后,"番茄柳肉"端上了餐桌,紧接着其他菜和汤也一一送到。

几个人已经很饿了,不一会儿便把几道菜吃光。此时,服务员微笑地走过来,刚才催促她的客人起身向她道谢。

"请问先生等了多久?"服务员问道。

"十几分钟吧。不、不,我们等的时间不长,刚才我是说美国……而且我们来得很晚。"客人连忙说。

"我们经理让我向各位道歉。对不起,刚才让各位久等了。按国际惯例,宾客点菜后要在15分钟内出菜,而我们给您上菜的时间是17分钟,虽然没有超过国家规定,但我们是五星级饭店,理应按照国际标准。"服务员流利地用英语表达着。

客人听后鼓起掌来,他们口中连声说着"很好!很好!"离开了餐厅。

讨论题:

1.餐饮服务中可以定量化的服务都有哪些?饭店餐饮部门或餐饮企业应当如何据此制订自己的管理规范?

2.饭店餐饮部门如何控制上菜时间?

3.在客人较多的情况下,饭店应如何把握上菜时间与菜品质量之间的矛盾?

 **复习思考题**

1.解释下列概念:

摆台　美式服务　法式服务　宴会

2.餐厅服务人员的基本技能有哪些?

3.简述中餐零点的服务程序与标准。

4.简述中餐包餐的服务程序。

5.简述中餐宴会的服务程序。

6.自助餐的服务程序有哪些?

7.西餐的菜式有哪些?

8.西餐的服务方式有哪几种?

9.简述西餐宴会的服务程序与标准要求。

第四章

餐饮营销管理

学习目标

1.掌握餐饮市场营销的含义;熟悉现代市场营销观念;熟悉餐饮市场营销的特点;掌握餐饮营销管理的任务。

2.熟悉餐饮营销分析方法;掌握餐饮市场细分方法、餐饮目标市场的选择策略和餐饮市场定位的主要策略。

3.掌握餐饮营销组合的内涵和特点;掌握餐饮产品策略;掌握餐饮定价的策略;熟悉餐饮促销策略。

4.熟悉餐饮市场营销控制的含义;了解餐饮市场营销控制的程序和方法。

【引例】

肯德基如何进行市场定位

肯德基在中国以家庭成员为主要目标消费者。推广的重点是较容易接受外来文化和新鲜事物的青少年,一切食品、服务和环境都是有针对性地设计的。另外肯德基也在儿童顾客上花费大量的精力,店内专门辟有儿童就餐区,作为儿童庆祝生日的区域,布置了迎合儿童喜好的多彩装饰,节假日还备有玩具作为礼品,一方面希望培养小孩子从小吃快餐的习惯,另一方面也希望透过小孩子的带动,能吸引整个家庭成员都到店中接受温馨的服务。儿童长大了,肯德基可能会变成他生活中的一部分。

肯德基一直想要营造的是一种全家一起用餐的欢乐气氛,强调的是这种附加的价值。这会给人留下一些较深的印象。他们有很多的美

好记忆是在肯德基发生的。客人到餐厅里,首先感受到食物的味道。东西不好吃,再便宜都没有用,服务再好,装修再漂亮,客人也不会喜欢。肯德基的市场优势为其鸡肉类食品的独特口味,定位在"世界著名烹鸡专家","烹鸡美味　尽在肯德基",这也是肯德基与麦当劳定位上的最大的差别。肯德基在各种广告宣传里也不断强化其"烹鸡专家"这一卖点。

中国人爱吃鸡,鸡鸭鱼肉中鸡是排第一位的,与其他洋快餐相比,鸡肉类的产品也更符合中国人的口味,更容易被中国人接受。从麦当劳悄悄打破其在全球市场统一的"牛肉汉堡"的菜单,在中国市场推出与肯德基类似的"麦辣鸡"和"鸡腿汉堡",更可以看出这一点。

肯德基并不满足于已取得的成功,而是不断以巨大的人力和财力去寻找适合中国人的口味,肯德基的什么产品是他们喜欢的,他们为什么会喜欢肯德基,等等。进而去调整服务,调整食品,甚至推出新的产品。

以"芙蓉鲜蔬汤"为例,它是由蔬菜、蛋花、香菇、裙菜、胡萝卜等富含营养的原料精心调配而成的。把"芙蓉鲜蔬汤"配以肯德基的主食——鸡类食品,或是沙拉、土豆泥、玉米等其他配餐食品,使得中国消费者在肯德基享受到了更完整、更符合饮食习惯的餐饮选择。这款特意照顾到中国消费者口味,甚至连名字也极具中国特色的汤类食品,是肯德基通过调查研究,为满足中国消费者的需求精心研制而成,自推向市场之后广受欢迎。

第一节　餐饮营销的概念与特点

餐饮营销管理是餐饮企业经营管理极为重要的组成部分。随着餐饮业迅猛发展,餐饮业市场竞争越来越激烈,这使得确立市场营销观念,并将现代营销思想和方法运用到餐饮经营管理中已经成为餐饮管理的首要问题。

一、餐饮市场营销的概念

市场营销一词译自英文 Marketing,意指与市场有关的人类活动。不同的学者和组织对市场营销的定义各不相同。如菲利浦·科特勒认为"市场营销指的是通过合适的交流和促销,将合适的商品与服务在合适的时间和合适的场合销售给合适的人"。

美国市场营销协会认为"市场营销是对产品(包括主张、商品、服务)的构思、定价、促销、销售进行策划和实施的过程,以创造出对个人及组织的目标都能得到满足的交换"。

英国市场营销协会认为"市场营销是一个管理职能,它负责组织和指导所有那些评价顾客购买力并将该产品和服务转化为对某一特定产品和服务的有效需求,以实现本公司的利润目标和其他目标"。

虽然这些定义表面看来各不相同,但是概括而言,它们都体现了以下几方面含义:

第一,市场营销是为实现个人及组织的目标而进行的管理活动。营销活动的首要任务是发现并满足顾客需要,为此必须做好营销调研工作,才能确切了解顾客需求,提供适合顾客需要的产品,从而实现产品和服务的价值,进而实现企业的利润目标。

第二,市场营销是在动态环境中不断调整的管理活动。市场营销实际上是买卖双方围绕产品而进行的一种交换活动,交换活动的进行受到了诸如政治、经济、法律、社会、技术等因素及其变动的影响,因此在这种动态环境中市场营销活动也需要及时调整,形成连续不断的管理活动。

第三,市场营销应是一种整体营销。现代企业的产品和服务是通过协调合作完成的,任何一个部门都不可能独立地承担营销的全部活动,饭店的服务产品尤其需要树立整体营销观念。

通过以上分析,可以将餐饮市场营销概括为:通过市场营销调研,了解并激发顾客需求,并通过提供适合这种需求的产品和服务,以实现个人和组织的目标都能得到满足的交换。

二、现代市场营销观念

市场营销观念是指企业进行经营决策,组织管理市场营销活动的基本指导思想,也就是企业的经营哲学。它是一种观念,一种态度,或一种企业思维方式。可以说,有什么样的观念,就会做出什么样的行动。对于餐饮营销活动来说,其具体的行动方案、步骤如何,取决于其经营者的营销观念如何。不仅如此,餐饮营销的效果也是由营销观念决定的。因此,提高餐饮人员营销素质的第一步,就是确立科学的、现代化的餐饮营销观念。

现代市场营销观念包括市场营销观念、社会市场营销观念等,其出发点是一切以消费者为中心,企业关心的是消费者需要什么我就生产什么,通过创造和传递既能有效地满足消费者需求,又能符合社会长远发展利益的产品和服务,实现企业经营目标。

(一)市场营销观念

市场营销观念是以顾客需要为导向的经营哲学。该观念形成于 20 世纪 50 年代,当时社会生产力迅速发展,市场趋势表现为供过于求的买方市场,同时消费者个人收入迅速提高,有可能对产品进行选择,企业之间竞争加剧,许多企业开始认识到,必须转变经营观念,才能求得生存和发展。市场营销观念认为,实现企业各项目标的关键,在于正确确定目标市场的需要和欲望,并且比竞争者更有效地传送目标市场所期望的产品或服务,进而比竞争者更有效地满足目标市场的需要和欲望。

市场营销观念的产生,是市场营销哲学的一种质的飞跃和革命,它不仅改变了传统的旧观念的逻辑思维方式,而且在经营策略和方法上也有很大突破。它要求企业营销管理贯彻"顾客至上"的原则,将管理重心放在善于发现和了解目标顾客的需要,并千方百计去满足他,从而实现企业目标。因此,企业在决定其生产经营时,必须进行市场调研,根据市场需求及企业本身条件选择目标市场,组织生产经营,最大限度地提高顾客满意程度。

（二）社会营销观念

社会营销观念是以社会长远利益为中心的经营哲学,是对市场营销观念的补充和修正。从 20 世纪 70 年代起,随着全球环境破坏、资源短缺、人口爆炸、通货膨胀和忽视社会服务等问题日益严重,要求企业顾及消费者整体利益与长远利益的呼声越来越高。在西方市场营销学界提出了一系列新的理论及观念,如人类观念、理智消费观念、生态准则观念等。其共同点都是认为,企业是社会的一员,企业不但要注重消费者的眼前利益,也要注重消费者的长远利益,同时还要注重社会的整体利益。社会营销的观点要研究消费对社会的政治、文化、精神生活等方面的影响,指导生产者要以社会的利益为出发点来制定企业的生产政策。

餐饮经营者持有什么样的市场营销观念对于餐饮经营来说至关重要,它制约着餐饮营销和经营活动的方向、方式和结果。餐饮经营者要摒弃自己头脑中的旧观念,树立适应当代餐饮经营的顾客导向和社会营销导向观念,正确处理企业与消费者、企业和社会利益之间的关系,使餐饮市场营销走上健康发展的轨道。

三、餐饮市场营销的特点

餐饮市场营销与一般企业产品营销在基本原理上是一致的。但是,由于餐饮产品的自身属性所具有的特点,又使得餐饮营销有别于其他行业的营销,同时这些特殊性又加大了餐饮营销的困难。

（一）无形性

由于餐饮服务是无形的,顾客很难感知和判断其质量和效果,他们将更多地根据服务设施和环境等有形线索来进行判断。因此,有形展示成了餐饮营销的一个重要工具。

（二）即时性

即时性是强调餐饮营销时间因素的重要性。餐饮服务产品生产和消费过程是由顾客同服务提供者面对面进行的，餐饮产品的推广就必须及时、快捷，以缩短顾客等候服务的时间。餐饮原料的贮藏时间短，这决定了餐饮促销的紧迫性。为了销售即将过期的原料，出现了特价菜品的促销方式。餐厅每日营业有明显的时段性，决定了在餐饮营销中，要按 80/20 法则，把 80% 的促销力量放在 20% 的时段上。

（三）顾客参与性

由于顾客直接参与餐饮服务产品的生产过程，如何管理顾客，使得服务推广有效地进行成为餐饮营销管理的一个重要内容。餐饮消费者更多是依赖于口碑传播，为了创造积极的口碑效应，必须创造积极的顾客消费体验，并不断改进餐饮服务流程。

（四）区域性

餐饮服务不能贮存或运输的特性，也给大规模地生产和销售餐饮产品带来了限制，所以餐饮企业要获得规模经济的效益就必须付出更多的努力。

（五）易波动性

由于人是服务产品的一部分，顾客常将服务人员作为服务来感知，因此顾客与服务人员一次不愉快的经历常导致对整个企业的批评。餐饮服务质量很难像有形产品那样用统一的质量标准来衡量，进而其缺点和不足也就不易发现和改进，对餐饮服务产品的推广产生负面影响。服务的差异性导致同一服务者提供的同种服务会因其精力和心情状态等不同而有较大的差异，同时消费者对服务本身的要求也参差不齐，这就使得服务营销工作稳定性差。服务人员与顾客的互动行为也严重影响着服务的质量及企业与顾客的关系。

第二节　餐饮营销分析与策划

餐饮市场营销管理是对餐饮营销活动的分析、策划、执行和控制的过程。餐饮市场营销分析与策划，在整个营销管理中发挥着重要的作用，它帮助餐饮经营者了解营销现状，明确餐饮企业的工作目标和努力方向。因此，做好餐饮市场营销分析与策划工作能减少经营者开展营销活动时的盲目性，提高工作效率。

一、餐饮市场营销分析

（一）餐饮企业 SWOT 分析

SWOT 分析也称营销环境分析，是指企业经营者通过对营销环境进行系统的、有目的的诊断分析，以明确企业本身的竞争优势（Strength）、竞争劣势（Weakness）、机会（Opportunity）和威胁（Threat），从而将企业的战略与企业内部资源、外部环境有机结合。餐饮企业运用SWOT分析方法，能够明确自己的竞争优势和劣势，做到扬长避短；也能够使餐饮企业把握住发展机会，避开威胁，长足发展，为餐饮企业发展的战略构架提供准确的依据，实现企业竞争能力全面提升。

1. 餐饮企业竞争优势与劣势的诊断

（1）餐饮企业竞争优势。竞争优势（S）是指一个企业超越其竞争对手的能力，或者指公司所特有的能提高公司竞争力的东西。餐饮企业的竞争优势一般包括：技术技能优势、有形资产优势、无形资产优势、人力资源优势、组织体系优势、竞争能力优势等。

（2）餐饮企业竞争劣势。竞争劣势（W）是指某种企业缺少或做得不好的东西，或指某种会使企业处于劣势的条件。可能导致餐饮企业内部弱势的因素有：缺乏具有竞争意义的技能技术；缺乏有竞争力的有形资产、无形资产、人力资源、组织资产；市场竞争能力正在丧失。

2. 餐饮企业营销机会与威胁的诊断

（1）餐饮企业营销机会。市场机会（O）是影响企业战略的重大因素。企业管理者应当确认每一个机会，评价每一个机会的成长和利润前景，选取那些可与企业财务和组织资源匹配、使企业获得的竞争优势的潜力最大的最佳机会。餐饮企业潜在的发展机会可能是：客户群的扩大趋势或产品细分市场；开发新产品，为更大客户群服务；获得购并竞争对手的能力；餐饮市场需求增长强劲，可快速扩张；出现向其他地区扩张，扩大市场份额的机会。

（2）餐饮企业营销威胁。在企业的外部环境中，总是存在某些对企业的赢利能力和市场地位构成威胁的因素（T）。企业管理者应当及时确认危及企业未来利益的威胁，做出评价并采取相应的战略行动来抵消或减轻它们所产生的影响。餐饮企业的外部威胁可能是：出现将进入餐饮市场的强大的新竞争对手；餐饮替代品抢占企业销售额；人口特征、社会消费方式的不利变动；客户或供应商的谈判能力提高；餐饮市场需求增长缓慢；受到金融危机、经济萧条的冲击。

通过SWOT分析，将优势、劣势与机会、威胁相组合，便形成SO、ST、WO、WT策略。餐饮企业要对SO、ST、WO、WT策略进行甄别和选择，确定企业目前应该采取的具体战略与策略。

（二）餐饮消费者行为分析

消费者购买行为具有一定的模式和规律。餐饮企业只有通过系统的市场调查，分析研究目标市场消费者购买行为特点，才能有针对性地制定各项市场营销策略，使用有效的市场营销手段，激发和诱导餐饮消费者对餐饮产品的购买。

1. 消费者研究要解决的问题

消费者研究要解决的根本问题是"消费者是如何进行购买决策的？"假如餐饮

企业能够掌握消费者的决策过程及其影响因素,就可以设法通过影响和控制这些因素来影响消费者的购买行为,从而达到提高营销绩效的目的。

餐饮消费者的购买行为是指顾客购买所需餐饮产品的活动以及与这些活动有关的决策过程。消费者的购买决策是一个复杂的过程,因此,餐饮营销人员研究餐饮消费者的购买行为,应考虑到以下问题,并设法解决。

(1)由谁购买(Who)。即确定谁是购买行为的执行者。餐饮企业可以通过按年龄、性别、职业、收入等因素,对消费者进行细分,分析某种餐饮产品的购买者最可能是什么类型的消费者。一项餐饮购买往往可能有不同的角色,除了购买执行者外还有与购买相关的其他参与者,他们都对一项餐饮产品购买行为产生影响。

(2)购买什么(What)。购买什么即购买对象的问题。它是指消费者主要购买什么类型的餐饮产品,包括选择购买的餐饮产品的品牌、质量水准、服务形态、价格等。

(3)为何购买(Why)。为何购买是购买目的,即消费者购买某餐饮产品的真正目的和动机。

(4)怎样购买(How)。即餐饮顾客在购买行为中的具体购买方法和货币支付方式。比如,现场购买并消费、网上购买、电话购买、现金支付、支票结算、信用卡付款、延期支付、分期付款等。

(5)何时购买(When)。何时购买是消费者对某餐饮产品购买的时机或时间。了解消费者对某种餐饮产品的购买是否有季节性;季节性表现为什么特征;消费者喜欢或经常在什么时间购买该餐饮产品。

(6)何地购买(Where)。何地购买是指餐饮消费者选择购买某餐饮产品的地点。餐饮消费者对餐饮产品的购买地点的选择依据是什么、体现出什么规律,是研究餐饮消费者行为时必须搞清的问题。

这些问题可归纳为"5W1H"。一般来说,餐饮企业及其市场营销人员对目标消费者购买行为中的上述六个方面的内容了解得越清楚,就越能掌握市场需求、顾客偏好的变化规律,拟定出高效率的市场营销战略和市场营销组合。

2. 影响餐饮消费者行为的主要因素

消费者行为是人的社会化的行为,它受消费者个体所处的环境及消费者个体心理差异等因素的影响。这些影响因素主要有文化因素、社会因素、个人因素和心理因素等。

(1)文化因素。文化因素是指人类在社会历史发展过程中所创造的物质财富和精神财富的总和,包括民族传统、宗教信仰、风俗习惯、教育层次和价值观念等。

(2)社会因素。消费者行为也受到诸如社会群体、家庭、社会角色与地位等一系列因素的影响。

(3)个人因素。消费者购买决策也受其个人特性的影响,特别是受其年龄、职业、经济状况、生活方式、个性以及自我观念的影响。不同类型的消费者在消费决策和消费行为上具有一定的规律,餐饮经营者应根据消费者消费特点,分析其消费类型。

(4)心理因素。消费者购买行为要受动机、知觉、学习以及信念和态度等主要心理因素的影响。心理因素对餐饮业的影响主要表现在求方便快捷心理、求保健心理和求文化与品位心理三个方面。

3. 餐饮消费行为的决策过程

把握餐饮消费行为是一件复杂的事情。但餐饮顾客消费行为仍然具有特定的规律性。对于一般的聚会就餐、家庭便宴、普通商务宴请,顾客只需凭自己的经验很快就做出决策。这种决策被称为简单购买决策。餐饮顾客对新出现的餐饮产品、价格较高的组合性产品、非常重要的商务宴请,往往在消费决策行为上表现得较为复杂,这种决策行为被称为复杂购买决策。复杂购买决策过程一般可分为以下五个阶段:

(1)确认需要。当消费者意识到对某种餐饮产品有需要时,购买过程就开始了。消费者的需要往往由两种刺激引起,即内部刺激和外部刺激。内部刺激是指来自于顾客生理原因,如饥饿、对某种美食的心理渴望等。外部刺激包括家庭特征变化、可支配收入的变化、参照群体的变化、寻求新奇心理等。

此阶段餐饮企业必须通过市场调研,认定促使消费者认识到需要的具体因素,营销活动应致力于做好两项工作:一是发掘消费驱策力;二是规划刺激、强化需要。

(2)寻求信息。一般来讲,消费者还要考虑买什么样的产品,花多少钱到哪里去买等问题,需要寻求信息。消费者的信息来源通常有以下四个方面:①商业来源(餐饮广告、餐饮推销员、餐厅外观及设施、餐厅宣传印刷品、服务员等);②个人来源(家庭成员、亲朋好友、同事邻居、其他熟人等);③大众来源(大众传播媒体、美食协会、餐饮评审组织等);④经验来源(亲身品尝、联想、推论等)。

餐饮企业要设计适当的市场营销组合,尤其是产品品牌广告策略,宣传餐饮产品的质量、特色、价格等,以便使消费者最终选择本企业的产品和服务。

(3)比较评价。消费者进行比较评价的目的是能够识别哪一种品牌、类型的餐饮产品最适合自己的需要。消费者对餐饮产品属性的评价因人因时因地而异,有的评价注重价格,有的注重菜品质量、有的注重服务、有的注重用餐环境、有的注重品牌等。

餐饮企业首先要注意了解并努力提高本企业餐饮产品与服务的知名度,使其列入消费者比较评价的范围之内。同时,还要调查研究人们比较评价餐饮产品时所考虑的主要方面,并突出进行这些方面的宣传,对消费者购买选择产生最大影响。

(4)决定购买。消费者通过对可供选择的餐饮产品进行评价,并做出选择后,就形成购买意图,进而购买所偏好的品牌。但有时也会受两个因素的影响而改变购买决定。一是他人态度,即其他人对餐饮消费者购买意向的看法。二是意外情况,即餐饮消费者在此之前未预料到的意外因素,如资金紧张、新的替代品出现、准备购买的产品出现恶性事故被曝光等。

(5)购后行为。消费者购买餐饮产品后,购买的决策过程还在继续,他要评价已购买的产品,会产生某种程度的满意感和不满意感,进而采取一些使市场营销人员感兴趣的买后行为。市场营销人员须给予充分的重视,因为它关系到餐饮产品今后的市场和企业的信誉。

(三)餐饮市场竞争形势分析

餐饮经营者除了对市场营销环境、顾客消费行为等分析外,还必须详细分析竞争形势。对市场竞争形势的充分分析研究,是餐饮企业全方位参与市场竞争的基础。通常,餐饮市场竞争形势分析可按以下几个具体步骤进行:

1.确定主要竞争对手

餐饮企业要有效地进行竞争分析,制定出奇制胜的竞争对策,首先必须找准自己的主要竞争对手,包括所有重要的现有竞争对手和可能会出现的潜在竞争对手。确定竞争对手的方法很多,既可以根据目标市场来确认竞争对手,也可以根据餐馆的档次来确定,还可以根据产品和服务来确定。所谓竞争对手指那些地理位置相近,提供的产品和服务在内容和档次上相似或相同,其面对的客源市场也相同的餐饮企业。

2.进行竞争情况比较

对竞争情况进行分析比较,可从两方面着手。首先,从分析各自餐饮产品组合情况入手,了解竞争对手在设施和服务上各具有何种优势和劣势。餐饮市场竞争优势和劣势可以从企业的地点、设施、菜品、服务、价格、气氛、交通、停车场地、建筑风格、周围环境等方面体现出来。其次,分析了解各自的营销活动及销售情况。认真分析以上情况,才能较全面地掌握竞争形势。

3.确定企业相对的竞争优势和劣势

通过以上竞争情况的分析,经营者就能容易地分析出本企业在竞争中所占的优势和劣势,进而做到知己知彼。

4.确定企业竞争对策

市场竞争分析的最终目的,是希望通过分析来制定本企业有效的竞争对策,争取有利的市场地位。通常,竞争于同一目标市场的餐饮企业,因其营销目的、资源和实力不同,各自处于不同的竞争地位,各企业又因竞争地位的不同要采取不同的竞争策略。

在餐饮业市场竞争中,通常可能出现四种不同竞争地位的企业,它们分别为市场主导者、市场挑战者、市场跟随者和市场利基者。

（1）市场主导者及策略。市场主导者是指在相关产品的市场竞争中占有领先地位的餐饮企业，通常为同行所公认。为维护其竞争优势，保住其主导地位，常采用三种措施：第一，扩大市场需求量，包括建新餐馆、寻求新的消费对象、刺激原有消费者群体增加使用量等具体措施；第二，保持市场占有率，在产品创新、提高服务水平方面做出不懈努力，以维持稳定的顾客群；第三，抢占市场。市场主导者可以根据经济规模的优势，降低成本，扩大市场占有率。

（2）市场挑战者及其策略。处于市场从属位置的餐饮企业，为了夺取市场主导地位而向竞争者挑战，即为市场挑战者。挑战者一般都具有相当的规模和实力，在竞争策略上有相当大的主动性，它们随时可以向市场主导者企业或其他企业发动进攻。挑战者的战略目标常是提高市场占有率，它们采用各种进攻型的策略，对市场主导者或对与自己实力相当者展开进攻。

（3）市场跟随者及其策略。处于市场次级地位的餐饮企业，在共存状态下追求尽可能多的收益，这就是市场跟随者。优胜劣汰的竞争法则是无情的。在市场竞争中，持续的正面竞争往往会造成两败俱伤，因此许多餐饮企业会避免与市场主导者企业正面发生冲突。同时，对于相当大一部分中小餐饮企业而言，在产品与服务创新上所需的大量人力、财力、物力以及相应的市场风险，它们无力承担。因此在实际营销活动中，许多餐饮企业采用追随策略，从事产品仿造或改良，在投资少、风险小的基础上，获取较高的利润，并保持自己相对有利的竞争地位。

（4）市场利基者及其策略。在餐饮行业中，关注市场上的细小部分，在这些小市场上通过专业化经营获得最大限度的收益，也就是在大企业的夹缝中求得生存和发展的餐饮企业就是市场利基者。这种有利的市场地位在西方市场营销学中被称为"利基"（niche）。所谓市场利基，就是选择一个最有利的位置，在此位置获最大利益。他们常设法寻找一个或几个既安全又有利的市场位置。通常情况下，具备足够市场潜力和购买力，且有继续增长的能力，对主要竞争者又不具吸引力，企业有能力占据且能依靠自己的信誉对抗主要竞争者，可视为最有利的市场地位。

二、餐饮市场营销策划

营销策划是在对企业内部环境予以准确地分析，并有效运用经营资源的基础上，对一定时间内的企业营销活动的行为方针、目标、战略以及实施方案与具体措施进行设计和计划。而市场细分（Segmenting）、目标市场选择（Targeting）和市场定位（Positioning），即"PTS"营销，是餐饮营销策划的核心，也是决定营销成败的关键。

（一）餐饮市场细分

任何一家餐饮企业，不管它多大，都没有足够的实力面向整个餐饮市场、满足所有顾客的需要，因此要对餐饮市场进行细分，以选择某个餐饮企业自己的目标市场。所谓餐饮市场细分,就是餐饮企业根据顾客之间需求的差异性,把餐饮整体市场划分为若干个需要不同的餐饮产品服务和市场营销组合的餐饮市场部分或亚市场的工作过程。

常用的餐饮市场细分方法有:①地理细分法。即按地理因素划分餐饮市场,如粤菜馆、川菜馆、湘菜馆、东北菜馆等。②人口细分法。即按顾客的年龄、性别、收入、职业、教育程度、家庭结构、种族、宗教信仰等人口统计因素划分。③心理细分法。即按顾客的生活方式、性格和社会阶层划分。④行为细分法。即按顾客对餐饮服务产品的购买动机、购买时间、购买地点、购买习惯、使用频率、品牌忠诚度的行为特征因素划分。

(二)餐饮目标市场选择

餐饮企业对市场进行细分后,要对各种细分市场进行评价,并决定要进入多少细分市场和哪些细分市场,即餐饮目标市场的选择。可供选择的目标市场策略主要有三种:无差异性目标市场策略、差异性目标市场策略和密集性目标市场策略。

1. 无差异性目标市场策略

无差异性目标市场策略忽略不同顾客的需求差异,寻找出全部目标市场需求的共性,据此以同样的营销组合为该市场服务。这种无差异性的市场策略,可以解释为向全部市场提供单一产品。这种策略被许多餐饮企业实践证明是有效的。

这种策略的优点在于:首先,能够降低营销成本,使餐饮单位产品的生产成本能够保持相对较低的水平;单一的营销组合,尤其是无差异的广告宣传,可以相对节省促销费用。其次,广告宣传等促销活动的投入,集中使用于一种餐饮产品,有利于强化品牌形象。其缺点是:一般企业难以开发出让所有消费者都感到满意的产品。实行无差异营销的企业一般针对市场中的最大细分市场提供单一产品,当其他企业开始模仿时,便会出现激烈的市场竞争。

2. 差异性目标市场策略

差异性目标市场策略,是指面对已经细分的市场,企业选择两个或者两个以上的子市场作为市场目标,分别对每个子市场提供针对性的餐饮产品和服务以及相应的销售措施。

这种策略的优点在于:它能分别满足不同消费者群的需要,提高消费者对企业的信任感,增强产品的竞争能力,有利于企业扩大销售。其缺点是:成本和销售费用会增加,而且操作要求高。它一般适合实力较强的餐饮企业,特别是多品牌的餐饮连锁企业。

3. 密集性目标市场策略

密集性目标市场策略是企业选择一个或少量几个细分市场,集中企业力量争取在所进入的细分市场获取大的市场占有率。

这种策略的优点在于:可以节省费用,可以集中精力创名牌和保名牌。密集性目标市场策略为中小餐饮企业发挥自己的优势提供了一个较好的办法。其缺点是：实行这种策略对企业来说要承担一些风险，因为选的市场面比较窄，把全部精力都放在这儿，一旦市场情况变化快、预测不准或是营销方案制订得不利，就可能失败。有人对这种策略有个形象的比喻：把全部鸡蛋放在一个篮子里。

（三）餐饮市场定位

餐饮产品进入市场后，必须进行正确的市场定位，才能在竞争中占领市场，否则即使暂时进入了目标市场，也会很快被竞争对手挤出市场。餐饮市场定位是指餐饮企业为了使自己的产品和服务在公众和目标市场顾客的心目中占据明确的、独特的、深受欢迎的地位而做出的各种决策和进行的各种营销活动，从而为餐饮产品和服务在市场上确定适当的位置。

1. 餐饮市场定位的依据

餐饮企业经营的产品不同，面对的顾客不同，所处的市场环境也不同，因而餐饮市场定位的依据也不同。一般来讲，餐饮市场定位的依据主要有：①具体的餐饮产品特点；②特定的使用场合及用途；③提供给顾客的利益；④消费者的类型。

【小资料4-1】

美国米勒啤酒公司曾将其原来唯一的品牌"高生"啤酒定位于"啤酒中的香槟"，吸引了许多不常饮用啤酒的高收入妇女。后来发现，占30%的狂饮者大约消费了啤酒销量的80%，于是，该公司在广告中展示石油工人钻井成功后狂欢的镜头，还有年轻人在沙滩上冲刺后开怀畅饮的镜头，塑造了一个"精力充沛的形象"。在广告中提出"有空就喝米勒"，从而成功占领啤酒狂饮者市场达10年之久。

事实上，许多餐饮企业进行市场定位的依据往往不止一个，而是多个依据同时使用。因为要体现餐饮企业及其产品的形象，市场定位必须是多维度的、多侧面的。

2. 餐饮市场定位的策略

餐饮市场定位是一种竞争性定位，它反映餐饮市场竞争各方的关系，是为餐饮企业有效参与市场竞争服务的。主要的餐饮市场定位策略有以下几种：

（1）避强定位策略。这是指餐饮企业力图避免与实力最强的或较强的其他企业直接发生竞争，而将自己的产品定位于另一市场区域内，使自己的产品在某些特征或属性方面与最强或较强的对手有比较显著的区别。

这种定位的优点是：能使企业较快地在市场上站稳脚跟，并能在消费者中树立形象，市场风险小。因此，常常为多数餐饮企业所采用。

（2）迎头定位策略。这是指餐饮企业根据自身的实力，为占据较佳的市场位置，不惜与市场上占支配地位的、实力最强或较强的竞争对手发生正面竞争，而使自己的产品进入与对手相同的市场位置。在世界饮料市场上，作为后起者的"百事可乐"进入市场时，就采用过这种策略。

　　这种定位的优点是:竞争过程中往往相当惹人注目,甚至产生所谓轰动效应,企业及其产品可以较快地为消费者或用户所了解,易于达到树立市场形象的目的。但缺点是:具有较大的风险性。

　　(3)创新定位策略。这是指餐饮企业寻找新的尚未被占领但有潜在市场需求的位置,填补市场上的空缺,生产市场上没有的、具备某种特色的餐饮产品。采用这种定位方式时,企业应明确创新定位所需的产品在技术上、经济上是否可行,有无足够的市场容量,能否为企业带来合理而持续的赢利。

　　(4)重新定位策略。餐饮企业在选定了市场定位目标后,如定位不准确或虽然开始定位得当,但市场情况发生变化时,例如,遇到竞争者定位与本企业接近,侵占了本企业部分市场,或由于某种原因消费者的偏好发生变化,转移到竞争者方面时,就应考虑重新定位。重新定位是以退为进的策略,目的是为了实施更有效的定位。

第三节　餐饮营销组织与执行

　　餐饮营销管理的第三项重要职能是如何按营销策划有效地开展各项营销活动,这就是营销的组织与执行问题。根据营销管理的基本含义,这项工作可以理解为餐饮营销组合策略的设计与落实。

一、餐饮营销组合

(一)餐饮营销组合的内涵

　　餐饮营销组合也就是餐饮企业的综合营销方案,即餐饮企业根据目标市场的需要和自己的市场定位,对自己可控制的各种营销因素(或称营销手段)进行优化组合和综合运用,使之协调配合,扬长避短,发挥优势以取得更好的经济效益。

　　选择目标市场只是为餐饮企业经营成功提供了可能性。要真正去占领它,就必须综合运用各种营销策略和手段,形成营销合力。餐饮营销组合正是企业可控制的各种营销因素的综合利用。影响企业市场营销的因素很多,概括起来可分为两大类:一类是不可控因素,主要指企业外部环境因素;另一类是可控制因素。企业可控的营销因素很多,可分为几大类。最常用的一种分类方法是 E. J. 麦卡锡提出的,即把各种营销因素归纳为 4 大类:产品(Product)、价格(Price)、渠道(Place)和促销(Promotion),简称为"4Ps"。所谓市场营销组合就是要综合运用4Ps,使之成为一个有机整体,去适应外界环境,并全面地影响顾客。故市场营销组合也称为4Ps策略。市场营销组合对企业有着非常重要的意义。可以说,企业营销的优劣取决于营销组合的状况,企业在目标市场上的竞争地位和经营特色也取决于营销组合的特点。

（二）餐饮营销组合的特点

1. 可控性

餐饮营销组合的各个因素是企业可以控制的。餐饮企业可根据目标市场的需要,决定生产经营什么产品,选择什么产品分销渠道,决定餐饮产品的销售价格,选择广告宣传手段等。

2. 动态性

餐饮营销组合是一个可变的有机整体,它所包含的各种因素都是动态的,不同因素的综合运用可构成多种市场营销组合形式。在餐饮营销活动中,营销组合诸因素会受到企业内外环境条件的影响和制约。由于营销环境因素在不断地发生变化,餐饮企业的可控因素也必须经常变动,以便与环境保持适当关系。所以,餐饮营销组合是变化无穷的动态组合。

3. 复合性

餐饮企业可控制的 4Ps 组合,是企业的整体营销策略,是一个大组合,在这个大组合中,又包含了多个次组合。

每个次组合中,又包含更多的小组合。例如:

促销次组合 = 人员推销 + 广告 + 营业推广 + 公共关系

广告组合 = 广告目标 + 广告媒体 + 广告费用 + 广告主体

广告媒体组合 = 报纸 + 杂志 + 广播 + 电视 + 互联网络 + ……

餐饮企业在运用整体营销手段时,不但要综合运用 4Ps 因素,而且要注意运用各个因素自身的组合力量,将所有因素灵活运用与有效配合。这是餐饮企业市场营销组合成功的基本手段。

4. 整体性

餐饮营销组合是根据营销目标制定的整体策略,四大要素在整体中处于同等重要的地位,缺少哪一个方面都不可能达到营销目标。同时营销组合不是各要素的简单相加,而是要通过协调配合产生大于简单相加之和的整体力量。因此,制定市场营销组合时,必须追求整体最优。

二、餐饮产品策略

产品是一切营销活动的基础,没有产品,也就没有价格、分销渠道和促销。事实证明,无论多么高明的手段也不可能使低劣的餐饮产品在销售中取得成功。因此,餐饮产品策略是企业市场营销组合中最重要的因素。

（一）餐饮产品组合策略

现代餐饮企业经营的产品多种多样,经营多种产品就有个产品组合问题。一方面,顾客需要的不是单个产品或服务,而是多种服务产品的组合;另一方面,顾客的需求又是千差万别的,要求餐饮企业提供不同组合的产品以供选择。企业应根据市场的需要和自身的资源技术条件等,确定最佳的产品组合,形成不同的餐饮产品系列。

餐饮企业可以通过扩大或缩减产品的广度和深度,提高或降低产品组合的关联度,调整产品组合,使产品更具竞争力。

（二）餐饮品牌策略

餐饮品牌是指用于识别餐饮产品的某一名称、术语、标记、符号,或它们的组合,其基本功能是把不同的餐饮产品区别开来,防止发生混淆,便于销售。品牌一般分为两个部分:一是品牌名称,这是品牌中可用语言表达的部分,如"麦当劳"、"肯德基"、"全聚德"、"狗不理"、"东来顺"等;二是品牌标志,它是品牌可以被识别但不能用于语言表达的部分,包括符号、图案、颜色等。餐饮品牌策略通常有以下几种:

1. 统一品牌策略

统一品牌策略是指餐饮企业将经营的所有系列产品使用同一品牌的策略。使用同一策略,有利于建立"企业识别系统"。这种策略可以使推广新产品的成本降低,节省大量广告费用。如果企业声誉甚佳,新产品销售必将强劲,利用统一品牌是推出新产品最简便的方法。采用这种策略的餐饮企业必须对所有产品的质量严格控制,以维护品牌声誉。

2. 多品牌策略

个别品牌策略是指企业对各种不同产品,分别采用不同的品牌。这种策略的优点是,可以把个别产品的成败同企业的声誉分开,不至于因个别产品信誉不佳而影响其他产品,不会对企业整体形象造成不良后果。但实行这种策略,企业的广告费用开支很大。最好先做响企业品牌,以企业品牌带动个别品牌。

【小资料4-2】

台湾最大餐饮连锁品牌、餐饮服务业龙头王品集团,采用多品牌策略闯荡市场,旗下共有9个品牌,但各有市场定位与区隔,各自专注地经营其目标消费群,得以称霸市场。

3. 扩展品牌策略

扩展品牌策略是指企业利用市场上已有一定声誉的品牌,推出改进型产品或新产品。采用这种策略,既能节省推广费用,又能迅速打开产品销路。这种策略的实施有一个前提,即扩展的品牌在市场上已有较高的声誉,扩展的产品也必须是与之相适应的优良产品。否则,会影响产品的销售或降低已有品牌的声誉。

4. 品牌创新策略

品牌创新策略是指企业改进或合并原有品牌,设立新品牌的策略。品牌创新有两种方式:一是渐变,使新品牌与旧品牌造型接近,随着市场的发展而逐步改变品牌,以适应消费者的心理变化。这种方式花费很少,又可保持原有商誉。二是突变,舍弃原有品牌,采用最新设计的全新品牌。这种方式能引起消费者的兴趣,但需要大量广告费用支持新品牌的宣传。

（三）餐饮新产品开发策略

餐饮企业投入资金、人力、物力开发新产品的目的,是为了更好地满足顾客需要,获取更大的企业利润。但是新产品开发的风险又是客观存在的。不同的企业,由于实力不同,在新产品开发上的能力也各不相同,因此餐饮企业应根据具体情况,选择适当的新产品开发策略。餐饮新产品开发策略主要有以下几种:

1. 抢先策略

抢先策略是指餐饮企业在老一代产品衰退前,率先推出新产品,使其占领市场的新产品开发策略。

一些餐饮企业设立专门的菜品研究所,组织专业化的研究和试制人员,确定一系列的任务指标,这些就是在新产品开发上采用抢先策略的表现。

2. 仿制策略

仿制策略是指餐饮企业将市场上已经存在且竞争者很少的其他企业产品,仿制成自己的新产品的开发策略。

对大多数中小餐饮企业来说,它们更多地采用仿制策略。因此,应就新产品仿制制定周密的计划,并建立一整套工作程序,力求在减少投入的同时,不断推出市场反应好的新产品,提高企业的市场竞争力。餐饮企业广泛采用的"试味"就是仿制策略的体现。

3. 最低成本策略

最低成本策略是指在新产品开发时力求降低成本,以便用较低的价格渗透市场,扩大市场占有率。

该策略要求餐饮企业在新产品开发时,通过餐厅经营的组织形式、经营模式等的创新,通过烹饪方法、原料使用等技术手段的改进,或通过生产组织消耗控制等管理水平的改善,努力降低新产品的成本,使之有活力并迅速占领市场。

4. 市场服务策略

市场服务策略是在原有产品基础上,通过提供附加服务,增加产品的让渡价值,进一步吸引消费者关注的策略。

市场服务策略创造的实际是一种改良新产品,也是使餐饮产品寿命周期再循环的一种手段。

三、餐饮定价策略

价格是商品价值的货币体现,是营销组合中最活跃的因素。在餐饮经营的过程中,价格对于消费者和经营者来说都是极为重要的因素。成功的餐饮产品定价,是主客双方多次认可、双方受益的过程。

（一）餐饮价格构成

餐饮产品的价值，一般来说包含着有形价值和无形价值的因素。有形价值因素包括食品的本身，如食品的色、香、味、形、器、营养，以及就餐时的环境条件等；无形价值因素，是包括餐饮服务在内给客人带来的愉悦、赏心、舒适、惬意、安全、自豪等的感受。

餐饮产品的价格应该是在收回生产成本、补偿经营费用和上缴税金，并有一定的余额作为经营利润的基础上形成的。因此餐饮产品的价格构成应包括产品成本、经营费用、上缴税金和应得利润四个部分。用公式表示为：

餐饮产品价格 = 原材料成本 + 利润 + 税金 + 经营费用

上述公式中的利润是指纯利，纯利与税金、流通费用之和称为毛利。因此，餐饮产品价格构成也可用下列公式表示：

餐饮产品价格 = 原材料成本 + 毛利

餐饮产品价格的确定过程是由餐饮企业按一定的毛利率幅度，遵循"按质论价、优质优价、时菜时价"的原则，针对本企业的特点和等级逐一确定具体菜肴、点心和饮料品种的毛利率和销售价格。

（二）影响餐饮定价的主要因素

对于餐饮经营者来说，餐饮产品的定价是一个非常复杂的过程，这是因为影响餐饮产品定价的因素是多方面的。一般说来，影响餐饮定价的因素可以分为可控因素、不可控因素、心理因素以及品牌价值因素。[①] 其中，可控因素与不可控因素是相对于餐饮企业而言的，而心理因素与品牌价值因素则是相对于餐饮消费群体而言的。

1. 影响餐饮定价的可控因素

影响餐饮定价的可控因素是指餐饮企业在定价时自己有能力控制的因素，它包括餐饮产品的成本和费用、定价目标、产品、档次、工艺等。

2. 影响餐饮定价的不可控因素

影响餐饮定价的不可控因素是指餐饮企业无法控制的、但对企业定价有较大影响的因素，如市场需求、竞争因素、市场的发展情况、外部环境和消费者收入水平等。

3. 影响餐饮定价的心理因素

餐饮产品价格不是一成不变的，它不仅随着市场需求关系的变化而不断变动，还随着市场环境中的社会心理的变化而发生波动。影响餐饮定价的心理因素是指众多餐饮消费者共同心理状态的相互影响和共同作用，它包括对餐饮产品价格的主观期待、攀比、观望、补偿、倾斜等心理因素。

---

① 赵建民,沈建龙.餐饮定价策略[M].沈阳:辽宁科学技术出版社,2001:79.

4. 影响餐饮定价的品牌价值因素

品牌是生产经营者给自己的产品规定的商业名称和标志,并且,经过多年的经营在一定的消费群体中形成了相当高的认知度和可信度,企业以此可以将自己的产品或服务与竞争对手区别开来。

餐饮产品的定价会受到品牌价值的影响。一个知名度很高的餐饮品牌,其产品价格往往要比同类不知名产品的价格高些。即使这样,它依然可以吸引众多的顾客光临,而且还可以经久不衰。这就是品牌的力量,或叫品牌效应。

（三）餐饮定价的策略与方法

餐饮价格的合理制定,对餐饮市场需求、餐饮企业的竞争地位和能力以及经营成效都有着重要影响。

1. 基于成本的定价策略

基于成本的定价策略就是以餐饮企业的生产经营成本为基础来确定餐饮产品价格的一种定价策略。它的计算就是把生产成本与经营费用之和,再加上企业希望的目标利润来设定产品的价格。这种定价策略简便易行,是我国餐饮企业最基本、最普遍的定价策略。

基于成本的定价策略的定价方法有很多,最常用的是成本加成定价法。成本是企业生产经营过程中所发生的实际耗费,客观上要求通过商品的销售而得到补偿,并且要获得大于其支出的收入,超出的部分表现为企业利润。成本加成定价法就是以产品单位成本为基本依据,再加上一定百分比的利润（加价率）来确定产品价格。即使不用这种方法定价,许多企业也多把用此法制定的价格作为参考价格。其计算公式为:

$$餐饮产品价格 = 成本 \times (1 + 加价率)$$

2. 基于需求的定价策略

基于需求的定价策略是指餐饮企业主要根据市场上对产品的需求强度和消费者对产品价值的理解程度为基础来确定餐饮产品价格的一种定价策略。这种定价策略比较注重需求因素而相对不注重成本和竞争因素对定价的影响。通常分为理解价值定价法和区分需求定价法。

（1）理解价值定价法。这是根据消费者所理解的某种产品的价值,或者说是消费者对产品价值的认识程度来确定产品价格的一种定价方法。根据餐厅所提供的食品饮料的质量以及服务、广告推销等"非价格因素",顾客会对该餐厅的产品形成一种观念或态度,依据这种观念可制定出相应的、符合顾客价值观念的产品价格。理解价值定价的关键,在于准确地估计出餐饮产品所能提供的全部市场认知价值。

（2）区分需求定价法。这是同一产品面对不同的顾客需求采用不同价格的一种定价方法。在这里,同一产品的价格差异并不是由于产品成本的不同而引起的,而主要是由于消费者需求的差异所决定的。事实上,这种价格差异的基础是:顾客需求、顾客的购买心理、产品样式、地区差别以及时间差别等。采用这种方法定价,一般是以该产品的历史定价为基础,根据市场需求变化的具体情况,在一定幅度内变动价格。

【小资料4-3】

纽约有2万3千多家餐厅。受经济不景气的影响,餐厅营业收入普遍下滑。在竞争激烈的环境中,业者往往需要出奇制胜。25岁的贝伊是乔治城大学的MBA,信仰自由市场机制,他想出让餐饮比照股价,由市场机制来决定餐食售价的点子,比方说,餐厅的辣鸡翅,每份6支,定价7美元,如果当天的辣鸡翅卖得特别好,价格就会水涨船高,假使无人问津,你可能5美元就吃得到,为了避免发生太破坏行情的状况,餐厅设定了涨跌停板,每种餐食价格变动以上下2美元为限。

3. 基于竞争的定价策略

基于竞争的定价策略是指餐饮企业根据市场竞争状况确定餐饮产品价格的一种定价策略。目前,在我国的餐饮市场中运用这一定价方式的经营者有很多,因为,当前餐饮市场处于非常激烈的竞争中,如果经营者不能把握市场的价格走向,不能随时调整自己产品的价格,就会使自己处于被动境地,而丧失其竞争力。基于竞争的定价方式主要有:

(1)通行价格定价法。也叫现行市价法,即依据餐饮行业通行的价格水平或平均价格水平制定产品的价格。餐饮企业在市场竞争较为激烈且产品差异很小时,往往采取这种定价方法。餐饮企业试图与竞争者和平相处,避免激烈竞争产生的风险,或者难以准确把握竞争者和顾客的反应时,也往往采取这一定价方法。

(2)主动竞争定价法。与通行价格定价法相反,它不是追随竞争者的价格,而是根据餐饮产品的实际情况及与竞争者的产品差异状况来确定价格。一般为富于进取心的餐饮企业所采用。定价时首先将自己的产品与市场上竞争产品价格进行比较,分为高、一致及低三个价格层次。其次,将自己产品的质量、成本、式样等与竞争产品进行比较,分析造成价格差异的原因。再次,根据以上综合指标确定自己产品的特色、优势及市场定位,在此基础上,按定价所要达到的目标,确定产品价格。最后,跟踪竞争产品的价格变化,及时分析原因,相应调整自己产品的价格。

(3)投标定价法。这是指两家或两家以上的餐饮企业向特定的客户的特别需求的报价。比如,某大公司要举行每年一度的庆典活动,客户可以把活动的具体要求同时告知几家酒店,然后根据各酒店的计划和报价选择其中一家。餐饮企业参加投标的目的是希望中标,所以它的报价应低于竞争者的报价。一般说,报价高、利润大,但中标机会小,如果因价高而招致败标,则利润为零;反之,报价低,虽中标机会大,但利润低。因此,报价时,既要考虑实现企业目标利润,也要结合竞争状况考虑中标概率。最佳报价应是目标利润与中标概率两者之间的最佳组合。

4.基于心理的定价策略

现代市场营销观念告诉我们,适销对路才能令消费者满意。所以,顾客对产品的满意程度如何,对定价影响极大。基于心理的定价策略是指从消费者的心理反应出发来刺激其消费动机,达到促销、多销的目的。

(1)尾数定价法。尾数定价法是指在确定产品价格时,取尾数而不取整数的定价方法,使消费者购买时在心理上有一种便宜的感觉,或是按照风俗习惯的要求,价格尾数取吉利数字,以扩大销售。

(2)声望定价法。这是指在定价时,把在顾客中有声望的企业的产品价格定得比一般的要高,是根据消费者对某些产品或企业的信任心理而使用的定价方法。与尾数定价策略迎合消费者的求廉心理相反,声望定价策略迎合了消费者的高价心理。这是消费者受相关群体、所属阶层、地位、身份等外部刺激影响而对某些特殊商品愿意花高价购买的心理反应,以达到显示身份、地位、实现自我价值的目的。

(3)招徕定价法。这是指在定价时,对某些产品定价很低,以吸引顾客,目的是招徕顾客消费低价产品时,也消费其他产品,从而带动其他产品的销售。餐饮企业常推出的特价菜采用的就是这种方法。这些低价的"牺牲品"最好选择需求弹性较大的产品,以便用增加的销售量来弥补低价的损失。

五、餐饮促销策略

(一)餐饮促销策略的概念及作用

餐饮促销策略是指餐饮企业为了达到销售目标和增加销售量,将各种促销工具互相配合,以实现最佳的销售效果。促销是餐饮企业整体营销活动中不可缺少的组成部分,其作用主要表现在:

第一,传递信息。餐饮企业通过促销手段向消费者提供有关产品和服务的情况,引起其注意和兴趣,推动其购买。

第二,唤起需求,扩大销售。通过信息传递,唤起消费者对餐饮企业的好感,诱导需求或创造新的需求。

第三,突出特点,强化优势。

第四,塑造产品形象,提高企业声誉,巩固市场地位。

(二)餐饮促销组合

促销组合是指企业在市场营销过程中对广告、人员推销、营业推广和公共关系等各种促销方式的综合运用。餐饮企业在营销策划时,必须针对营销目标,综合考虑产品特点、市场状况以及不同促销方式特点,适当选择促销方式,并进行不同的组合,以实现营销目的。

1. 广告

广告是餐饮企业通过一定的传播媒介,向公众传递有关产品和服务的信息从而起到推销作用的促销方式。它具有信息传播面广、速度快、信息能多次重复、能强化印象、节省人力和费用等优点。但广告只是单向的信息传递,不易及时得到反馈信息,使其说服力受到一定的限制。因此运用广告促销手段时,一定要注意其针对性和艺术性,注意正确选择广告媒体。广告媒体种类繁多,除了传统的广播、电视、报纸、杂志四大媒体外,随着信息社会的发展,互联网已日益成为重要的广告媒体。另外还有汽车等流动媒体,函件、订单等邮件媒体,路牌、招贴等户外媒体,橱窗、模特等展示媒体等。它们各有其特点,在实际中要灵活运用。

2. 人员推销

人员推销是指企业的促销人员直接与顾客或潜在顾客接触、洽谈,以达到促进销售目的的活动。人员推销是最古老的一种促销方式。人员推销可以直接接触目标顾客,不但有利于向他们介绍饭店产品,还能迅速得到来自他们的较为准确的信息反馈,直接成交效果显著。但人员推销也需要投入大量的人力、物力甚至财力,对销售人员的业务技能要求也较高。为此,应加强对推销人员的培训和实践锻炼,特别使他们掌握推销技巧,善于沟通,这是人员推销成功的关键。

3. 营业推广

营业推广是指为刺激需求而采用的、能够迅速激励购买行为的辅助性促销方式,如有奖销售、赠送样品、附赠礼品、折价酬宾等。同其他促销方式相比,营业推广的针对性强,吸引力强,方式灵活多样,收效迅速。在营业推广只能是一种短期的、补充性的促销方式,要与人员推销、广告等方式配合使用。

4. 公共关系

公共关系是指一个社会组织为了与它的各类公众建立有利的双方关系而采取的有计划、有组织的行动。餐饮企业公共关系是近年发展起来的一种"内求团结、外求发展"的管理艺术。作为一种促销手段,公共关系可理解为:企业通过各种宣传和社会活动,增进社会公众的信任,树立良好的企业形象和信誉,从而促进销售。同其他促销方式相比,公共关系有间接促进销售和能获得长期效应的特点。公共关系的方式很多,主要有利用新闻媒介进行宣传、参与社会公益活动、举办专题活动、利用公关广告、建设企业文化等。

运用促销策略要根据促销目标的要求、企业与市场状况等,对各种不同促销手段合理选择,有机搭配,形成有效的促销组合。

第四节　餐饮营销控制

营销控制是餐饮市场营销管理中的最后一项职能,餐饮营销控制同营销分析与规划、营销组织与执行等管理职能密切地结合起来,形成完整的营销管理体系。市场营销控制的目的在于确保餐饮企业经营按照计划规定的预期目标运行。

一、市场营销控制的含义与程序

概括来说,市场营销控制就是企业用于跟踪营销活动过程的每一个环节,确保能够按照计划目标运行,而实施的一套完整的工作程序,以及为使实际结果与预期目标一致而采取的必要措施。通过营销控制,餐饮企业可以发现营销计划中存在的问题,并据此提出改进现行营销方案的措施。同时也有助于评价、监督和激励企业营销人员。

餐饮市场营销工作的开展遵循一套完整的控制程序,它包括如下几个步骤:

第一,确定控制范围。餐饮企业计划期内所进行的营销活动都应包括在营销控制的范围之内。

第二,设置控制目标。如在营销计划中设立的目标。

第三,建立衡量尺度。如目标销售收入、利润率、市场占有率、销售增长率、销售人员的工作效率、广告效果等。

第四,确立控制标准。控制标准是指以某种衡量尺度来表示控制对象的预期活动范围或可接受的活动范围,即对衡量尺度加以定量化。

第五,比较实绩与标准。将控制标准与实际执行结果进行比较,看实绩与控制标准是否一致。

第六,分析偏差原因。产生偏差可能有两种情况:一是实施过程中的问题,这种偏差比较容易分析;二是计划本身问题,确认这种偏差比较困难。况且两种情况往往交织在一起,使分析偏差的工作成为控制过程中的一大难点。

第七,采取改进措施。如根据实际情况迅速制定补救措施,或适当调整某些营销计划目标。

二、市场营销控制的主要方法

企业的营销控制主要有年度计划控制、赢利能力控制、效率控制和战略控制四种不同的方法。

(一)年度计划控制

年度计划控制是指在本年度内采取调整和纠正措施,检查市场营销活动的结果是否达到了年度计划的要求,并在必要时采取调整和修正措施。年度计划控制的目的是确保企业实现年度计划中所确定的销售、利润和其他目标。管理者可运用以下几种方法来衡量计划的执行绩效:销售分析、市场占有率分析、营销费用与销售额的对比分析、顾客满意度追踪等。

(二)赢利能力控制

赢利能力控制是分析餐饮企业运用各种营销渠道的实际获利能力,从而指导企业扩大、缩小或者取消某些营销活动。

（三）效率控制

效率控制是对餐饮企业在销售人员、广告、促销和分销等方面的工作绩效进行评估并找出提高其管理工作效率的途径的活动过程。可选择量度包括：市场占有率、品牌认知度、顾客满意度、顾客忠诚度和顾客流失率等。

（四）战略控制

战略控制则是更高层次的市场营销控制，审计企业的战略、计划是否有效地抓住了市场机会，是否与市场营销环境相适应。市场营销审计是战略控制的一个重要工具。

营销审计是对一个企业或一个业务单位的营销环境、目标、战略和活动所做的全面的、系统的、独立的和定期的检查，其目的在于决定问题的范围和机会，提出行动计划和方案，以提高企业的营销业绩。

 **章后案例**

仙踪林的体验营销

一、仙踪林概况

1991 年 10 月 10 日，退伍之后的吴伯超在台北三民路开设了第一家泡沫红茶店——仙迹岩红茶坊。经过吴伯超的苦心经营，红茶事业蒸蒸日上。1994 年 7 月，他在香港开设了第一家台式泡沫红茶店。香港是美食天堂，饮食店比比皆是，市场竞争十分激烈，吴伯超凭借其口味独特的产品和先进的经营理念在香港打开了一片天地，仅 1997～1998 年，在香港所开的门店就达 40 余家。仙踪林也因此于 1998 年获得了由香港生产力促进局及香港商会合办的香港中小型企业奖评选中荣获"新创办中小型企业"银奖。

1996 年 9 月 28 日，在上海杨浦区五角场，一家碧绿色的店面营业开张。1998 年 8 月，仙踪林在上海淮海路开设了第一家旗舰店，到 2008 年，仙踪林在全国的门店数已超过 170 家，在加拿大、澳大利亚、菲律宾和马来西亚等国家都有分店。目前，仙踪林已经进入到高速发展的阶段。

另据雅虎网的一项调查报告指出：内地居民最希望参与加盟连锁的企业排名前三位的依次是肯德基、麦当劳、必胜客，而仙踪林名列第四。这一排名显示，仙踪林已经可以和国际知名企业同榜较劲。

在竞争日趋白热化的餐饮行业，仙踪林能在短短的数十年间就取得如此骄人的成绩，在很大程度上要归功于其实施的体验营销。

二、仙踪林的体验营销模式

体验营销是指企业营造一种氛围,设计一系列事件,以促使顾客变成其中的一个角色尽情"表演",顾客在"表演"过程中将会因为主动参与而产生深刻难忘的体验,从而为获得的体验向企业让渡价值。体验营销以向顾客提供有价值的体验为主旨,力图通过满足消费者的体验需要而达到吸引和保留顾客、获取利润的目的。对于餐饮行业来说,体验营销就是餐饮企业有意识地以服务作为舞台,以店内设施、产品作为道具,通过精心设计,使客人以个性化的方式融入其中,从而形成难忘的事件。

在体验营销模式中,企业的角色就是搭建舞台、编写剧本,顾客的角色是演员,而联系企业和顾客的利益纽带则为体验。开展体验营销,要求企业深入体察顾客的心理,准确掌握顾客需要何种类型的体验。

1. 娱乐体验营销

所谓的娱乐体验营销是指以顾客的娱乐体验为诉求,通过愉悦顾客来达到企业的营销目标。这种营销方式的出发点和归宿点就是为顾客制造快乐和开心。它相对传统营销方式来说显得更加亲切、轻松、生动,并富有人情味。

仙踪林把目标市场定位为年青一代有一定消费水准的都市白领、学生一族。吴伯超创建仙踪林的初衷就是要为消费者提供一个舒适、幽雅、适于休闲聊天的环境。为此,他推出了可口、美味、寓意深刻的饮品和小吃来留住顾客的胃;设计了极富诗情画意的内部装修风格来驾驭顾客的心;再通过服务人员体贴入微的服务来加深顾客对仙踪林的感情。如今,从它的客流量以及街边不断兴起的同类餐饮店来看,仙踪林确实是成功的。

2. 美学体验营销

美学体验营销是指以人们的审美情趣为诉求,经由知觉刺激,提供给顾客以美的愉悦、兴奋、享受与满足。这种营销模式要求企业对色彩、音乐、形状、图案、风格等美的元素加以良好地运用。

在繁华喧嚣的都市,仙踪林绿色的店外招牌、活泼可爱的小白兔标志尤为引人注目,总能吸引消费者欣然走入其中。一推开那道象征着清新的门,闹市中的"绿色小屋"立刻变得犹如仙境一般,青藤垂拱、原木悬顶、卵石漫地、窗边闲荡的秋千椅、葱茏绿树环抱着岩洞,处处都透露出大自然的野趣。仙踪林以其浪漫休闲舒适活泼的装修风格走进了无数消费者的浪漫记忆中,并牢牢地占据了这一市场。

3. 情感体验营销

美国的巴里·费格教授最早提出情感营销理论,他认为:"形象与情感是营销世界的力量源泉。了解顾客的需要,满足他们的要求,以此来建立一个战略性的产品模型,这是你的情感源泉。"情感体验营销是以消费者内在的情感为诉求,通过激发和满足消费者的情感体验来实现企业的营销目标。顾客对于那些能满足其实际心意的产品和服务往往会产生积极的情绪和情感，从而提升他们对企业的满意度和忠诚度。因此，企业在实施体验营销的过程中要将产品与消费者的情感利益联系起来才会成功。

仙踪林充分认识到如今的消费者对餐饮品的消费已不再仅仅局限于食品本身解渴、充饥的物理属性，他们更多关注的是这些食品能否带给他们精神上的愉悦。仙踪林的每一种产品都有一个动听的名字，例如，魔力QQ奶茶、青梅寒天绿茶、洛神玫瑰晶球冰冻、鸳鸯茶泡乐、茉莉桑子摩丝蛋糕、提拉米苏等，顾客在品尝不同口味不同命名的产品时，往往会产生一定的品牌联想，从而感受到不同的情感体验。例如，很多情侣会从洛神玫瑰晶球冰冻、鸳鸯茶泡乐联想到恋爱的浪漫和甜蜜，在喝饮品的时候也品味着他们爱情的甜蜜。在这种情况下，仙踪林怎能不让他们流连忘返。

4.生活方式体验营销

生活方式体验营销是以消费者所追求的生活方式为诉求点，通过将公司的产品或品牌演化成某一种生活方式的象征甚至是身份、地位的识别标志，从而达到吸引消费者、建立起稳定的消费群体的目的。

仙踪林的目标客户群体是追求时尚、张扬个性，不愁基本的生存问题，在社交中渴望被尊重的年青一代，他们希望在紧张的工作之余能得到适当的放松，每周和三五个好友小聚一次，或者独自一人找个清静点的地方放飞思绪而不被其他一些无谓的因素干扰。欧式台座、中式桌椅，东方传统的甘香茶饮融入西方巧克力、蛋糕，窗边摇曳的秋千，供顾客免费上网的装置设施，这种时尚、现代的风格赋予仙踪林些许小资情调。在这里，他们得到了精神与物质上的满足。仙踪林因此成为朋友小聚、恋人约会和私人独处的理想空间。

5.氛围体验营销

氛围指的是围绕某一群体、场所或环境产生的效果或感觉。氛围营销就是要有意营造这种使人流连忘返的氛围体验。因为好的氛围会像磁石一样牢牢吸引着顾客，使顾客频频光顾。对于餐饮业来说，尤为重要。

仙踪林的茶点费用其实并不低，甚至比一些中高档次的咖啡店还高。仙踪林何以颠覆消费者对泡沫红茶比咖啡档次低的传统印象呢。这主要是因为仙踪林不只是在卖茶饮料，它更专心在经营一个温馨、舒适、放松、浪漫自由、切合年轻人求新求美心态、极富个性化色彩的想象空间。试想，那些生活节奏紧张忙碌的都市年轻白领们坐在轻轻摇荡的秋千上，轻呷一口美味的红茶，一边翻着从店内书架上取来的时尚杂志，一边听着天籁般的音乐，是不是仿佛置身于一个童话世界？怎能不对它情有独钟？

显然，仙踪林在营造氛围方面是非常成功的。它不像有些餐饮店只是徒有虚名,只在店内空洞地、毫无生气地摆放着几张桌椅而缺乏其他任何烘托氛围的实质性的内容,完全依赖于营销传播手段过度宣称自己给消费者提供的是一种小资情调的消费方式,这种从心理上预先对消费者进行暗示,设个圈套让消费者往里钻实际上有违基本的营销伦理。

讨论题:

    1. 查阅相关资料,理解体验营销的含义是什么?

    2. 仙踪林的体验营销给餐饮行业的怎样的启示?

 **复习思考题**

    1. 解释下列概念:

市场营销　市场营销观念　餐饮市场营销　SWOT 分析　营销策划　餐饮市场细分　餐饮市场定位　餐饮营销组合　餐饮促销策略　营销控制　整合营销　关系营销　绿色营销　餐饮体验营销　餐饮网络营销

    2. 怎样理解餐饮市场营销的含义?

    3. 怎样理解现代市场营销观念的含义?

    4. 餐饮市场营销的特点是什么?

    5. 餐饮营销管理的任务是什么?

    6. 餐饮企业如何进行营销环境分析?

    7. 影响餐饮消费者行为的主要因素有哪些?

    8. 餐饮企业如何进行市场竞争形势分析?

    9. 什么是餐饮市场细分? 常用的餐饮市场细分方法有哪些?

    10. 餐饮目标市场的选择策略有哪些?

    11. 餐饮市场定位的依据是什么? 餐饮市场定位的主要策略有哪些?

    12. 餐饮营销组合的内涵和特点是什么?

    13. 什么是餐饮品牌? 餐饮品牌策略有哪些?

    14. 餐饮企业如何实施餐饮新产品开发策略?

    15. 餐饮价格构成因素是什么? 影响餐饮定价的主要因素有哪些?

    16. 简述餐饮定价的策略与方法。

    17. 餐饮促销策略的作用是什么? 如何实施餐饮促销组合策略?

    18. 餐饮市场营销控制的含义、程序和方法是什么?

第五章

菜单设计与管理

学习目标

　1.了解菜单的含义及其在餐饮企业经营管理中的作用;熟悉菜单的基本类型及其基本特点。

　2.熟悉菜单策划的基本原则;掌握菜单实施策略。

　3.熟悉菜单的内容、总体布局;掌握菜单的设计方法和设计菜单时的注意事项。

　4.了解菜单工程;掌握菜单分析与调整的指标与要求;掌握菜单分析方法。

【引例】

肯德基进军香港的成败

　　肯德基是较早进入中国餐饮市场的洋快餐之一,提供以炸鸡为主的美式快餐食品。

　　进军中国内地之前,它首先把目光瞄准香港,以此作为进占内地市场的前奏和跳板。在一次记者招待会上,肯德基公司董事会主席曾夸下海口:要在美食天堂香港开设 50~60 家分店。1973 年 6 月第一家肯德基家乡鸡在香港美孚新村开张,到 1974 年,共开设分店达 11 家。然而,1974 年 9 月,肯德基公司突然宣布多家餐厅停业,相隔时间不长,首批登陆香港的肯德基店便全部关门停业。

　　虽然肯德基公司董事宣称,这是由于租金太高造成困难而歇业的,但其失败原因也明显不仅仅是租金问题,最为主要的是没能吸引住顾客。

　　一转眼 8 年过去了。肯德基在马来西亚、新加坡、泰国和菲律宾已投资成功。这时,他们准备再度进军香港。

　　这次是由香港太古集团的一家附属机构取得香港特许经营权,首家新一代肯德基家乡鸡店耗资 300 万港元,于 1985 年 9 月在佐敦道开业,第二家 1986 年在铜锣湾开业。不过这时的香港快餐业已发生了许多新的变化,竞争非常激烈。因此,肯德基虽说是有备而来,但要占据市场还比较困难,所以他们开拓市场时更为谨慎,在菜单设计、营销策略上均按香港的情况进行适当的改变。

明确目标市场,抓住那些铺着白布的高级餐厅与自助快餐店之间的空隙,新的家乡鸡以一种高级"食堂"快餐厅的形式经营。顾客对象介于 16～39 岁之间,主要是年轻人群,包括写字楼的职员和年轻的行政人员。

其次,菜单的食品项目上,除杂项、甜品和饮品外,大多数原料和鸡都从美国进口,所有鸡件都是以赫兰迪斯上校的配方烹制,炸鸡若在 45 分钟仍未售出时不会再售,以保证所有鸡件都是新鲜的。

在菜单价格构成上,肯德基进行了大的改变。公司将家乡鸡以较高的溢价出售,而其他杂项食品则以较低的竞争价格出售。原因是家乡鸡是招牌,又极富风味,而其他杂项食品因本店周围许多出售同类食品的快餐店与之竞争,降低杂项食品价格,能在竞争中取得一定的优势。这些措施终于奏效,肯德基终于被香港人接受了。

第一节　菜单的作用与种类

餐饮企业确定了目标市场后,就必须确定生产哪些产品、提供哪些服务来满足目标顾客群的需求,这就要求餐饮企业在进行生产以前首先要制定一份详细的菜单。菜单既是餐饮生产服务的计划书,向生产部门和服务部门明确各自的任务,又是向顾客传递信息的工具,因此它在现代餐饮管理中起着关键的作用。美国的考西沃博士曾著《菜单管理》(Management by Menu)一书,来强调菜单的计划对于餐饮企业的重要性。

一、菜单的含义

菜单的英文是"Menu",源于法语,有时被称为"菜谱"。菜单的含义有广义与狭义之分。广义的菜单是餐厅中一切与该餐饮企业产品、价格及服务有关的信息资料,它还包括顾客点菜后服务员所写的点菜(订餐)单。狭义的菜单则仅指餐饮企业为便于顾客订餐而准备的介绍企业产品、服务与价格等内容的各种印刷品。一份好的菜单既要能够引导客人选择食品饮料,满足顾客审美及就餐的喜好,同时又要适合餐饮企业管理人员推销某些菜品的需要,并对整个餐饮经营过程进行计划和控制。

二、菜单的作用

随着餐饮业的发展,新的餐饮经营形式不断出现,新技术在餐饮业广泛应用,从而使得菜单的种类与形式日趋丰富,其内容与作用也相应扩大。今天,菜单的含义已不仅局限于传统意义上人们点菜的工具,它已成为餐饮企业与顾客进行信息交流与沟通的重要手段之一,同时也是餐饮企业对整个经营过程进行计划控制不可缺少的管理工具之一,它在餐饮企业经营管理中的作用主要表现在以下几个方面。

(一)菜单是沟通生产与消费的桥梁

餐饮企业通过菜单向顾客介绍餐厅的产品、服务及经营意图,顾客通过菜单了解餐厅的类别、特色、产品及价格,因此菜单是连接餐饮企业与顾客的桥梁。同时,随着高新技术的广泛应用,菜单不仅能反映餐饮企业的菜品品种、服务、价格及烹调方法,而且还能配以图片、声音来展示餐厅的经营风格、主题及服务特色,从而更有力地影响着顾客的现场购买决策。

(二)菜单内容影响着生产设备的选配与生产场地的布局

厨房生产设备的种类、规格、数量和质量,都取决于菜单所列菜式品种、水平和特色。例如,中式小炒炉就很难烹制地道的牛扒,电炸炉无法烤制蛋糕,烤板不适合炒青菜等。菜单上的菜式品种越丰富,菜式工艺越复杂,所需设备就越多,型号规格就越特殊,因此菜单影响和决定着厨房生产设备的数量、性能与规格型号,一定程度上也决定着餐饮企业的设备成本。同样,厨房是生产制作菜单所列菜品的场所,各种设备器具的配置与分布,应以满足菜单菜品加工制作的需要为准则,不同的烹调工艺和成菜特色,所用的设备、工具在使用和布局上就有很大差别,如中餐和西餐厨房的布局就大相径庭。

(三)菜单决定厨房的生产技术水平

菜单内容标志着餐饮企业的档次与风格特色,而菜单上所有菜点的制作都必须通过厨房员工烹饪制作,因此厨房生产技术水平必须与菜单菜品的技术要求相适应。菜单设计得再好,如果厨房无力烹制,或成品达不到菜单所要求的质量,其后果是不言而喻的。实际上,餐饮企业在配备厨房员工时,也都是以菜单菜式制作要求为准则,来招聘具有相应技术水平的员工。而且在进行新员工技术培训时,也是围绕菜单内容为中心进行培训,使其尽快达到企业要求的技术水平。不仅如此,菜单还在一定程度上决定了厨房生产的岗位和所需人数。如果一家餐饮企业的菜单中西菜肴兼备,或各菜系名菜汇集或品种繁多,客观上必然要求餐饮企业拥有一支庞大的、技术全面的生产队伍。

(四)菜单影响着餐饮企业的生产成本

菜单对餐饮企业生产成本的影响首先表现在菜单内容在一定程度上决定着采

购活动的规模、方式和要求。使用固定性菜单的餐饮企业,其菜式品种一定时期内保持相对不变,所需生产原料的品种、规格也就相对固定,这就要求餐饮企业在原料采购方法、采购标准、供应商选择等方面保持相对稳定;使用即时性菜单的企业,要求原料经常变换,从而使原料的采购变得较为烦琐。其次,菜单内容一经确定,也就决定了餐饮企业食品成本的高低。菜单上用料珍稀、原料价格昂贵的菜品过多,必然导致食品的成本偏高;精烹细作、工艺复杂的菜品过多,也会引起劳动成本的上升。菜单上不同成本的菜品数量比例是否恰当,直接影响到餐饮企业的赢利能力。实际上,调整菜单上不同成本菜式的品种数量比例,已成为生产成本控制的重要环节之一。最后,菜单本身的制作亦需要一定的成本费用。换句话说,餐饮企业生产成本的控制从菜单设计时就开始了。

(五)菜单是进行餐饮生产安排和提供餐饮服务的重要依据

菜单不仅影响和决定生产部门的工种岗位,也决定了各种岗位的工作量,并影响着各工种岗位的工时安排。如果菜单上单锅小炒的菜品较多,则单位就餐时间内炉头烹调制作的工作量较大;如果菜单上蒸、炖菜品较多,则单位就餐时间内炉头烹调制作的工作量相对较小。同时,菜单还决定了餐厅服务的方式和程序,如餐具的配备与摆放、斟酒上菜的位置与方向等。因此,餐饮生产管理人员应根据菜单内容对生产与服务作出合理的安排,并根据实际情况对菜单、生产与服务过程进行适当调整。

三、菜单的种类

由于各餐饮企业的经营类型、档次及经营项目各不相同,因而各企业对菜单内容选择、项目编排以及外观设计均有不同要求,从而形成了千姿百态的餐厅菜单。依据不同的分类标准,可将菜单分为多种类型。按餐饮形式和内容分,有早餐(茶)菜单、正餐菜单、宴席菜单、团队菜单、冷餐自助餐菜单、夜宵菜单以及酒水单;按照市场特点分,可分为固定菜单、循环菜单、当日菜单和限定菜单等;按照菜单的价格形式,可分为零点菜单、套餐菜单和混合菜单;根据餐饮企业经营类型,可分为餐桌服务式餐厅菜单、自助式餐厅菜单和外卖送餐式餐厅菜单等;按照中西餐就餐方式,可分为中餐菜单和西餐菜单。综合考虑各类餐饮企业的经营类型、经营项目、就餐形式及服务对象等因素,可将菜单分为以下六大类型。

(一)零点菜单

零点菜单又称作"点菜菜单"或"散客菜单",是餐厅中最基本、最常见也是使用最广泛的一种菜单。它适用于前述大多数经营类型的餐饮企业。零点菜单按餐别可分为中、西早餐零点菜单和中、西正餐零点菜单四种。中、西正餐零点菜单所列菜品种类较多,大多都图文并茂。随着餐饮业的迅猛发展,近年许多餐厅在正餐零点菜单上除保留一定比例的固定菜肴外,大量增加了应时新鲜菜品和一些特选品种,进一步扩大了菜单上的选择项目,使顾客有更充分的选择余地。即使是专营某类菜肴的特色餐馆或风味餐厅,其菜单上也列有一定数量的其他菜肴。中、西早餐零点菜单则相对简单,这主要是由于大多数人早上忙于上班,就餐时间相对较少,早餐菜单上较少的菜品可为客人节约点菜时间。总的来说,零点菜单的基本特征主要有以下几方面:①针对流动性较大的客源市场,常使用固定性菜单,在相当一段时间内大部分菜品基本不变。②针对的顾客群较广,为兼顾客人不同口味与层次的需求,零点菜单菜品较多,菜品价格高、中、低档搭配适度,尤其是正餐零点菜单,从而使顾客有充分的选择余地。③每道菜品都标明价格,许多餐厅的零点菜单还将每道菜品按大、中、小份分别定价,让顾客有更大的选择余地。④反映餐厅经营特色与等级水平,突出主菜与特色菜。

1. 中式早餐零点菜单主要菜品类别

中式早餐零点菜单主要菜品包括粥类、面食点心类、小菜类和饮料等,详见示例 5 - 1。

示例 5 - 1　中式早餐零点菜单内容

早餐菜单

BREAKFAST MENU

白　粥	￥3.00	各式面条(碗)	￥8.00
White Congee		Various noodles	
鱼片粥	￥5.00	云吞	￥8.00
Congee with sliced fish		Wonton in soup	
鸡茸粥	￥5.00	咖啡、牛奶或奶茶	￥2.00
Congee with minced chicken		Coffee, Milk or Milk Tea	
皮蛋瘦肉粥	￥5.00	各式小菜(任选)	￥3.00
Congee with minced pork &preserved egg		Various Pickled Vegetables	
馒头(个)	￥0.5	各式香肠、咸蛋(任选)	￥3.00
Steamed Bun		Various Sausages or Salted Eggs	
包子(个)	￥1.00	水果盘	￥8.00
Steamed Dumpling		Fruit Plate	

2. 西式早餐零点菜单主要菜品类别

西式早餐零点菜单主要菜品包括果汁与水果、面包与黄油、谷物类、禽蛋菜肴类、饮料等,详见示例 5 - 2。

示例 5-2　西式早餐零点菜单内容

BREAKFAST A La Carte

Served from 7:00a. m. – 10:00a. m.

Sunday and bank Holidays

8:00a. m. – 11:00a. m.

Tomato, Prune or Pineapple Juice	Small	£ 0.50
	Large	£ 0.60
Fresh Orange Juice or Grapefruit Juice	Small	£ 0.40
	Large	£ 0.50
Stewed Prunesor Figs		£ 0.80
Chilled Seasonal Melon		£ 0.50
Haifa Grapefruit		£ 0.30
Fresh Grapefruit Cocktail		£ 0.50
A Choice of Fruit	per piece	£ 0.25
Yoghurt		£ 0.50
Porrigeor Cerealsof Your Choice		£ 0.50

Two Eggs as You Wish	£ 0.60
Bacon, Sausage, Tomato and Mushrooms	£ 0.60
A Three – Egg Omelette of Your Choice	£ 0.75
Breakfast Sirloin Steak	£ 2.00
A Pair of Kippers	£ 0.70
Smoked Haddock and Poached Egg	£ 1.00
Pancakes with Maple Sugar and Lemon	£ 0.60
Fresh Breakfast Rolls, Hot Croissants or Toast with Butter	£ 0.15

Marmalade, Honey or Jam	£ 0.15
Tea, Coffee or Milk	£ 0.20

3. 中式正餐零点菜单主要菜品类别

(1)冷盘凉菜类。凉菜类包括各种拼盘、凉菜。

(2)江鲜、河鲜与海鲜类。主要包括淡水与咸水鱼、虾、蟹及甲壳类菜肴。

(3)肉类。肉类主要是家畜类菜肴,包括家畜内脏等原料制成的菜肴。

(4)蔬菜类。主要包括蔬菜、粮食、水果等原料制作的菜肴。

(5)主食类。一般是米、面制作的品种。

(6)汤菜类。汤菜类一般包括清汤和浓汤两种。

(7)甜点类。甜点类包括各种甜食菜品。

(8)饮料类。包括酒精饮料与非酒精饮料。

中式餐厅正餐零点菜单品种丰富,但并不意味着所有的餐厅在选择菜品时,都必须将上述类别的菜品全部都列在菜单上,而是要根据本餐厅的经营类别,在众多菜肴品种中,将那些最能突出本餐厅特色、反映本餐厅技术水平以及餐厅最愿意销售的菜品放在菜单上最醒目的位置。另外,中式正餐零点菜单的菜品类别,也可根据需要,加入以烹调方法为特征的品种类别,如煲仔类、铁板类、热炒类、炖品类、烧烤类等类别。中式正餐菜单见示例5-3。

示例5-3 中式正餐零点菜单内容

中式正餐零点菜单

冷盘类

	大盘	中盘	标准盘
卤水拼盘	￥100.00	￥80.00	￥40.00
双味拼盘			￥40.00
四喜拼盘			￥60.00
花篮拼盘			￥80.00
白云凤爪		￥30.00	￥16.00
麻辣仙掌		￥32.00	￥18.00
金钱爽肚		￥28.00	￥16.00
卤水鹅片		￥40.00	￥22.00
佛山蘸蹄		￥35.00	￥18.00
湛江海蜇		￥38.00	￥20.00
凉拌青瓜		￥15.00	￥8.00
虎皮青椒		￥18.00	￥10.00
凉拌三丝		￥18.00	￥10.00

海鲜类

汽锅人参鲜鲍汤	￥120.00
木瓜鱼翅	￥88.00
竹荪鸡丝	￥68.00
粟米鱼肚羹	￥55.00
韭黄瑶柱羹	￥42.00
蚝油北菇扒鱼唇	￥48.00
北菇扒海参	￥56.00

夏果花枝片	￥45.00
宫保鲜贝	￥60.00
酥炸鲮鱼	￥38.00
冬菜蒸鳕鱼	￥68.00

肉类

铁板肥牛	￥40.00
红烧羊肉	￥35.00
沙茶牛肉	￥25.00
西芹炒腊味	￥20.00
回锅肉	￥25.00

禽类

东江盐焗鸡	￥30.00
香酥鸭	￥40.00
富贵石榴鸡	￥35.00
双菇焗乳鸽	￥45.00
豉油银芽炒鹅肠	￥25.00
西芹腰果炒鸡丁	￥30.00

蔬菜类

一品素烩	￥60.00
玻璃白菜	￥30.00
北菇烧豆腐	￥25.00
金钓瓜方	￥20.00
冬菇扒西兰花	￥25.00

汤类

虫草炖鸭	￥60.00(每位)
洋参乌鸡	￥20.00(每位)
竹荪鸽蛋汤	￥30.00(每位)
沙参水鸭	￥15.00(每位)

甜品类

鲜果冻布丁	￥15.00
红莲炖雪蛤	￥20.00
潮州甜汤	￥15.00
银耳果羹	￥15.00

主食类

扬州炒饭	￥25.00

潮州炒饭	¥20.00
炒河粉	¥15.00
什锦炒面	¥15.00
水饺	¥20.00
各式面条	¥15.00

4.西餐正餐零点菜单主要菜品类别

(1)前菜类(Hors d'Oeuvre)。前菜也称开胃菜(Appetizer)或头盆,一般在主菜前食用,其特点是量少、味鲜、色美,具有开胃刺激食欲的作用,通常包括三明治或饼干类开胃品、蘸汁开胃品及其他开胃小食品类,如法式鹅肝酱、苏格兰烟熏三文鱼、俄式鱼子酱肉冻、咸菜、酸菜及开洋冷盘等。

(2)汤类(Soup)。汤的总称在法语中是 Potage,在国际上广泛使用,而在法国菜中,汤一般分为两大类,即浓汤和清汤。清汤中又以清炖肉汤(Consomme)最具代表性,西餐涉及人口及国家较多,除法国的汤菜外,其他许多国家也有一些较著名的汤菜,如俄罗斯的 Potage Bortsche、意大利的 Minestrone Soup 等。

(3)主菜与配菜类(Main Courses and Garnitures)。这一类别的菜肴是西餐菜单上最重要的类别。主菜通常是菜单上烹调工艺较复杂、口味最具特色、分量最大的一类菜品,一般包括鱼类、虾类、肉类、禽类及野味类菜品。按照西方人的就餐习惯,主菜一般只选一道菜品。主菜大都需要配菜,配菜一般选用各种新鲜蔬菜,按照白、青、红等颜色组合烹制而成。其作用是既能在色、香、味、型方面美化主菜,又能刺激食欲,平衡营养。

(4)色拉类(Salad)。色拉也译为"沙律",通常在主菜上桌后不久或同时上桌。色拉有荤、素之分。荤色拉一般由鱼、虾、蟹肉等原料制成。素色拉主要选用新鲜质嫩的蔬菜水果制成。随着节食和素食者增多,素色拉的需要量在大幅增加,因此它又常作为客人的一道主菜选用。色拉类菜品有时也可作为配菜使用。

(5)甜品类(Desserts)。甜品类菜点,并非仅仅局限于甜味食品,按照西方人的饮食习惯,广义的甜品是指正餐后食用的食物,因此甜品类菜点又称作正餐后菜点(After－Dinner Course)。甜品类菜点一般包括:①由冷热布丁(Pudding)、冰激凌(Bavarois)等组成的冷热甜食类菜品(Sweet)。②以奶酪(Cheese)为主料制成的各种咸味小食品。③水果类。

(6)盘肠面包与黄油类。主要品种有白面包、燕麦面包、葡萄干面包、黄油卷式面包、奶油包及玉米薄饼(片)。

(7)酒水饮料类。酒水饮料一般放在菜单最后,包括餐前开胃酒、跟餐酒、餐后烈酒、咖啡、牛奶、茶等。

某些西餐厅为迎合东方人的需要,又在菜单上安排了一定的东方特色菜品供顾客选用,如中式云吞面、饺子、春卷、日式炒面、印度咖喱饭等。有些西餐厅为突出本餐厅特色,在菜单上专设特色菜或精选菜类别,以推销本餐厅的特色菜或畅销菜,例如,专门开设意式炒面和意大利薄饼系列菜品,为迎合节食者的需要,许多菜单还设有高蛋白低热量菜品专栏。另外,西餐正餐零点菜单内容丰富,一般都是按就餐顺序分类编排菜品项目的。西式正餐零点菜单见示例5-4。

示例5-4　西式正餐零点菜单内容

MENU

A La Carte

Appetizers		soups	
Herring a la Russe	£ 2.00	Consomme	£ 4.00
Salted Salmon with Poached Eggs	£ 3.00	Asparagus	£ 5.00
Marinated Rolls of Baltic Herring	£ 3.00	French Onion	£ 3.00
Prawn Cocktail	£ 2.50	vegetables	
Melon(when in season)	£ 1.50	Mushrooms	£ 5.00
Fish dishes		Cauliflower	£ 4.00
Poached Salmon	£ 8.00	Asparagus	£ 5.00
GrilledWhitefish with Horseradish Butter	£ 12.00	French Fried Potatoes	£ 3.00
Pikeperch Walewska au Gratin	£ 11.00	New Potatoes	£ 3.50
Meat dishes		Brussels Sprouts	£ 2.50
Fillet of Beef with Béarnaise Sauce	£ 15.00	Green Peas	£ 3.00
Sirloin Steak	£ 18.00		
Escalope of Veal au Gratin with Greamed Mushroom	£ 16.00	desserts	
Pork Chop with Mustard Sauce	£ 10.00	Ice Cream	£ 1.50
Roasted Lamb with Mint Sauce	£ 12.00	Sherry Trifle	£ 2.00
Poultry dishes		Fruit Salad	£ 2.50
Chicken Casserole with Rice	£ 15.00	Fresh Strawberries and Cream	£ 3.00
Snow Grouse	£ 18.00	Cheese	£ 1.5

（二）套餐菜单

"套餐"也称"套菜"、"定菜",就是在各类菜品中选配若干菜品组合在一起,以一个包价销售的一套菜肴。套餐菜单按照餐别划分,可分为中、西早餐套餐菜单和中、西正餐套餐菜单四种;按照服务人数来分,可分为个人套餐菜单和多人套餐菜单,个人套餐菜单一般多见于中、西快餐厅,而多人套餐菜单常见于各类餐桌服务式餐厅。餐饮企业推出各种套餐菜单,其目的一是为了迎合不同顾客的需要,二是增加餐饮企业的收入,充分利用餐厅现有资源。同零点菜单相比,套餐菜单内容具有:经济实惠、品种大众化、组合简单、可循环使用等特点。在假日或特殊场合,套餐菜单也可选用部分制作精细、档次较高的菜品。套餐菜单详见示例5-5。

示例5-5　套餐菜单内容

海鲜双人套餐(每套180元)

糖醋海蜇	紫菜鸡丝汤
铁板鲜鱿	点心二道
蚝油菜心	水果拼盘

（三）宴席菜单

宴席菜单是为宴席而设计的、由具有一定规格质量的一整套菜品组成的菜单。严格说来,宴席菜单也属于套餐菜单,只是由于人们举行宴席的目的、档次、规模、季节、宴请对象及地点各不相同,要求宴席菜单在规格、内容、价格方面同其他套餐菜单区别开来。因此,宴席菜单可以说是一种特殊的套餐菜单。宴席菜单同其他套餐菜单相比,其特殊性主要表现在以下几个方面:

第一,设计的针对性与及时性。餐饮企业必须根据宴席预订信息或临时针对每一次宴席顾客的不同需要来进行菜单设计,即便是同一餐厅、同一时间、同一价格,菜单内容也会因不同宴席目的与宴请对象而大相径庭。这也是宴席菜单与套餐菜单最主要的区别之一。

第二,内容的完整性。宴席无论是何种目的与档次,在菜单设计上都要求遵循一定的设计规则,按照就餐顺序设计一套完整的菜品。如中式宴席菜单一般要求要有冷菜、头菜、热荤菜、素菜、甜菜、汤、席点、随饭菜、水果、饮料等一整套菜品。

第三,菜品编排的协调性。宴席菜单在选择菜品时,除选择做工精细、外形美观的菜品外,所有菜品还要求在色、香、味、形、器、质地等方面搭配协调,避免雷同与杂乱,菜品选择还应与宴席性质及主题协调呼应,菜单上菜品编排也要体现主次感、层次感和节奏感,使所有菜品融合为一个有机统一的整体。

第四,菜单选用的菜品集中体现了餐饮企业的个性特色。宴席菜单不仅要求外观漂亮,印刷精美,其色、形、图案,也要与餐厅装饰、宴席台面相协调,宴席菜单一般还可让客人带走留作纪念。

宴席菜单详见示例5-6。

示例5-6 宴席菜单内容

粤菜宴席菜单

热菜

冷菜	潮州风鳝卷	主食
四喜彩盘	鸳鸯膏蟹	扬州炒饭
六味锦碟	片皮烤鸭	小吃
汤	雀巢鲜带子	香煎葱油饼
木瓜鱼翅	东江盐焗鸡	水果
	铁板肥牛	水果拼盘
	竹荪扒青蔬	

(四)特种菜单

特种菜单同零点菜单、套餐菜单、宴席菜单相比,在服务对象、计价方式、品种编排以及适用场所等方面都有特制之处,因此都列入特种菜单。特种菜单常见的有以下几种。

1. 自助餐菜单

自助餐菜单与套餐菜单相比,其主要区别是套餐菜单的计价无论是以人还是以桌为计价单位,总是以一定品种和数量的菜品进行包价销售,而自助餐菜单则是在一定的品种菜品中,任顾客随意选用,无论数量多少,都按每位顾客规定的价格收费。也就是说顾客选择消费套餐,是以一定价格在套菜菜单上的菜品中任意选择享用的权利,但不能打包带走。自助餐菜单主要运用于经营自助餐、自助餐宴席以及自助式火锅的餐厅中。由于自助餐需要将菜品提前备好,供客人自由选用,因此自助餐菜单上菜品的选择具有以下一些特点:

(1)一般选用能大量生产、出品快速并且放置后质量下降慢的菜品。热菜要选用易于加温的品种。

(2)无论是中式自助餐还是西式自助餐,餐饮企业一般都将菜品进行合理编排与搭配,形成多套自助餐菜单,循环使用。

(3)品种风味一般要大众化,避免使用少数人群喜爱的风味菜。

(4)品种数量一定要合理预测与安排,如果盲目制备,极易形成浪费。

2. 客房送餐菜单

客房送餐菜单一般只在具有较高星级的酒店、宾馆才能见到。客房送餐是酒店、宾馆为那些不去餐厅用餐或在开餐时间以外的时间要求用餐的住店客人提供的特别餐饮服务。因此客房送餐菜单具有以下一些特征。

(1)从菜单内容上看,客房送餐菜单仍属零点菜单,但其品种数量明显少于零点菜单,而且酒店、宾馆一般将早餐、午餐、晚餐菜品及饮料都印在一张菜单上,或置于客房内,或挂于门把上,便于客人订菜。

(2)由于将菜品从餐厅送至客房需要一段时间,因此在选用菜单菜品时,一般都选用质量高、工艺不复杂且存放一定时间后质量不易退化的菜品。

(3)选择菜品时,亦尽量少用使用较复杂餐具的菜品。

(4)菜单计价一般有两种方式,一是需在菜单上注明每款菜品的价格和服务费收取比例,另一种是将用餐费包含在房价之中,如有些酒店、宾馆房价注明专门开设就餐场所,为人们提供简便的餐饮服务。

(5)由于送餐服务需要配备额外的工作人员和设备,如推车、保温容器等,菜品的价格明显较零点菜单上的菜品价格高。

3. 旅行菜单

旅行菜单主要用在一些大型旅行交通工具上,为旅客提供餐饮服务时使用。人们乘坐大型交通工具旅行,由于旅行时间较长,因此运输企业为顾客专门开设就餐场所,为人们提供简便的餐饮服务。这些交通工具主要指火车和轮船,这类菜单也属于零点菜单,只是由于受到场地、设备、原料等限制,这类菜单上的品种相对较少,而且成本一般较高,因此菜品价格也较贵。

4. 特殊人群菜单

餐饮企业推出特殊人群菜单,主要是满足人们多种就餐方式与就餐口味的需要,以进一步提高餐厅的营业收入。餐饮企业针对特殊人群推出的菜单主要有四大类,即儿童菜单、病人菜单、特殊饮食菜单、营养保健菜单。

(1)儿童菜单。尽管儿童不是家庭外出就餐的决策者,但他们对决策者有十分重要的影响,不少家庭因孩子的央求而外出就餐,因此许多餐饮企业,特别是西式快餐厅如"麦当劳"、"肯德基"等都将目光集中在儿童这一特殊人群身上,开发了各式各样的儿童菜单。其特点是菜单设计图文并茂,引起儿童兴趣,菜品上主要选择适合儿童生理特点的营养食品,计价上更灵活,使年轻的父母们感到经济实惠,同时在菜单上注明可获额外的小礼品,以进一步取悦小朋友。

(2)病人菜单。有些顾客因患有某些疾病,而在饮食上受到许多限制,如糖尿病患者与胃病患者。尽管这些人群是顾客中的极少部分,但一些餐厅还是为这些顾客准备了特别的菜单,以满足他们外出就餐的需要。当然在编制这种菜单时,应有医生、饮食学家和营养学家的指导。

(3)特殊饮食菜单。餐饮企业推出特殊饮食菜单主要是针对那些有特殊饮食习惯与嗜好的顾客,以满足他们的特殊饮食需要,如针对素食者的素菜单、针对节食者的节食菜单等。

(4)营养保健菜单。随着人们生活水平的提高,人们对饮食给健康带来的影响越来越重视,人们总是希望通过饮食来促进健康,预防疾病。在我国很早就有"医食同源"之说,中医亦认为可通过饮食来预防某些疾病。一些餐饮企业大量开发,推出了医药食疗菜单,满足了市场需求。目前许多药膳菜单上的品种逐渐被其他种类的菜单所吸收引用。

（五）酒水单

酒水单主要适用于以经营酒水饮料为主的酒吧、咖啡屋、茶馆等餐饮企业。酒水单上饮品的种类选择根据餐饮企业的经营类别而有所不同。酒吧中的酒水单以含酒精饮料为主,而咖啡屋和茶馆的饮料单则以咖啡、茶等非酒精饮料为主。酒水单上的饮品种类较多,一般有开胃酒、烈性酒、鸡尾酒、香槟酒、葡萄酒、啤酒、汽水、果汁等类别。酒水单上的每一种饮品应分别注明价格。但计价单位因各餐饮企业的经营方法和酒水种类而有所不同。如烈性酒、鸡尾酒等饮品大多按每杯计价,而香槟、葡萄酒等多按每樽计价。酒水单的基本形式与零点菜单类似。由于酒水饮料属于获利很大的产品,因此酒水单的品种选择与内容编排,会直接影响餐饮企业的饮料销售利润。一般经营酒水饮料的餐厅大多把酒水饮料附列在菜单最后,部分大中型高档餐厅因提供酒水饮料品种较齐全,有时也单独印刷酒水单,其内容形式与酒吧等的酒水单类似。

（六）混合式菜单

混合式菜单综合了零点菜单与套餐菜单的特点与长处,将两者有机地结合在一起,但是最初的混合式菜单则仅是简单地将一份零点菜单与一份套餐菜单印制在一起,其缺点是菜单过大过长,使用不便。后来许多餐饮企业进行了简化与改革,将零点菜单列在前,后设几组套餐或宴席菜式,形成了较简便实用的混合式菜单。西餐厅使用混合式菜单较多。有些西餐厅的混合式菜单上以套餐形式为主,同时欢迎顾客随意点用其中任何主菜,并以零点形式单独付款;而另一些西餐厅的混合式菜单则以零点形式为主,但主菜均有两种价格,一为零点价格,一为定菜价格。顾客若要选用定菜方式,则在选定主菜之后,可以在其他种类菜品中选择数量和品种控制在一定范围内的菜点作为配套菜品,最后按所选主菜的定菜价格付款。餐饮企业用混合式菜单一定要避免过于复杂,同时又不要因菜单叙述不清楚而引起歧义。

第二节 菜单策划

菜单策划就是综合考虑餐饮企业目标市场的需求状况、购买力与动机、餐饮企业规模档次、企业市场定位、市场竞争等因素,并结合菜单分析等方法,对菜单菜品选择、价格、菜单档次及供餐方式进行决策。餐饮企业菜单一经确定,就必须按照菜单的要求去购置设备用具、招聘人员、组织生产、安排销售与服务,因此,菜单策划对于餐饮企业的生产和经营管理有着至关重要的作用。

一、菜单策划的基本原则

菜单策划对餐饮企业的生产和经营有重大影响。因此在进行菜单策划时,应注意掌握以下一些基本原则。

(一)树立本企业市场形象,突出本企业风格特色

菜单是沟通生产与消费的桥梁。顾客进入餐厅在见到餐饮产品前,有关餐饮企业产品与服务的信息主要来自菜单与服务人员的介绍。因此企业应充分利用菜单这一工具,设法在顾客心目中树立起有别于其他餐饮企业的鲜明独特的形象,突出企业餐饮风格特色。如从菜品风味、著名品种、菜品价格、流行菜式、就餐类别、消费优惠等方面,确立企业形象。另外,菜单要尽量选择反映餐饮企业风格特色和厨房最擅长的菜式品种进行推销,突出企业的品牌菜和特色菜,同时注意品种搭配,时常推陈出新。

(二)及时把握市场需求,深入研究客人饮食习惯与偏好

由于目标市场的需求容易受到诸多因素的影响而发生变化和波动,因此餐饮管理人员在进行菜单策划时,要及时把握市场需求的变化状况,对菜单进行调整;即使是同一目标市场,人们在饮食习惯和偏好方面,受职业、年龄、教育程度、文化背景等因素影响,仍然存在许多细微差异。餐饮企业应有意识地收集、整理、统计有关资料和数据,深入研究目标顾客的饮食习惯与偏好,为菜单策划提供依据和参考。

(三)充分掌握原料供应状况,正确核算成本利润

凡列入菜单的菜式品种,餐饮企业应无条件地保证供应,餐饮管理者应清楚地认识到这一基本餐饮管理原则的重要性。如果一家餐厅的菜单品种丰富多彩,甚至可以说包罗万象,但当顾客点菜时却常常得到这也没有、那也没有的回答,在这种情况下,无论餐厅向顾客说出什么正当的理由,做出多么耐心的解释,都会招来顾客的失望和反感,进而引起顾客对餐厅诚实度和餐厅信誉的怀疑,极大地损害餐饮企业在顾客心目中的形象。因此,在进行菜单策划时,应充分考虑各种原料供应状况,如市场供求关系、采购及运输条件、季节、餐厅地理位置等,以确保原料供应充足。

由于菜单上各种菜品的成本不同,有的品种差异很大,因此餐饮管理人员在考虑菜单品种时,应首先正确核算菜品的成本与毛利,了解菜品的赢利能力;其次要考虑菜品的受欢迎度,即潜在的销售量;最后还要分析菜品之间的相互影响,即一种菜品的销售对其他菜品的销售是有利还是不利。

(四)注重营养搭配,满足多种需求

向广大消费者推荐并提供既丰富多彩,又符合营养原理的饮食是每个餐饮工作者义不容辞的责任。为此菜单策划者在进行菜单设计时还必须认真分析人体营

养需求这一因素,以满足顾客的多种需求。

（五）充分考虑企业现有生产能力,避免菜单盲目性

菜单上的品种都必须由厨房生产出来,因此餐饮企业的生产能力限制了菜单菜品的种类和规格,而影响餐饮企业生产能力的因素主要是厨房的设备条件和员工技术水平。如果不考虑企业的现有生产能力,而盲目设计菜单,即使设计得完美无缺,但企业无法生产出来,对于餐饮企业来说,这样的菜单是毫无意义的。同时,菜单上各类菜品的数量搭配要合理,以免造成某些设备过度使用,而另一些设备使用率过低甚至闲置或某些岗位厨师工作量过大而另一些厨师却空闲无事的现象。

二、菜单实施策略

菜单实施策略是指餐饮企业对实施某一菜单时间的长短与菜单内容更换频度的选择。餐饮企业进行菜单策划时,可考虑以下几种菜单实施策略。

（一）固定性菜单策略

固定性菜单策略就是保持菜单形式与内容相对固定,不常变换,这种菜单实施策略主要适用于一些顾客流动性很大的餐饮企业中,如肯德基、麦当劳等西式快餐厅。

1. 固定性菜单策略的优点

实施固定性菜单,其优点主要是易于进行餐饮生产的标准化管理,提高生产率,降低生产成本,具体来说,主要表现在以下几个方面。

（1）易于采购、保管标准化。由于菜单品种固定,便于对原料的购买、保管及领用制定标准的规格、价格和程序的管理,从而降低原料成本。

（2）易于烹调加工标准化。由于重复制作相同的产品,因此便于对菜品制定标准的规格,专业化核定标准成本。同时也便于进行专业化分工,进一步提高劳动生产率。

（3）便于产品质量标准化管理。由于采用标准化的烹调工艺和加工程序,使用标准规格的原料和设备,专业化分工生产,因而容易得到质量稳定的标准化的产品,有利于产品质量控制。

（4）由于菜单固定不变,菜单本身的设计编排和印制费用也相对较低。

2. 固定性菜单策略的缺点

当然,固定性菜单策略,也有一定的缺点,主要表现为以下几个方面:

（1）由于菜单长期固定不变,久而久之可能会使顾客产生"厌倦"感,最终影响产品的销售。

（2）菜单灵活性小,既不能随季节变化改变品种,也很难随原料价格波动而及时变换品种或菜品价格;同时,亦很难迅速适应市场需求的变化。

（3）由于采用标准化的烹调工艺和加工程序,使用标准化生产设备与用具,因

此进行新产品开发的空间相对狭小。

（二）循环性菜单策略

循环性菜单策略就是餐饮企业准备几套菜单循环使用。常见的循环周期为1周，即1周后再从第一套菜单开始循环使用。也有些餐厅根据不同季节准备四套菜单，以解决不同季节原料的供应问题。

1. 循环性菜单的优点

实施循环性菜单的优点主要有以下两方面：

（1）尽管采用几套循环使用，其品种还是相对固定，因此也较便于进行餐饮生产的标准化管理。

（2）由于菜单有变化，不易引起顾客对菜单的厌倦感，也不易使员工对工作产生单调感。

2. 循环性菜单策略的缺点

实施循环性菜单的缺点主要有以下几方面：

（1）同固定性菜单相比，虽然具有一定的灵活性，但仍然难以迅速根据市场需求的变化，对菜单做出相应的调整。

（2）库存原料品种相对较多。

（3）循环过程中的剩余原料不好处理。

（4）菜单编排与印制成本较高。

（三）即时性菜单策略

即时性菜单策略就是餐饮企业根据某一较短时间内原料的供应情况的变化和生产能力来制定菜单。其特点是菜单菜品不固定，菜单使用时间短或天天更换。实施即时性菜单策略的优缺点正好与固定性菜单策略相反。

1. 即时性菜单策略的优点

其优点主要有以下几方面：

（1）灵活性强，能迅速适应市场需求的变化，并根据季节及原料供应情况的变化及时对菜单菜品与价格进行调整。

（2）减少工作单调感，有助于调动员工积极性，从而充分发挥其工作潜力与创造力，为企业开发出较多的新菜品。

（3）菜单更换快，易保持对顾客的吸引力。

2. 即时性菜单策略的缺点

其缺点也是显而易见的：菜单变化快，菜品变化大，不利于原料采保、餐饮生产及质量控制的标准化管理。管理相对困难，菜单的设计编排与印制费用较高。

以上三种基本的菜单实施策略各有利弊，在实务中各餐饮企业应根据企业自身特点和市场情况，对这几种菜单策略进行综合考虑，以适应市场需求的变化。

第三节 菜单制作

一、菜单内容

菜单内容千差万别,各具特色,但总的说来,菜单应向顾客传递以下几类信息。

(一)产品与价格信息

1.菜品信息准确

(1)品名真实。菜品名字应该好听,容易被客人理解接受,不能模糊或离奇。

(2)质量真实。原料产地、等级、品质、新鲜度、分量必须真实。

(3)价格真实。必须注明计价单位和货币种类,以份为计价单位的,应分别注明大、中、小份的价格;以重量为计价单位的,应注明原料或成品重量的单价。如果餐厅加收服务费,也必须在菜单上说明,价格若有变动,则必须改动菜单。

(4)保证菜品供应。

2.菜品介绍

菜品文字介绍注意用词准确,语言精练,避免冗长、夸张的字句。菜品介绍的内容主要有下面几个方面。

(1)配料及特殊调味汁。对一些高档菜品或成菜后需跟配特殊调味汁一起上桌的菜品,菜单应注明调味汁名称或特殊调料的名称。

(2)菜品烹调方法与服务方式。一般是对某些具有独特烹调方法和服务方式的菜品加以介绍,而一般的普通菜品则不需介绍。

(3)对于涉外餐厅酒楼,菜单应有相应的译文说明。

3.图片

对于餐厅特别推荐菜品或餐厅品牌菜品可用图片配合文字进行介绍。

(二)机构信息

机构信息一般包括:餐厅名字、企业名称、标志或商标记号、餐厅地址、联系电话或预订电话、营业时间。营业时间一般列在菜单封面或封底。如果每餐之间有间隙,应注明每餐营业时间。有些餐厅因原料供应等原因,特别注明某些菜品只在某一特定时段供应。此外,还可以包括餐厅的发展历史、规模与特点等。餐厅要让顾客更多地了解自己的特色,菜单是较好的推销途径。

(三)其他特殊信息

其他特殊信息包括特殊推销信息和财务信息。

特殊推销信息主要向顾客介绍餐厅的销售优惠政策,如折扣、赠送礼品及其他销售优惠。财务信息主要是指付款方式。

二、菜单总体布局

总的说来,菜单的内容一般按就餐顺序排列布局,因为顾客一般也习惯于按就餐顺序进行点菜。中式菜单的排列顺序一般是冷菜、热炒、汤、主食、饮料、水果。西式菜单的顺序一般是开胃品、汤、沙律、主菜、面包类、甜品、饮品、水果。菜单形式一般分为单页菜单、双页菜单、三页菜单。菜单上不同部位对人们目光的吸引力不同,应将餐厅的特色菜、品牌菜、高档菜或餐厅最希望销售的菜品列在菜单上最引人注目的重点销售区。

(一)单页菜单

单页菜单的重点推销区是菜单中线以上部分,如图 5 - 1 所示(阴影部分为重点推销区)。

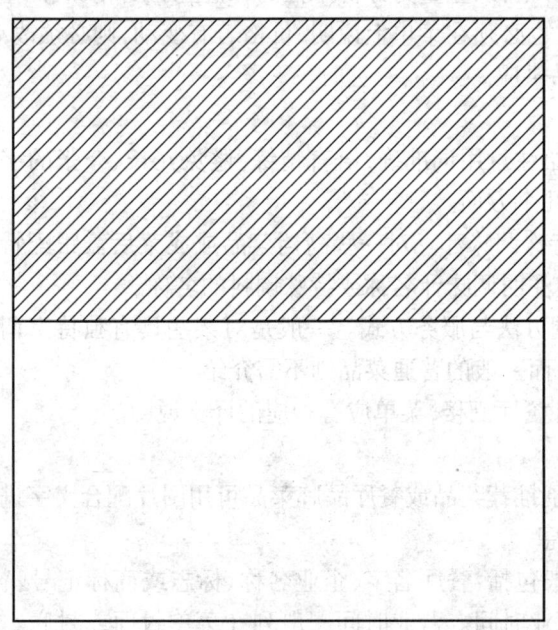

图 5 - 1　单页菜单

(二)双页菜单

双页菜单的重点推销区是菜单右上角三角形区域,如图 5 - 2 所示。

(三)三页菜单

三页菜单的重点销售区是菜单正中部分,根据研究表明,人们对正中部分的注意程度是对其他部分的 7 倍。人们翻开三页菜单首先注意其正中位置,然后移到右上角,接着移向左上角,再到左下角之后回到正中,再到右下角,最后回到正中及中上方,如图 5 - 3 所示。因此中页的中部是最显眼之处,应列上餐厅最希望推销的菜品。

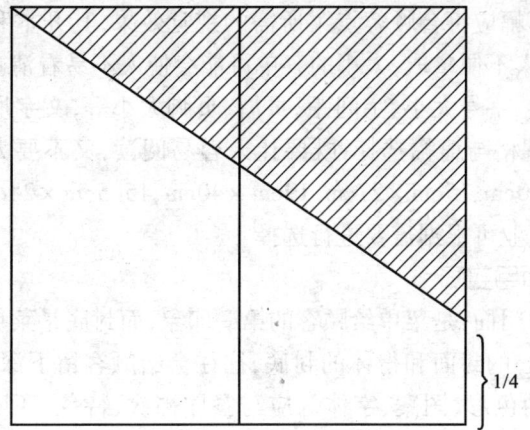

1/4

图 5 - 2　双页菜单

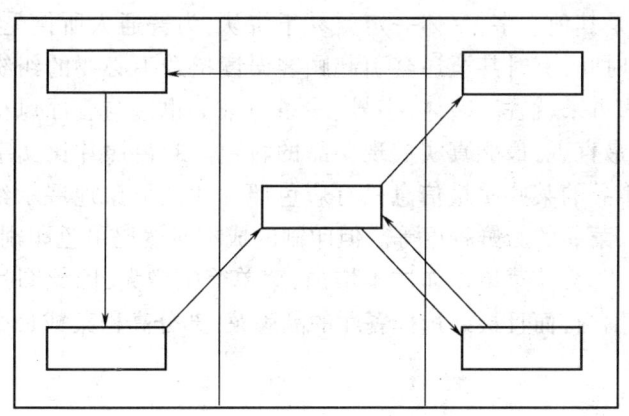

图 5 - 3　三页菜单

（四）多页菜单

多页菜单的第一页和最后一页一般给人的印象较深,经过调查,顾客一般总能记住同类产品的第一个和最后一个。

三、菜单艺术设计

菜单的艺术设计对于餐厅经营来说非常重要。因为一份设计精美的菜单本身对顾客就有非常大的吸引力。菜单的大小、色彩、重量、纸张质感、清洁度等都能给顾客强烈的印象。因此要想制作一份精美的菜单,应聘请艺术设计师专门制作。当然在设计制作菜单时,餐饮经营管理者应注意以下几方面的内容:

（一）菜单规格与篇幅

菜单规格和篇幅应符合顾客点菜所需的视觉效果，其开本和页数的选择要慎重，太大的菜单客人不便拿取，太小的菜单可能会使人不易看清。决定菜单大小的因素包括菜品数量、字号大小、字间距、页眉、页脚大小等，文字所占篇幅一般不要超过50%。菜单规格与篇幅选择，既要让人容易阅读，又不要太冗长。菜单常见的开本为23cm×30cm，15cm×27cm，19cm×40cm，15.5cm×24cm，16.5cm×25cm等。具体规格各企业可根据需要进行选择。

（二）菜单封面与封底

封面是菜单的门面，是菜单给顾客的第一印象，而封底是菜单留给客人的最后一个印象，独具匠心的封面和得体的封底，往往会给顾客留下深刻而美好的记忆。菜单封面与封底的色彩、图案、字体等应与餐厅档次、特色、环境色调相匹配和协调。封面与封底可用防油防水材料压膜覆盖，以防止水油的浸染，同时便于清洁。

（三）字体与图片选择

文字和图片是菜单上最基本、最主要的沟通餐厅与顾客的信息媒介。无论是中文汉字还是其他文字，字体一定要易于辨认，为普通人所接受，否则不仅会拖延顾客点菜时间，有时甚至还会引起顾客误读招致不必要的纠纷或令顾客十会尴尬，而不愿再来就餐。字体、字号、线条粗细等也应与餐厅风格相适应。图片传递的信息最直观，最能真实展现菜品的特色。彩色照片比文字具有更强的说服力，而且菜品的某些质量信息只有彩色照片才能形象地展示给顾客。如某些饮品的颜色、菜品的新鲜程度等。但印刷的成本显然比单色印刷高了许多，而且大量使用图片，会使菜单制作成本增加，菜单篇幅增大，因此图片的数量要控制在一定的范围内，而且最好选择餐厅的品牌菜、部分高档菜或最受欢迎的菜品配上图片。

（四）纸张选择

用于印制菜单的纸张有多种类型，其价格、质量各不相同。如覆膜铜版纸等特种纸张价格较高，而胶版纸等纸张价格相对较低，到底采用哪种纸张来印制菜单，企业应根据以下几个因素来决定。

1. 菜单使用方法

如果是一次性菜单或每日更换的菜单，则可考虑使用一些较薄型纸张以降低费用。如果是长期反复使用的菜单，则需要用质量较好的纸张，且要求采用一些措施使菜单能防止水油浸染，且便于清洁。

2. 餐饮企业档次与纸张费用

纸张等级有时反映出餐厅档次的高低。有些高档饭馆、餐厅即使是印制一次性使用的菜单，也选用较高级的花纹纸和薄型纸。纸张的成本一般控制在菜单整体设计印刷费用的1/3以内。

3. 印刷效果

在选择纸张时,还要考虑诸如纸张强度、柔韧性、光洁度、油墨及附着性等技术问题,以保证印制效果达到菜单设计的需求。

（五）印制商的选择

由于菜单印制质量的好坏直接影响到菜单对顾客的吸引力,应选择那些信誉好、质量高的印制商,同时还要在印制价格上做比较,在保证印制质量的前提下,进一步降低印制费用。

四、菜单设计时应注意的问题

（一）菜单内容与形式方面的问题

菜单的内容与形式决定了顾客对菜单的看法,如果菜单设计精美,品种丰富而且有特色,则很可能会引起顾客的兴趣与食欲,从而做出购买决定。在实务中,一些餐饮企业常因菜单内容和形式出现以下几类问题而使销售受到很大影响。

1. 文字方面的问题

菜单是用来沟通的工具,因此应非常重视文字的使用。文字方面的问题主要有:字体、字号选择不当,语法错误与错别字,译文不准确,菜名令人费解,原料与烹调方法称呼不规范,菜单上列出的品种无法供应等。

2. 结构方面的缺陷

由于许多大型餐饮企业经营范围较广,有多个目标市场,但其菜单上的菜品并不能满足所有目标市场的需求,如无儿童菜单。由于许多客人会带小孩外出就餐,儿童在就餐方面有一些特殊的需要,因此餐厅应考虑在菜单上增加针对儿童设计的菜品,使菜单结构更趋于合理。

3. 酒水单的缺陷

酒水单的缺陷主要表现在该单独配备酒水单的餐厅没有酒水单;酒水单品种配备与菜单菜品不协调、不平衡,如以牛排为主的西餐厅应多配红葡萄酒,海鲜馆应多配白葡萄酒;酒水定价不合理等。

4. 菜单本身的问题

菜单本身的问题主要包括菜单尺寸大小不适宜,菜单印刷模糊等问题。

5. 菜品实物与图片不符

一些餐厅运用夸张手法和艺术加工,将菜品图片印制得十分精美,让客人对菜品产生较高期望值,结果菜品实物并不像照片一样漂亮,使客人有被愚弄或欺骗的感觉。

（二）菜单执行方面的问题

在具体执行菜单时,会产生许多问题,如果不注意或考虑不周,也会引起客人不满与投诉,从而影响餐厅的经营。

1. 涂改菜单

当菜单内容需要变动时,有些餐厅为了省事,常以手写涂改菜单,使人觉得不够职业标准。菜单形象极为重要,随意涂写,还会使人感到餐厅不够严谨稳重,从而引发对菜品质量稳定性的怀疑。

2. 口头推销过多或过少

一种情况是服务员向客人过多地推销菜单的品种,使客人无法专心看菜单,而且介绍过多,客人也记不住,因此向顾客推销特色菜品,最多介绍2~3个品种就可以了;另一种情况相反,服务员将菜单递给客人后就不再进一步介绍了,让不熟悉菜单的客人花太多时间去阅读菜单。所以在进行菜单推销时,服务员应把握介绍的分寸与尺度。

3. 菜品份额与价格不相符

一些餐厅提供的菜品份额很小,但价格却很高,这样做也许能获得短期的利润,但是最终顾客会觉得并非物有所值而不再光顾。

4. 菜单更换频繁

如果餐厅菜单更换过于频繁,会使顾客不知道到底在该餐厅能吃到什么菜,不利于吸引老顾客,同时也让客人感觉不到餐厅的特色到底是什么。

5. 菜单肮脏破旧

一些餐厅疏于菜单日常管理,顾客见到的菜单大多是沾有各种污渍、残缺不全或页面破烂卷皱,使客人联想到厨房及菜品的卫生状况,从而失去食欲。

6. 无特色菜品或品牌菜品

一些餐厅的菜单品种十分丰富,但缺乏特色菜品或品牌菜品的推介,结果削弱了菜单的推销功能,不利于突出餐厅特色。

总之,餐厅在设计菜单时,应注意以上这些问题,并在执行过程中不断完善,餐饮经营管理者应注意,有时候菜单上一点小小的失误,可能会造成较严重的后果,因此应时刻注意菜单的实施情况,做好菜单管理工作。

第四节　菜单工程

菜单工程(Menu Engineering,即ME)也称菜单分析与调整,是指餐饮企业开业后对菜单的执行情况以及菜单上各类型菜品的销售情况进行调查,分析顾客对菜单的接受程度以及菜品受欢迎程度,并据此对菜单品种价格、顺序编排、生产工艺、服务程序等进行适当调整,以保证经营活动的顺利进行。菜单分析与调整是菜单管理中的一个十分重要的环节和方法,它对于编制餐饮生产计划、进行餐饮经营决策有着重要的意义。

一、菜单分析与调整的指标

在进行菜单分析时,企业可用顾客欢迎指数和销售额指数两个指标来分析菜品的受欢迎程度,即畅销程度和菜品的赢利能力。顾客欢迎指数表示顾客对某个菜品或某类菜品的相对喜欢程度,以顾客对各种菜品购买的相对数量表示,其具体计算方法是将某个菜品或某类菜品的销售份数百分比除以各个(类)菜品的应售百分比,公式如下:

顾客欢迎指数 = 某个(类)菜品销售份数百分比/各个(类)菜品应售百分比

各菜品应售百分比 = 100%/被分析菜品(种类)数

销售额指数表示某个(类)菜品获利能力的相对大小,其计算方法同顾客欢迎指数类似,公式如下:

销售额指数 = 某个(类)菜品销售百分比/各个(类)菜品应售百分比

需要说明的是,无论被分析的菜品项目有多少,任何一类菜品的平均欢迎指数均为1,超过1说明菜品的赢利能力强,超过得越多,赢利能力越强,属于高利润菜品。

二、菜单分析与调整的要求

菜单分析为菜单更换、新品种开发、生产计划提供十分重要的信息。在计算两个菜单分析指标并利用其进行菜单分析时,应注意以下几点:

第一,菜单品种应分类进行分析。由于人们每餐食量有限,因此不同种类的菜品之间会存在一定的竞争性,如人们在同一餐厅享用了 2～3 道不同种类的菜品后,就无法再消费其他更多种类的菜品了,但竞争最明显的往往是同一种类菜品中的几个菜品,在同类菜品中,某个菜品的畅销常会降低其他菜品的期望销量,因为从饮食习惯和营养搭配的角度来看,同一顾客一般不会在同一餐厅同一进餐时间既点红烧鳜鱼,又点清蒸鳜鱼。因此菜单分析应按品种划分不同类别,在同一类别中对直接竞争的菜品进行分析,但在分类时可按不同标准进行分类。

第二,菜品销售的数据应取一段时间的累计值或平均值。在计算顾客欢迎指数和销售额指数时,不能只取一两天的数据,而要取较长一段时间的累计值或平均值,否则不具有代表性,不能说明问题。

第三,必须做好销售原始记录的管理汇总工作,确保数据的准确性。

三、菜单分析与调整的方法

(一)ABC 分析法

菜单 ABC 分析法是借用管理学中的一种分析方法,对菜单品目、销售额进行的分析。它根据每种菜肴销售额的多少,将它们划分为 A,B,C 三组。

A 组:是现在的主力菜肴,也可称为"重点菜肴"。

B组:可能过去是重点菜肴或者是未来的重点菜肴,也可称为"调节菜肴"。

C组:销售额低的菜肴,一般包括滞销的菜肴、新开发尚未打开销路的菜肴。这一部分菜肴为裁减菜肴。

ABC分析法的步骤:

首先,统计每月每种菜肴的销售份数,乘以单价,计算出每种菜肴的总销售额。

$$每种菜肴总销售额 = 每种菜肴销售份数 × 单价$$

其次,计算每种菜肴的销售额在餐厅菜肴总销售额中所占的百分比。

$$每种菜肴销售额构成比 = 该菜肴的总销售额 ÷ 本次统计所有菜肴的总销售额 × 100\%$$

再次,按百分比大小,由高到低排列序号。

最后,按序列求出累计百分比,并按照上面所述的比例得出A,B,C三组菜肴。

通过使用ABC分析法分析菜单,可以确定未来销售中应当加强推销的菜肴以及应当裁减的菜肴;可以调整厨房烹调作业使之更加合理化;研究如何开发新菜肴。

实例介绍:

天都酒店中餐厅,根据统计资料对菜单进行ABC分析,见表5-1。

表5-1

存号	品名	单位	销售份数	总销售额（元）	销售额构成比	序列号	累计百分比	分类
a	天都小炒	13.00	200	2 600	4.07%	8	95.37%	
b	滑炒肉丝	12.50	1 100	13 750	21.51%	1	21.51%	
c	软炸里脊	13.50	910	12 285	19.22%	2	40.73%	
d	盐水笨鸡	16.00	50	800	1.24%	10	99.02%	
e	叫花鸡	22.00	70	1 540	2.41%	9	97.78%	
f	麻婆豆腐	12.00	400	4 800	7.51%	5	77.96%	
g	野味素烧	12.50	800	10 000	15.64%	3	56.37%	
h	葱烧海螺	12.00	360	4 320	6.77%	6	84.73%	
i	干煎黄鱼	18.00	500	9 000	14.08%	4	70.45%	
j	绣球金鱼	21.00	30	630	0.98%	11	100.00%	
k	清炒虾仁	20.00	210	4 200	6.57%	7	91.30%	
				63 925				

分析:

从表5-1中数据计算得出:b,c,g属于主力菜肴为A组;i,f,h属于可调节菜肴为B组;k,a,e,d,j属于裁减菜肴为C组。

参考以前资料,密切注意可调节菜肴的发展趋势,对于处于上升趋势的菜肴应加强推销,为替补 A 组菜肴做好准备。除了招牌菜肴外,对 C 组中由于季节、味道、颜色、营养搭配、价格等因素作用,对销路不畅的菜肴应果断淘汰,并对客人需求状况进行充分研究,开发新的菜肴品种,对于尚处在 C 组中的新开发菜肴也应加强推销宣传,加速客人对它的认识和喜爱。

（二）ME 分析法

ME 分析法(Menu Engineering)是根据客人对菜肴的喜好程度和菜肴赢利程度进行分析的一种方法。对于同类菜肴的分析适合运用这类分析法。最受竞争影响的是同类菜肴中的几个不同菜品,往往同类菜肴中的一种菜品的畅销会夺走其他菜品的销售额。所以在分析菜单时,先要将菜单的菜品按不同类别划分处理,对直接竞争的同类菜品进行分析。

顾客欢迎指数与销售额指数可以说明菜品的畅销程度和赢利能力,因此可以根据计算结果将被分析的菜品分为四类:畅销高利润菜品、畅销低利润菜品、不畅销高利润菜品和不畅销低利润菜品,并对每一类菜品进行相应的决策。

ME 分析法的步骤:

首先,菜单分析的原始数据整理。可采自于订菜单,汇总各种菜肴的销售份数和价格,计算出顾客欢迎指数和销售额指数。

其次,顾客欢迎指数,表示顾客对某种菜肴的喜欢程度,以顾客对某种菜肴购买的相对数量来表示。顾客欢迎指数的计算是将某类菜肴销售百分比除以每份菜肴应售百分比。

再次,销售额指数,表示某菜肴的销售额占总销售额的份额。销售额指数的计算是将某类菜肴销售额百分比除以每份菜肴应销售额百分比。

最后,不管被分析的菜品项目有多少,任何一类菜肴的平均欢迎指数为1,超过 1 的指数说明是顾客喜欢的菜,超过的越多越受欢迎,我们把顾客欢迎指数高的菜肴定为畅销菜肴。同时我们还要进行菜肴赢利分析,且价格高、销售指数大的菜肴分析为高利润菜肴(见图 5 - 4)。

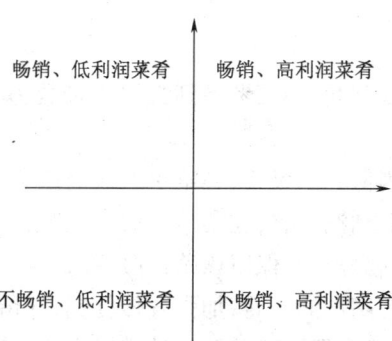

图 5 - 4　菜肴分析图(横坐标为销售指数;纵坐标为欢迎指数)

对于畅销高利润的菜品要予以保留,因为它能为餐饮企业带来高额利润,同时又受到顾客欢迎。对于畅销低利润的菜品,各餐饮企业应根据本餐厅档次、目标市场需求、市场竞争等情况采用多种策略。例如:对部分品种予以保留,以吸引顾客;对另一些有开发潜力的品种集中技术力量进行创新,使其成为畅销高利润菜品;对少部分品种则予以淘汰。

对于不畅销高利润的菜品也应根据不同情况分别对待。如某些不太畅销但其价格能体现餐厅档次、满足部分愿意支付高价的客人的菜品可予以保留;但那些在较长时间内销售量都很小,且销量是下降趋势的菜品,会使菜单失去吸引力,因而应予以取消。

不畅销低利润的菜品一般应予以取消。但有时餐饮企业对部分在营养平衡、风味平衡和价格平衡有一定意义的品种在一定时期内也予以保留。

实例介绍

某西餐厅菜单上的汤类有五种,菜品的销售份数、顾客欢迎指数和销售指数如表 5-2 所示:

表 5-2

菜单	销售份数	销售数百分比	顾客欢迎指数	价格	销售额	销售额百分比	销售额指数
法式洋葱汤	60	26%	1.3	¥5	¥300	16.1%	0.8
新鲜蔬菜汤	30	13%	0.65	¥4	¥120	6.5%	0.3
牛尾清汤	20	9%	0.45	¥8	¥160	8.6%	0.4
奶油鸡汤	80	35%	1.75	¥10	¥800	4.3%	2.2
酸辣牛肉汤	40	17%	0.85	¥12	¥480	25.8%	1.3
总计/平均值	230	20%	1		1 860	20%	1

实例分析

通过计算可以得出:

法式洋葱汤为畅销低利润菜肴,考虑到其销售指数为 0.8,可起到薄利多销的作用,可保留。

新鲜蔬菜汤为不畅销低利润菜肴,在菜单上取消该菜,或设计开发新菜品。

牛尾清汤为不畅销低利润菜肴,在菜单上取消该菜,或设计开发新菜品。

奶油鸡汤为畅销高利润菜肴,保留该菜,并加强宣传。

酸辣牛肉汤为不畅销高利润菜肴,加强宣传促销,保留该菜。

需要说明的是,这里只介绍了菜单分析的基本方法和策略,在实务中还应综合考虑其他因素才最终对菜单品种作出决策。同时畅销与不畅销、高利润与低利润只是相对而言的,因为随着市场需求、服务质量、竞争状况、原料供应等因素的改变,畅销与不畅销、高利润与低利润是很可能发生变化的。因此,菜单分析应定期进行并综合考虑其他相关因素进行菜单调整的决策。

 **章后案例**

菜单上没有这道羹

崔经理请几位教授到北京某星级宾馆的中餐厅用餐。服务小姐很有礼貌地把他们请到餐桌前入座后,便开始请他们点菜。老朋友见面聊个没完,崔经理接过菜单看了一眼,便把它递给旁边的孙教授请他点。孙教授对一些菜名不太熟,就边听服务员讲解,边点菜。

点了几个中高档的菜后,孙教授又对小姐说:"我们年纪都大了,很想要一些清淡的汤菜,像粟米羹之类的东西。"

"我们这里今天没有粟米羹,但有燕窝鱼翅羹,这是我们的特色羹汤。"小姐不失时机地推荐道。但菜单上没有这道羹。

此时,崔经理正在和其他人谈话,孙教授见菜单上没有这道羹汤,以为价钱不贵,就点了点头:"请给我们 10 个人每人要一碗吧。"

过了一会儿,酒水和菜就上桌了。大家边聊边吃,非常高兴。席间服务小姐给每人端上一小罐羹汤,并告诉大家这是"燕窝鱼翅羹",当时大家并没有在意,就用小汤匙喝了起来。孙教授几口就把羹汤喝光了,嘴里还嚷嚷着:"好喝,味道很鲜,只是有点像粉丝汤。"结账时,小姐告诉崔经理,餐费共 6 000 多元人民币。大家一听都傻了眼,以为自己听错了。

"我们实在没有要很多菜呀!"崔经理忙让服务员把账单拿过来,一看"燕窝鱼翅羹"一项就记录着近 5 000 元。

"小姐,这羹多少钱一碗?"孙教授忙问道。

"498 元。"小姐回答道。

"你在介绍时,怎么不告诉我价钱呢?"孙教授有些张口结舌了。

小姐微笑着默默无语。

崔经理安慰大家说,他既然请客就要让大家高兴。他告诉收款员身上只带了 3 000 多元现金,还有几百元港币,其他的欠款第二天一定送来。但餐厅不同意赊账,大家见状都翻兜找包,帮他凑钱,可巧没人带很多钱出来,钱仍凑不足。最后,餐厅终于同意崔经理留下身份证明天再来交钱。

讨论题:

1. 菜单该如何设计与管理?

2.本案例给了你什么启示？

**复习思考题**

1.解释下列概念：

菜单　零点菜单　套菜菜单　宴席菜单　特种菜单　菜单策划　固定性菜单策略　循环性菜单策略　即时性菜单策略　菜单工程　ABC分析法　ME分析法

2.菜单在餐饮企业经营管理中有什么作用？

3.宴席菜单同其他菜单相比有什么特点？

4.菜单策划的基本原则是什么？

5.实施固定性菜单,循环性菜单及即时性菜单各有什么利弊？

6.如何对菜单进行分析与调整？

7.菜单应向顾客传递哪些基本信息？

8.结合实际,搜集有关资料和信息,分别为以下几类餐饮企业制作一份中英文对照的菜单：

(1)一家中式海鲜风味餐厅。

(2)某五星级酒店的西餐扒房。

(3)某中式连锁快餐厅。

(4)某大型合资企业的食堂。

餐饮原料管理

【引例】

原料采购技巧

北京湘君府行政总厨兼副总经理平健有着丰富的包厨经验,他谈的采购技巧实际而得用,值得借鉴。海鲜类的进货方式大致类似,底限价格也是由调查组从市场上调查得来,供货商所给的价格如果高于这个价格,那么免谈。在通过招标会选定供货商后,酒店会与之签订5年左右的合同。但海鲜不同于其他货物,不光夏天与冬天价格会天差地别,就算是一个月之内价格也会有很大波动。针对海鲜产品,调查组每个月要开2~3次的定价会,会后将新调查价格通知供货商,按此执行。

蔬菜类的采购归采购部直接负责,采购员采买回来的货,如果超过调查组所定的平均价格,这部分钱由采购员个人承担;如果菜类验收不合格的话,或者采购员去换掉,或者就按次等品的价格来给采购员报销。而次品的报销价格是非常低的,会让采购员赔得很惨,以后就再也不敢玩猫腻了。谁要想弄出点猫腻,就必须将这种监督机制的整个链条都搞定,只要其中一个环节没"关照"好,就必定要出问题。这种采购网络的互相监督方式,使得每个人都无机可乘。

第一节 餐饮原料采购管理

原料采购管理是餐饮原料管理的首要环节,是保质保量完成生产任务和控制餐饮原料成本的前提。原料采购管理的目的是保证为生产部门提供的原料符合生产需要、质量优良、数量适当、价格合理。

一、餐饮原料采购质量控制

要生产出质量稳定的菜品,必须使用质量稳定、规格标准的原料。原料采购质量控制就是使原料的新鲜度、成熟度、纯度、质地、颜色等各种指标在满足生产需要的前提下达到质量的最优化。对采购原料进行质量和规格控制、保证采购产品达到理想标准的最常用手段就是利用采购规格表。

（一）采购规格表

采购规格表是根据菜单或酒单的要求,以表格形式对要采购的餐饮原料的种类、等级、大小、重量、份额和包装等方面作出的详细明确的规定说明,采购规格表由餐饮部门和采购部门共同制定,一经形成标准将作为每次原料采购的依据。管理人员应对经常使用的尤其是单价比较高的贵重原料制定采购规格表。

采购规格表一般根据原材料的特性有选择地列出以下项目:原料的名称、用途、产地、等级、部位、色泽与外观、报价单位、容器及容器中的单位数或单位大小、重量范围、最小或最大切除量、加工类型和包装、成熟程度、交货时间要求、防止误解所需的其他信息。采购规格表如表6-1所示。

表6-1 采购规格表

原料名称					
产地		规格		比重	
品种		商标		等级	
净料率		包装		稠密度	
类型		份额大小			
原料用途说明:					

采购规格表对原料采购质量控制有很大的作用,表现在:

（1）可促使管理人员根据菜单预先确定各种原料的质量要求,使菜品原料的采购质量有保证,避免因采购质量不稳定而引起菜品成品质量的不稳定。

（2）可避免采购员与供货商之间对原料质量发生分歧和矛盾。

（3）可避免每次对供应单位提出各种原料的质量要求,以减少工作量,提高工作效率。

（4）将采购规格表分送几个供货商可招标选择最低价格。

（5）可作为验收的质量标准。

（二）采购规格表的编制

采购规格表是根据菜单提供的菜品要求编制的。在日常的经营活动中,餐饮部往往要使用成百上千种原材料,当然不可能对餐饮食品生产加工所需要的所有原料都制定采购规格标准,而主要是针对某些主要的食品原料和价格昂贵的食品原料。

在编制采购规格表时,还要考虑一些因素,如企业的档次和类型、客人对原材料的要求、现行的行业标准、现有设备对原材料的加工能力、市场环境与原材料的可得性等。采购规格表的文字表述要科学、准确、简练;品质和规格指标的选择要抓住重点,分清主次;内容要便于操作。

使用固定菜单的餐厅,在一段时间内其产品相对稳定,原材料的采购规格也相对稳定。如果菜单变化或市场条件发生变化,采购规格表就应部分调整、修改或重新制定。

二、原料采购数量控制

原料采购数量会直接影响到储存成本和生产的连续性,采购数量过高,储存成本会增加,采购数量过低,会导致生产中断,同时,原料采购数量关系到采购价格的高低和资金周转的快慢,因此原料采购数量应避免出现过多积压和过少脱销的两个极端,制定出合理的采购数量。

原料采购数量取决于日销量、储存条件、原料供应情况、采购距离远近和供应商的供应能力等多种因素。原料采购数量控制就是能根据不同的原料采用不同的采购方法。餐饮原料可分为易腐性原料和非易腐性原料。对这两类原料的采购数量应区别对待。

（一）易腐性原料的采购数量

易腐性原料一般为新鲜原料如鲜肉类、鲜禽类、水产海鲜类、鲜菜类、鲜果类、鲜蛋类和奶制品类等,这类原料必须遵循先消耗再进货的原则,因此,要确定某种原材料的当次采购量,必须先掌握该原材料的现有库存量,并根据营业预测,决定下一营业周期所需要的原材料数量,然后计算出应采购的数量。在实际操作中,可以选用以下的方法:

1. 现购法

现购法适用于采购消耗量变化大,有效保存期较短因而必须经常采购的鲜活原材料,如鲜肉类、鲜禽类、水产海鲜类。这种易腐性食品原料的性质决定了对其采购批量小、频数大,一般每天进货,进货验收后直接供给厨房。每次采购的数量

用公式表示为:

$$需购量 = 需用量 - 现存量$$

需用量是指在进货间隔期内对某种原材料的应备量。它要根据客情预测,由厨师长或餐饮部经理决定。

现存量是指某种原材料的库存数量,它通过实地盘存加以确定。为了方便采购,采购员应将每日要采购的鲜活原料编制成采购清单。采购清单上要列出原料的名称和规格、应备用量、现存量、需采购量等,同时还要加上供货商的报价、实际采购量和实际价格。

原料采购清单的使用,可节省厨师长和采购员的工作量,他们不需要每日填写需采购原料的品名,同时还能帮助控制采购数量和采购价格。原料采购清单和标准采购规格联用,能使采购数量、质量和价格标准化,能在一定程度上限制供货商与采购员相互勾结的舞弊行为。采购清单上要留一些空格,以填写需采购的特殊原料,并留出实际采购数量和实际价格,以便与采购标准作比较,以利于进行控制。

2. 长期订货法

在新鲜类食品原材料中,如鲜果类、鲜蛋类和奶制品类等,其消耗量大,所需数量也较稳定,没有必要每天填写采购单,适宜采用长期订货法。这种方法是与供货商签订采购书面合同或口头协议,由供货商按约定每隔一定天数供应固定数量的食品原料。

长期订货法还可用于价值低、耗量大、占地大、需天天补充的其他原料和用品,如餐巾纸、啤酒等。这些物品如大量储存,会占用很大的仓库面积,不如由供货商定期送货来得更有效率。

(二)非易腐性原料的采购数量

非易腐性原料一般为干货原材料如粮食、香料、调味品和罐头食品等和可冷冻储存的原料如各种肉类、水产品原料。非易腐性原料不易迅速变质,为减少工作量可一次采购较大数量储存起来。

非易腐性原料的采购数量一般有两种方法:定期采购法和订货点采购法。

1. 定期采购法

定期采购法是非易腐性食品原料经常采用的一种方法。一种采购周期固定不变,即采购间隔时间(一周、一旬、半月或一月等)不变,但每次采购数量任意的一种方法。管理人员可根据库房的储存面积、原料的可得性和流动资金多少确定同类原料(或向同一供货商)采购的间隔天数,再根据各项原料的预计日需要量算出各项原料的标准储存量。原料的标准储存量也是原料的最高储量,它主要根据原料的平均日需要量以及计划采购的间隔天数,再加上一定的保险系数而定。其计算公式为:

$$标准储存量 = 日需要量 \times 定期采购间隔天数 + 保险储存量$$

日需要量指该原料平均每日消耗量,一般根据以往的经验数据得出。保险储存量的多少视原材料的供应情况而定,一般饭店把保险储存量定为定购期内需用量的50%。

在确定标准储存量时还要考虑能用于库存物质的流动资金的多少、市场原料供应的充足程度、采购运输的方便程度等因素。

每到某种原料的订货日,管理员或采购员应对该原料的库存进行盘点,掌握原材料的存量与标准储存量的差额,计算出本次采购的数量,其计算公式为:

原料需购量 = 标准储存量 - 现存量 + 日需要量 × 发货天数

定期采购法的优越性是同类原料或同一供货商供应的原料,可定期在同一天采购,这样能减少采购次数和人工时。同时每项原料确定标准储存量后,原料不会过量储存,采购数量容易决策。还可减少采购员的工作量,使他们能将更多的精力用于采购易坏性原料。但这一方法也有缺点,有时,某些原料的实际用量大大超过预计数,采用定期采购法不易发现原料短缺。为避免这种缺陷,应配合第二种方法即订货点采购法的运用。

2. 经济订货批量法

经济订货批量法简称 EOQ 法。非易腐性食品原料和服务用品宜采用经济订货批量法。我们知道,采购费用随着采购次数的增多而增加;提高采购量虽然因数量折扣可获益,但占用流动资金多,库存费用则随着库存量的增加而提高。如何寻求恰当的订货批量使订货或采购费用与库存费用最少,可采用经济订货批量法。经济订货批量法的计算公式为:

$$Q = \sqrt{\frac{2KD}{Pm}}$$

式中:Q——经济订货批量;

　　K——平均每次采购费用;

　　D——年采购量;

　　P——原料订购单价;

　　m——年库存费用率。

使用经济订货批量法要求在库房中对每种原料建立库存卡。原料收到后必须在卡片上登记正确的数量、单价和金额。发出的原料也要随时登记。库房中还需要有一套检查制度,检查哪些原料已经达到或接近订货点储量,对这些已经达到订货点储量的原料发出采购通知和确定采购数量。

三、原料采购价格控制

原料采购价格的高低直接影响餐饮成本。原料采购价格控制的原则是以最低的价格购进最能满足生产需要的原料。因为只有在满足生产需要的前提下选择最低价才是有意义的,否则低价劣质的原料会严重影响饭店的服务质量和声誉。原料采购价格控制途径主要有以下几个方面:

(一)批量采购

批量采购可使供货商降低价格,这是降低采购成本的一个行之有效的途径,当然,批量采购要考虑到产品的销量、流动资金和贮存条件。当不影响采购质量的情况下,调整采购规格,如变大包装为小包装或变一等货为统货等,也可降低食品原料的采购成本。

批量采购一般应针对一些不易变质的原料,否则会因储存成本的上升或原料受损变质等因素导致饭店经营成本的上升。同时,批量采购又会占用大量资金,使这些资金不能用于其他能产生收益的地方。

(二)限价采购

限价采购是指对某些需要采购的原料,在保证其品质、规格的前提下,限定其购进价格。限价采购主要是针对价格波动大且又频繁的和价格较高的食品原料。限价品种一般是采购周期短的原料而且限价是有一定期限的,往往一周或十天后要根据市场价格波动情况再作出修正。

(三)厂家采购

对日常使用量大的原材料,应绕开不必要的供应环节,可能的话,最好直接到原材料的生产厂家进行采购。这样,虽然在人员、运输方面的花费会比较大,但价格能优惠,且原材料的新鲜度得到了充分保证。

(四)适时采购

市场上有些原料价格变动较大,通常应时原料刚上市时价格较高,随着上市量的增多,价格回落。当应时原料刚上市价格较高时,可按营业需要适量采购。当原料上市量增多价格回落时,如果能够确切掌握市场供求和价格信息,应根据经营需要和可能条件,适量批量采购,以备价格又升高时使用。

(五)长期采购

为了有效地控制采购的价格,保证原料的质量,餐饮企业可与供应商签订长期供货合同,以稳定供货渠道。这种定向采购一般在价格合理和保证质量的前提下进行。在定向采购时,供需双方要预先签订合同,以保障供货价格的稳定。

(六)集中采购

在采购某些不易变质的餐饮原料时,可以集团方式集中购买,然后再在内部实行分摊。这种方法适用于连锁经营的餐饮集团使用。

此外,还可以考虑竞价采购、现金采购和期货采购等多种方式。

四、原料采购工作程序

为了确保食品原料采购工作顺利进行,提高采购工作质量,采购部首先应该根据采购业务活动过程的规律,制定一个行之有效的工作程序,作为采购部业务活动必须遵守的依据和准则。

在实践中,采购部的业务活动首先是由餐饮部和仓库分别向采购部提交采购申请单。由于采购形式的不同,采购申请单的提交者也就不同。通常中、小餐厅的鲜活食品原料由后厨提出采购申请单;可储性食品原料由仓库提出采购申请单。采购部把接到的采购申请单汇总后,与供货商询盘洽谈订购。采购部根据与供货商的洽谈约定填制订购单,同时给验收人员一份以备验收入库。对于由供货商送货上门的食品原料,验收人员根据订购单验收合格后,仓库登记入库;对于由采购部自行提货的食品原料,由提货人在提货现场对食品原料验收,并与食品原料交付者办理交付和接收手续,待食品原料运回后再由验收人员复验,仓库登记入库。验收人员验收的鲜活食品原料,应及时通知后厨,通过申领手续直接发料。验收人员验收后,应将自己填制的验收单和签字后的发货票连同订购单交于采购部,再由采购部转至财务部,经财务部审核无误后支付货款。

综上所述,采购业务活动程序可概括为:提出采购申请单、汇总采购申请单、洽谈订购、交付与接收、验收入库、付款等。其程序如图 6-1 所示。

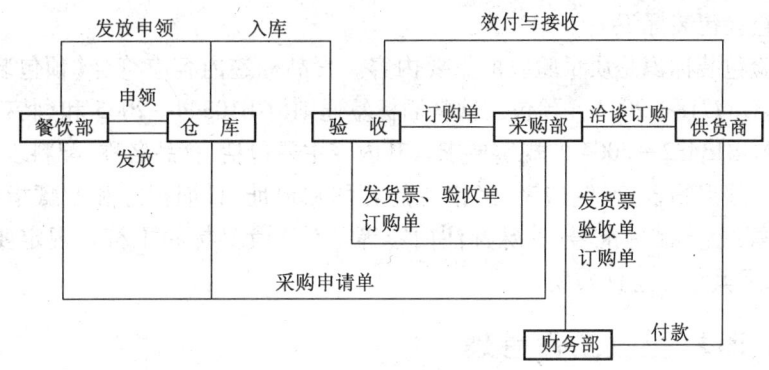

图 6-1 餐饮原料采购程序

第二节 餐饮原料验收管理

餐饮原料验收管理是指根据饭店或餐饮部制定的原料验收程序和原料质量标准,检验供应商发送的或由采购员购买的原料的质量、数量、单价和总额,将检验合格的各种原料送到仓库或厨房,并记录检验结果的过程。

一、原料验收内容管理

（一）品种验收

对采购来的食品原料验收，首先要进行的是品种验收，确认采购的食品原料的品种。由于食品原料种类繁多，有些食品原料的品种也不是验收人员都能够准确加以识别的，对有异议或辨认不清的应请有经验的厨师帮助识别验收。

（二）数量验收

食品原料有大包装（运输包装）的，首先应大数点清，其办法是：一是逐件点数记总或用计算器记总；二是集中堆码点数。在大数点收的同时，还要对大包装进行仔细验看，检查是否有破损、渗漏等异状。大数点清后再根据包装标注的个数、重量、容量等对大包装内的数量进行计量，最后验清每个品种的总量。

（三）质量验收

1.查验包装

包装是否完好，有时不仅影响数量的减量，甚至影响质量的变化，所以，查验包装是验收工作的重要环节。有些食品包装及包装材料异常，待入库后将可能对库存食品产生影响。发现包装异常验收后应予更换。

2.查验包装标识

查验包装标识是质量验收的重要内容。食品标签内容应符合《预包装食品标签通则》GB7718—2004、《预包装饮料酒标签通则》GB10344—2005 和《特殊营养食品标签》GB13432—2004 的规定要求。其内容主要包括：食品名称、配料表或成分、净含量及固形物含量、制造者/经销者的名称和地址、日期标志和贮藏指南、质量（品级）等级、产品标准号、特殊标注内容等。对于食品标签不符合规定要求的不予验收，尤其应注意保质期。

二、原料验收工作管理

为了有效地开展食品原料验收工作，应该配置验收场所、配置验收设备和工具、配置验收人员。

（一）配置验收场所

食品原料验收场所位置、环境和场所大小会影响其验收工作。理想的验收场所位置和环境应是在靠近食品原料仓库和靠近厨房粗加工处，以及车辆进出方便的位置；应该在有利于卸车搬运、便于验收的堆放和使用搬运工具、符合食品卫生要求的环境。验收场所的大小视验收任务量而定，以不影响验收工作为准。另外，由于验收工作涉及有关票据，因此，最好设有验收办公室。

（二）配备验收设备和工具

验收场所应配备验收工作需要的设备和工具，以保证验收工作顺利进行。这些设备和工具主要有：符合计量要求的计量器具、搬运货物车、盛装物品用箱、筐或袋、开启包装用具，以及必需的快速检测仪器和用具。

（三）配备验收人员

验收人员必须由符合岗位素质要求，热爱本职工作，接受过专业培训或从厨师中挑选熟悉食品原料知识的人来担任。其具体要求是：

第一，忠于职守，有高度责任感，能秉公验收。

第二，熟悉食品原料品质特点和质量要求，掌握采购规格和采购标准，能够科学鉴定其品质和准确计量。

第三，熟悉饭店采购程序、财务制度以及有关经济合同、价格、质量和食品卫生等国家法律法规的规定。

第四，讲究清洁卫生，身体健康，体检合格。

三、原料验收环节管理

原料验收环节除了要检查原料质量、数量和价格外，还有以下几个方面的管理内容：

（一）将发票和订购单进行核对

当供应商送来原料时，验收员应将供货单位的发票与事先拿到的订购单进行核对，首先核实发票上供货单位的名称与地址是否正确，避免错收或接受本饭店未订购的货物。其次核对发票上的价格。若发票上的价格高于订购单上的价格，验收员要询问送货员提价的原因，并将情况反映给采购部经理、成本控制员或厨师长，无论退货还是不予退货，都要由厨师长和成本控制员在"货物验收单"上签字，表示负责。若供货单位送货时的价格低于订购单上的价格，验收员应请厨师长检查原料的质量。若质量合格，厨师长应在"货物验收单"上签名，验收员可按此价格接受这批原料，若质量不合格，则应拒收。

（二）在发票上签字

所有送货都应有发票。送货员呈给验收员的发票有两联，送货员要求验收员在送货发票上签名，并将第二联退还给送货员以示购货单位收到了货物。第一联交给餐厅财务部门作为付款凭证。发票上面应该有价格，验收员要检查发票上的价格，避免出现错误。

（三）填写验收单

验收员确定所验收的这批原料的价格、质量、数量全部符合"订购单"或"原料采购规格书"后，可填写"验收单"。验收单一式四联：第一联交验收处，第二联交仓库，第三联交成本控制室，第四联交财会部。验收员在货物验收单上填写供货单位名称、货品名称及规格、单位、数量、单价及合计金额与总计项目等内容后，应在验收单上签名，明确责任。货物验收单如表6-2所示。

表6-2　货物验收单

饭店：　　　　　　　　　　　　　　　　编号：
供货单位：　　　　　　　　　　　　　　日期：
供货单位地址：　　　　　　　　　　　　订购单编号：

货品编号	项目及规格	单位	数量	单价	合计金额
总计					

验收员：　　　　　　　送货员：　　　　　　　储藏室管理员：

（四）盖章验收

验收员检查完原料的价格、数量、质量之后，可在获准接受的食品原料的送货发票上盖"验收章"，并把盖了"验收章"的送货发票贴在"验收单"上，以便送往财会部。验收章内容有：饭店或餐饮企业的名称、验收员签名、验收日期、成本入账部门。

（五）在货物包装上注明货物信息

在包装上注明收货日期，有助于判断存货流转方法是否有效；标明单价、重量等，以便存货计价时不必再查验收时的报表或发票。

在验收时，验收员还需对冷冻原材料加系存货标签。标签有正、副两联（也可上下或左右两联），正联由验收员用绳子系在原料外包装或者直接系在食品原料上，副联与"验收单"一起交成本控制办公室。厨房领料时，连同标签一起发给厨房。厨房领料后，解下标签，加锁保管。原料用完之后将标签送食品会计师，核算当天鱼类、肉类食品成本。食品成本控制师核对由其保管的正标签和厨房送来的副标签，根据未使用的标签，盘点存货。发现存货短缺，应分析是否发生偷窃行为或者记错了数额。

（六）将原料入库或直接发放给厨房

收到的原料一部分直接发放给厨房，称作"直接采购原料"；另一部分被送到仓库，称作"入库"。出于质量和安全方面的原因，验收员应负责保证把货物送到仓库。验收员把"验收单"中规定的一联交给仓库管理员，后者根据"验收单"再次验收，最后入库储存。为了便于进行食品成本核算，验收员在发票上明显的地方逐项注明哪一项是直接送厨房的，哪一项是送仓库的；或者根据不同的送货地点，使用不同颜色的发票，以方便送货，并凭此编制"验收日报表"。

（七）填写"验收日报表"

食品原料验收完毕之后，大多数餐饮企业要求验收员完成一张列明所有售货项目的表格，即"验收日报表"。"验收日报表"记载企业每日所进的餐饮原料，它不仅要记载原料的品名、规格、单价和金额，并且要注上这些原料的去向："直接采购原料"送厨房，其费用记入餐饮成本；"库房采购原料"进库房，费用记入流动资金占用的原材料项内。验收日报表如表6-3所示。

表6-3 食品验收日报表

日期　　　年　　月　　日

货品名	供应商	发票号	质量(kg)	单价(元)	金额(元)	直接采购食品				库房采购食品					
						一厨房		二厨房		一号库		二号库		三号库	
						质量(kg)	金额(元)	质量(kg)	金额(元)	质量(kg)	金额(元)	质量(kg)	金额(元)	质量(kg)	金额(元)
总计															

在验收饮料时，要对照账单与订货单检查饮料的数量、价格和商标。然后单独填写饮料验收日报表。验收日报表上要填写收到饮料的品名、瓶数、箱数、成本单价、金额。饮料验收日报表如表6-4所示。

验收员每日将经验收合格签字的账单，连同验收日报表送到财务部。成本核算员收到验收日报表后，记下直接采购食品的金额，计算当日各厨房的食品成本。库房管理员要登记各货物入库的数量和金额。在月末，汇总每日验收日报表的"直接采购原料"金额和"库房采购原料"金额,得到食品月报表上本月厨房采购额和本月库房采购额数据。饮料采购额数据以同样方法计算。

科学的验收程序的制定,可以保证餐饮企业收到的货物是已订购的数量、已达到的质量和已报过的价格。不论是对大型餐饮企业来说还是对小型餐饮企业来讲,这些步骤都是最基本的,也是通用的。控制体系越完备,越需更多的人力和设备,这会增加一定的成本,但也会防止在验收过程中出现数量、质量和价格等方面的问题而引起成本过高。

表6-4 饮料验收日报表

日期　　　年　　月　　日

品名	供应商名称	发票号	箱数	瓶数	每瓶容量（ml）	每瓶单价（元）	每箱单价（元）	总金额（元）
总计								

【小资料6-1】

供应商的欺骗招数

招数一:瞒天过海

这一招是供货商的常用招式,经常出现在水发货物方面,如水发海参、蜇头。经理发现这种情况是在饭店半月盘点的时候,厨房半个月共进水发海参300斤,水发海参的出净率80%,能出净料240斤,根据投料标准是每份8两,应该卖出葱烧海参300份。可是经过电脑统计,实际只卖出260份,那40份葱烧海参就不知不觉地蒸发了。经过反复调查,排除了厨房内部的各种人为因素(因为配菜都称过分量,厨房内冷藏设备运转良好)后推测问题应该出在供货商方面。于是就对供应的货进行严格检查,发现送海参的供货商是用黑色双层塑料袋装水发海参,盛装海参的内层塑料袋里面没有问题,而在内层和外层塑料袋之间却夹带了不少的水和冰。

招数二:以次充好

这一招就是供货商在合格的优质原料里夹带质量较差的原料。比如,餐厅长时间购买一家供货商的块状冷冻虾仁或者玉米粒,开始的时候供货商提供的原料全部是合格的,当餐厅开始放松警惕之后,供货商就开始在合格的虾仁中夹带不符合规定的虾仁;在几箱优质的玉米粒中夹一箱质量较差、杂牌的玉米粒。在这种情况下,餐厅就很容易受骗,只有到用的时候才会发现有次品。

第三节　原料贮存管理

原料贮存管理直接关系到餐饮产品生产质量、生产成本和经营效益。良好的储存与发放管理,能有效地控制食品成本。如果控制不当,就会造成原材料变质、腐败、账目混乱、库存积压,甚至还会导致贪污、盗窃等严重事故的发生。原料贮存管理的目的就是要求掌握原料贮存过程中的质量变化,选择适当的贮存方式,以及采取有效的库存控制的管理手段。

一、原料贮存的质量变化

（一）生理变化和生物化学变化

许多生鲜食品原料会发生呼吸作用、后熟、萌发、僵直作用和软化作用,从而导致食品原料质量下降甚至彻底失去食用价值,造成巨大损失。

（二）由微生物引起的变化

食品原料中富含各种各样营养成分,为微生物的生存和繁殖创造了良好的条件。在食品贮存过程中,由于微生物的污染,往往使食品原料产生腐败、霉变和发酵等微生物变化。引起微生物变化的外界条件主要是温度、湿度、日光、氧和 PH 值。

（三）颜色变化

新鲜的畜肉、禽肉和某些鱼肉形成氧合肌红素,呈鲜红色。当新鲜度降低时,就会失去鲜红色,发生动物色素变化。

许多植物都含有植物色素如叶绿素、胡萝卜素和花青素等。这些植物色素因食品原料贮存中质量变化,其天然颜色也会随之改变。

许多植物性食品原料因受机械损伤,容易产生褐变。褐变分为酶褐变和非酶褐变。食品原料产生褐变,既呈现出非原食品的颜色,又降低了食品原料营养价值和滋味。

（四）脂肪氧化酸败

脂肪氧化酸败是指脂肪在外界条件的作用下,在一系列变化后生成低分子脂肪酸、醛、酮等有机物。脂肪氧化酸败后,使食品带有哈喇气味,营养价值降低,甚至危及人体健康。影响脂肪氧化酸败的外界因素有:光线、温度、氧气、水分、某些金属等。

（五）物理变化

物理变化是指某些食品原料在外界温度、湿度的影响下,产生水分蒸发、受潮、溶化、干缩结块的变化。

（六）虫蛀

食品原料富含各种营养成分，容易遭受仓虫和蛀虫。仓虫繁殖力强，繁殖期长，食性广，具有耐热、耐寒、耐饥、抗药性等对环境较强的适应性，对贮存中的食品原料危害较大。

另外，贮存中因食品原料包装的锈蚀、破损等，不仅能造成数量上的损失，还可能因食品原料受到污染或腐败，影响食品原料的食用价值。

二、仓库的分类和贮存条件

餐饮原料的易腐性是不同的，不同易腐性的原料需要不同的贮存条件。同时，对餐饮原料要求使用的时间也是不同的，因而应分别存放在不同的地点。餐饮原料往往处于不同的加工阶段，例如，新鲜的生土豆、切削好的土豆、煮熟的半成品土豆和加工成成品的土豆，需要不同的贮存条件和设备，为此餐馆或饭店应设置不同类别的仓库。按贮存条件分类，仓库的类别有以下几种：

（一）干货库

干货库存放的干燥食品类别比较复杂，为便于管理，原料要按其属性分类，每个类别、每种原料要有固定的存放位置。

干货库一般不需要供热和制冷设备，其最佳贮存温度为15℃～21℃。干货库的温度最高不能超过37℃。温度低些食品的保存期可长些。试验证明在温度20℃贮存的食品比37℃的保存期长三倍。

干货库应保持相对干燥。湿度大，货物会迅速变质。仓库适宜的相对湿度为50%～60%。库房的墙壁、地面反潮，管道滴水，液体货物泄漏等都会引起仓库湿度增加。为保持库房干燥，库房要保持通风良好。按标准每小时至少应保持交换空气四次。

干货库的面积应适当。管理人员根据企业的经营方式、货源地的远近、采购间隔天数、菜单的类别和营业量的大小来确定贮存面积的需要量。一般干货库应至少有贮备两周原料的贮存面积。以两周原料的需要量来计算仓库实际的贮存面积，再加上40%～60%的通道、货架等非贮存面积为干货库的总面积。

（二）阴凉库

在阴凉库中一般贮存短期存放的新鲜蔬菜和水果。贮存温度为常温，不需要供热或制冷设备。但某些地区在一年中太冷或太热的气候条件下，有时需要调节一下温度。新鲜蔬菜和水果需要在凉快和较暗的仓库中贮存。最适宜的温度为10℃～15℃。这些原料一般贮存2～3天。一些需要放熟的蔬菜和水果，如香蕉、番茄、苹果、梨等，贮存温度应高些，最好为18℃～24℃。需要立即使用的土豆可在10℃以上贮存，不需要当时使用的土豆最好低于5℃贮存，但在使用前三周要放到

10℃的温度以上贮存,使土豆中的葡萄糖扩散到淀粉中去。

新鲜蔬菜和水果贮存的相对湿度应大些,最好相对湿度为85%～90%。库内应保持通风,货物放在金属架上最利于通风。

(三)冷藏库

冷藏库是利用低温抑制细菌繁殖的原理来延长食品饮料的保存期和提高它们的保存质量。

适合在冷藏库贮存的原料有:①新鲜的鱼、肉、禽类食品;②新鲜的蔬菜和水果;③蛋类、奶制品;④加工后的成品、半成品,包括糕点、冷菜、熟食品、剩菜等;⑤需使用的饮料、啤酒等。

不同的食品饮料需要不同的贮存温度和相对湿度。理想的是将冷藏库的温度控制在4℃以下。细菌一般在4℃以下不活动。15℃～49℃的温度范围是最适宜细菌繁殖的危险区。湿度大有利于细菌生长,会加速食物变质。湿度小会引起食物干缩、失鲜。必要时可用保鲜膜和湿布遮盖食物,以防食物干缩。冷藏库要注意卫生控制和通风。

各类食物最适宜的冷藏温度和相对湿度如表6－5所示。

表6－5　食物最适宜的冷藏温度和相对湿度表

食品原料	温度	相对湿度
新鲜肉、禽类	0℃～2℃	75%～85%
新鲜鱼、水产类	−1℃～1℃	75%～85%
蔬菜水果类	2℃～7℃	85%～95%
奶制品类	3℃～8℃	75%～85%
一般冷藏品	1℃～4℃	75%～85%

(四)冷冻库

在冷冻库中一般贮存保存期较长的冻肉、鱼、禽、蔬菜类食品以及已加工的成品和半成品等食物。通常控制冷冻库的温度在−18℃～−23℃,使食品原料处于完全冰冻状态,能够有效地控制微生物对原料的污染和原料的质量变化,从而保证较长时间的贮存。但是,冷冻贮存往往会使食物的营养成分、香味、质地、色泽随时间的推移而下降。冷冻贮存要掌握好以下几点:

第一,掌握贮藏食品的性质。不同的食品需要不同的冷冻条件,只有掌握各种食品的贮存性能,才能保存良好。

第二,冷冻速度要迅速。食品冷冻贮存可分三个步骤:降温——冷冻——贮存。为保持食品质量鲜美,要求食品降温和冷冻的速度十分迅速。食品在速冻的情况下,内部冷冻结晶的颗粒细小,不易损坏食品结构。

第三,冷冻贮存温度要低。许多食品在0℃下已经冰冻,但是微生物并没有死亡。有资料证明,食品在 –18℃ ~ –1℃ 的温度下贮存时,温度每升高 5℃ ~ 10℃,质量下降的速率增加 5 倍。食物冷冻贮存的一般温度宜在 – 17℃ ~ – 18℃ 以下。食品冷冻可贮存时间较长,但这并不等于食品可无限制贮存。一般食品的冰冻贮存不要超过三个月。各类原料冷冻贮存的最长时间如表 6 – 6 所示。

表 6 – 6 原料冷冻贮存的最长时间表(贮存温度: –18℃)

食品原料	最长贮存期
香肠、鱼类	1 ~ 3 个月
猪肉	3 ~ 6 个月
羊肉、小牛肉	6 ~ 9 个月
牛肉、禽、蛋类	6 ~ 12 个月
水果、蔬菜类	一个生长间隔期

第四,冷冻食品的验收要十分迅速,不能让食品解冻后再贮存。食品解冻处理应适当。鱼、肉、禽类食品宜解冻后再使用。解冻应尽量迅速,在解冻过程中不可受到污染。

三、仓库的设计与布局

(一)库容量

仓库库容量的大小,应以保证餐饮经营需要为基本准则。在确定仓库容量时,应综合考虑饭店的类型、地点、菜单的种类、营业量、采购计划和经营方式等因素,决定经营需要的实际贮存量。通常,对于适宜贮存的食品原料,应有两周左右的原料储备。同时,还应考虑到走廊空间、原料进出库的操作空间、设备占用空间、养护空间和安全空间等因素。库容量过大,浪费饭店的有效空间,而且增加能源消耗和保养维修费用;库容量过小,难以保证经营的需要,导致采购进货频数的增加,过高的库容利用率,给保管操作带来不便,甚至发生使食品原料容易变质等后果。

根据一般的经验,每位就餐宾客每餐所需干货库的净容量为 0.3m³,库容量实际利用率为 50% 左右为宜;冷冻库实际利用率不超过 70%。

(二)仓库的位置

仓库的位置最好设在验收处和厨房之间,最好与两者都接近,有可以让货车自如通行的合适的通道,以确保货物的贮存和发料方便、迅速。酒水贮存区应尽可能接近酒吧,以减少发料和运货的时间,节约劳动工作量。因酒水最易被盗,故贮存区的位置要使酒水不在验收处停留时间过长。

归结起来,贮存区位置的要求是:①确保贮存发料迅速;②减小劳动强度;③确保安全。

（三）仓库的设施设备与用品

为了保管好验收入库的各类食品原料,按照食品原料的种类不同。应分别设置干货库、保鲜库、冷藏库、冷冻库、酒水库和服务用品库,用以贮存相应的食品原料和用品。

各类食品原料的性质决定了对各类仓库设施设备的基本要求。仓库所用建筑材料、门窗、地面和仓库高度应符合安全卫生的要求;干货库和酒水库应能够进行通风降温和通风排湿或自动温湿度调节;保鲜库应阴凉和通风良好;冷藏库应最低保证贮存空间可控温度在0℃左右;冷冻库应能保证可控温度迅速对原料冷冻的能力。

为适应食品原料保管业务工作的需要,应该配备必要器材和用具,如运货手推车、计量器具、货架、垫板、盛装容器、温湿度计、清洁用具和用品等。另外,应设有保管员办公室,以便处理原料入库、发放和日常保管业务工作。

1. 货架

易坏性物资应存在透气的带条状货架上,使空气能最佳地流通,非易坏性物资也要放在货架上,任何货品都不能放在地上。最底层货架起码应离地15～20cm,以便于空气流动和库房的清扫。底层货架用于存放体积大、重量重的货物。为防止墙壁返潮,货品存放不宜贴墙,货品起码应离墙5cm之远。

2. 盛器

食品的贮存除温度以外,盛器也极为重要。许多非易坏性食品在采购时放在密封的盛器里(如塑料袋),这种盛器贮存较安全。但也有很多食品是装在非密封性的包装物中出售的,如纸袋、纸盒、大布袋等,这种包装容易受细菌和虫类的侵袭而有损质量。因而这些食品要尽量根据实用的原则转移到密封、防潮、防虫的盛器里。易坏性物质不管是生还是熟的都要装在最能保持质量的盛器里。有些生的食品如土豆、苹果等不必改换盛器贮存。有些新鲜的原料如鱼最好放些冰块贮存。烹制品(如罐头等)一经打开应装在不锈钢盛器里加盖贮存或包起来贮存。

四、贮存业务管理

库房内部原料物资的安排合理,可以保持较高的工作效率,便于原料的入库上架、清仓盘点和领用发放。

（一）分区分类

根据原材料的类别,合理地规划原料摆放的固定区域。同一品种的原料不能放在两个不同的位置,否则容易被遗忘,也给盘点带来麻烦,甚至可能引起采购过量。若条件许可,不同类的原料应尽可能储存在不同的区域。如鸡蛋最好不要同鱼、奶制品及其他带气味的食品一起储存。因为鸡蛋是多孔物质,容易吸收其他物质的气味。鱼类、酒类也最好单独、分类存放。

在对原料进行分类排放时,为便于存料发料,盘点清仓,可采用"四号定位"和"五五摆放"的方法。

1."四号定位"法

"四号定位"就是用四个号码来表示原料在库房中的位置。这四个号码是:库号、架号、层号、位号。任何原料都要对号入位,并在该原料的货牌上注明与账页一致的编号。例如,鱿鱼干在账页上的编号是1-4-2-7,即可知鱿鱼干是存放在第一号仓库、第四号货架、第二层、第七号货位上。

2."五五摆放"法

"五五摆放"法是根据分类后的原料形状,以五为计算单位进行摆放。做到"五五成堆、五五成排、五五成行、五五成串、五五成捆、五五成层"等。这种摆放方法能使码放的原料整齐美观,也便于清点发放,充分利用库容。"五五摆放"法适用于储存包装较规范的箱、罐、瓶、盒装原料。

食品和饮料库房的门边最好贴一张标明各类原料储存位置的平面图,这样便于管理员查找,特别便于新的管理员熟悉原料的存放位置。库房的门要有里面能打开的锁紧装置,以防粗心把员工锁在里面(特别是冷库)。

(二)堆码

食品原料,应当根据原料的种类、性质、规格、包装、体积、重量和存放场所及不同季节采取不同的堆码方法。常见的方法是:散堆法、码垛法和货架堆码法等。

(三)建立账卡

1.保管账

保管账是反映库存原料进、出、结存情况的账目。保管账应分别按品种、规格、数量、单价、进出库日期登账。

2.货卡

货卡是用来直接表明原料的品种、规格、数量、单价、进出动态和结存数量的卡片。在原料入库堆码后,即将货卡填好挂在垛位上,以便经常核对,保证货、卡、账相符。

3.货物的安排

库房内部货物的安排应合理,要求货物的存放有固定的位置,确保货物循环使用方便。常用货物要求安排在存取方便之处。

4.采用货品库存卡制度

为方便对货品的保管、盘存、补充,有必要对库房中贮存的每种货品建立库存卡。货品库存卡制度要求对每种货品的入库和发料正确地做好数量、金额的记录,记载各种货品的结存量。

货品库存卡如表6-7所示。主要分为货物进货信息、货物发货信息、结存量信息、采购信息、货品位置信息五大部分。

表6－7　货品库存卡

进货				发货					结存			库存
日期	账单号	数量	单价	金额	日期	领料单号	数量	单价	金额	数量	单价	金额	盘点数日期

标准贮量	订货点贮量	单位	订货量	订货日	货架号	货位号	价格	货名

5.使用货品标牌

货品标牌是挂贴在贮存货品上的一种库房管理工具。货品标牌上提供货品品名、进货日期、货品的数量或重量、货品的单价和金额。这些信息是由验收员在货品进货时填写。货品标牌主要有三大作用：①有利于迅速进行存货清点,简化货品清点的手续;②有利于按"先进先出"原则使用货品;③简便发料计价手续。

五、贮存管理制度

为保证原料储藏、保管安全,认真贯彻食品卫生法,原料库房管理必须坚持以下五项基本制度：

第一,四禁制度。禁止无关人员入库,禁止为个人存放物品,禁止在库房饮酒,禁止危险物品入库。

第二,四不制度。采购人员不购腐败变质的原料,库房人员不收腐败变质的原料,厨房人员不用腐败变质的原料制作食品,销售人员不售变质变味的食品。

第三,四隔离制度。在食品原料保管、储存过程中坚持生和熟隔离,成品和半成品隔离,食物和杂物、药物隔离,食品和天然冰隔离。预防食物污染和食物中毒。

第四,三先原则。在原料出库管理中坚持先进先出,易腐易变的先出,有效期短的先出。

第五,三防制度。认真做好防火、防盗、防毒工作。一切进库人员,不得携带火种、背包、手提袋等进仓,因业务工作需要进入库房的人员,入库前要办理入库登记手续,并由库房人员陪同,不得擅自入库;凡入库人员工作完毕,出库时应主动请库房管理人员检查;库房范围及库房办公地点,不得会客,其他部门职工不得在此围聚闲聊,不许带亲友和无关人员到库房参观;库房周围不得生火,也不准堆放易燃易爆物品;库房每月要检查防火、防盗、防毒等设施,接受企业安全部门的检查、监督,以确保库房安全。

第四节　原料发放管理

原料发放是指仓库或验收处将原料发送给餐饮使用部门的过程。发放和申领是同一环节业务,从餐饮使用部门角度来讲称为申领。原料发放管理对于餐饮生产的顺利进行和成本控制具有重要的作用。

一、原料发放的类型

(一)直接发放

直接发放是将原料直接从验收处发送给餐饮使用部门,一般为当天急用的易坏性原料。原料价值按进料价格直接记入当日的食品成本。食品成本核算员在计算当日直接采购的原料成本时,只需抄录验收日报表中的直接采购原料总金额即可。有时一批直接采购原料当天未用完,剩余部分在第二天、第三天接着用,但作为原料的发放和成本的计算按当天厨房的进料额计算。

(二)仓库发放

仓库发放是将原料从仓库发送给餐饮使用部门,大部分原料是采用这种形式发放的。这些原料经验收后送入仓库,其价值在会计簿记中记录在流动资产的原料库存项目内,而不是直接算作成本。在原料从仓库发出后,发出原料的价值要计入餐饮成本中,因而发料要作记录。每日库房向各厨房和酒吧发出的原料都要登记在"仓库发料日报表"上(如表6-8所示)。日报表上汇总每日仓库发料的品名、数量和金额,并且注明这笔金额分摊到哪个餐饮部门的餐饮成本上,并注明领料单据的号码,以便日后查对。月末,将每日"仓库发料日报表"上的发料总额汇总,便得到本月仓库发料总额。

表6-8 仓库发料日报表

日期：

货号	品名	数量	单价	金额	领料部门	领料单号	备注
"							

本日发料汇总＿＿＿＿＿＿＿ 发料项目数＿＿＿＿＿＿＿＿＿ 总金额＿＿＿＿＿＿＿ 制表人＿＿＿＿＿＿＿

二、原料发放管理

(一)定时发放

为使仓库管理人员有充分的时间整理库房,检查各种原料的库存情况,不致因忙于发料而耽误其他工作,应规定每天的发放时间。发放时间是根据生产时间来定的,一般为生产的空闲时间,比较常见的发放时间为:上午9:00～11:00,下午2:00～4:00。

除此之外,其他时间除紧急情况外一般不予领料。也可规定领料部门提前一天送交领料单,以使仓库管理员有充分的时间。提前送交领料单还可促使厨房管理人员对次日的顾客流量作出预测,计划好次日的生产。仓库定时发料也有利于仓库保管,减少库存原料的丢失。

(二)凭单发放

领料单是仓库发出原料的原始凭证。领料单上正确地记录仓库向各厨房发放的原料数量和金额,它具有以下三大作用:

1.仓库核算的依据

领料单是仓库发出原料的凭证,是计算账面库存额、控制仓库短缺的工具。

2.餐饮成本核算的依据

领料单反映各厨房向库房领取原料的价值,是计算各厨房餐饮成本的工具。

3.控制领料量

领料单是领料人向库房领取原料的凭证。无领料单,任何人都不得从库房取走原料,并且只能领取领料单上规定的原料种类和数量。

领料单上要列出请领原料的品名和数量以及实发原料的数量、价格和金额。领料单如表6-9所示。领料单必须由厨师长核准签字,库房才能发料。仓库发后,发料人和收料人都要签字。领料单上如有剩下的空白外,应当着收料人的面划掉,以免管理员私自填写。领料单必须一式三份,一联随发出的原料交回领料部门,一联转财务部,一联由仓库留存,以汇总每日的领料总额。

表6-9 领料单

领用部门 _____　　　　　　　日期 _____

品名	货号	申领数量	实发数量	单价	金额	备注

领料人 _____ 主管负责人 _____ 发放人 _____ 主管负责人 _____	本日领料总金额	
	本月累积总金额	

原料从仓库发出后,仓库管理员有责任在领料单上列出各项原料的单价,算出各项原料的金额,并汇总领取食品饮料的总金额。因此,需要掌握正确的计价方法:

（1）肉类及其他冷冻食品发出后,解下系在货物上的标牌,按标牌上的单价和金额记在领料单上。如果一张领料单需要领好几种原料,则按标牌上的不同价格分别计算原料金额,最后相加汇总。

（2）干货及一些其他食品,一般规格和价格比较稳定,在发放时只需在领料单上填写实发数量,再乘以每件货物的成本单价,计算出领料总额。有许多原料价格常有波动,货物入库时在贮存的盛器上应贴上标牌,注明数量和单价,领料时按标牌上的价格计算领料总额。

（3）如果仓库不采用货物标牌制度,可以根据货品库存卡标明的单价,采用先进先出法或最近进价法等方法计价。

（三）控制发放数量和及时退库

发放人员需要控制发放数量,因为使用部门的贮存条件达不到仓库贮存的标准,发放数量过多,容易导致原料在使用部门存放而质量下降甚至变质。同时,督促领料人员在原料使用后若有剩余及时将原料退库。

三、原料调拨管理

原料调拨是指原料在餐饮生产部门之间的流动,大型餐饮企业和饭店往往设有多处厨房、酒吧。有时厨房之间、酒吧和厨房间会发生食品和饮料原料的互相调拨。为使各部门的成本核算尽可能准确,企业可以使用"食品饮料调拨单"记录所有的调拨往来。在统计各餐厅和酒吧的成本时,要减去各部门调出原料金额,加上调入的原料金额。这样可使各部门的经营情况得到正确的反映。食品饮料调拨单应一式三份或四份,调入与调出部门各留存一份,另一份及时送交财务部。有的企业要另送一份给仓库记账。调拨单如表 6 – 10 所示。

表 6 – 10　调拨单

调出部门：　　　　　　　　调入部门：　　　　　　　　日期：

品名	数量	单价	金额
金额总计：			
调出人：		调出部门主管：	
调入人：		调入部门主管：	

第五节　原料盘点管理

餐饮企业原料流动性大,为了及时掌握原料库存流动变化的情况,就必须对库存原料进行盘点。库存盘点能全面清点库房和厨房的库存物资,检查原料的实际存货额是否与账面额相符,以便控制库存物资的短缺。通过盘点,可以使管理人员掌握原料的使用情况,分析原料管理过程各环节的现状;能计算和核实每月月末的库存额和餐饮成本消耗,为编制每月的资金平衡表和经营情况表提供依据。

一、盘点类型

盘点按目的和要求不同,可分为日常盘点、定期盘点和临时盘点三种方式。

（一）日常盘点

日常盘点是一种经常性随时盘点，是保证库存原料账货相符的基本方法。日常盘点主要包括：原料验收入库后和发放申领后，核对账、卡、货的库存量；保管员在进行养护时或对原料堆放整理与倒垛过程中，核对卡货的库存量；保管员在仓库巡回检查中，对发现的异常情况所进行的核查。

（二）定期盘点

定期盘点是每月对库存原料的全面盘点工作。盘点前应明确要求，做好充分准备工作。盘点时至少应有两人共同作业，为防止遗漏，要按分区分类货位编号对每种原料进行清点，以货对卡，以卡对账，使货、卡、账相符；对不相符的，逐批做好记录。对以小包装计数的原料，应逐个清点。对有定量包装的原料，没有开封包装的，可只清点件数计量；对已开封包装的，应进行计量后记录核对。对无定量包装和散装的原料，只要货垛尚无动用，可按原计量凭证作货、卡、账相符处理；若货垛已动用，应视情况进行合理计量，有异议的应准确计量，核查货账是否相符。

月末盘点不仅是对实际库存量的盘点，还应计算出月末实际库存额，为编制餐饮成本月报和营业分析表提供依据。由于报告期内某些食品原料价格发生变化，究竟以哪个单价来计算原料的实际库存额，将会对库存总额产生影响，进而影响食品成本额和营业分析。对于报告期原料价格发生变化，计算原料实际库存额的计价方法，有多种方法可供选择，如实际进货计价法、期初计价法、期末计价法、简单算术平均数计价法、加权平均数计价法等。其计价方法要以财务部门的规定为准，应真实反映实际库存额，保持计价方法的统一性和可比性。

库存原料盘点完后，由仓库账务员及时填送库存盘点报告表，并以实际库存额为准，与账卡库存额进行对照，其差额在规定的1%范围内，则按规定办法处理；若差额超出规定的1%范围，则应分析原因，报告经理处理。

（三）临时盘点

临时盘点是由于某种原因，如保管员工作调动，为了进行工作交接，仓库收发业务发生差错或责任事故，某种特殊需要等所进行的临时性库存量（额）盘点。由于临时盘点的原因不同，可进行部分原料盘点或全面盘点，其盘点作业如同定期盘点。

二、盘点内容和程序

库存盘点作为库存控制的一种手段，必须有财务部派工作人员与库房管理员一起进行，使财务部直接对库存起到控制作用。在盘点时，要对每一种库存原料进行实地点数。具体程序如下：

（一）制作存货清单

分不同类别的库房，按照原料编号的大小，在清单上填好货号、品名、单位、单价等基本数据。

（二）库存卡结算

在库存卡的结存栏内，根据历次进货和发货数量，计算出应有的结存量和库存金额。

（三）库存实物盘点

实地点数，并将实物数量填入盘点清单。为加快盘点速度，可以由一名员工清点货架上原料的数量，另一名员工核对货品库存卡并将实际库存数量填写在存货清单上。货品库存卡和存货清单上的原料编排次序应与原料的实际存放次序一致，这样盘点既迅速又不会有遗漏。

（四）核对

将库存卡结算结果与库存实物结果进行核对。

（五）计算盘点清单上的库存品价值

该价值为实际库存金额，它如与账面库存额有出入，要复查并查明原因。

盘点完毕，以实际库存金额记账代替账面数字计算出各种原料的价值和库存原料金额，作为月末原料库存额。月末库存额自然转结成下月初的库存额。月末实际库存额与账面库存额的差额计入资金平衡表的流动资产占用项"待处理流动资产损失"，数量不大的金额直接打入餐饮成本。

三、库存原料的计价方法

要计算库存原料的价值，必须确定库存原料的计价方法。理论上讲，某种原料的库存总值应该等于实物数量乘以原料的单价。但是，由于同种原料在不同时间的购进价格往往是不同的，因此，在核算库存额时，应首先确定不同时间购进原料的单价。在财务处理中，根据实际情况采用不同的方法确定原料的库存价值，常采用的方法有以下几种：

（一）实际进价法

如果饭店在库存的原料上粘贴或挂上货物标牌，标牌上写有进货的单价，那么采用实际进价法计算库存原料的价值就较为简单和合理。

（二）先进先出法

如果不采用货物标牌注明价值，可按照货品库存卡上进料日期的先后，采用先进先出法。这种方法的思路是：原料发放是以先进先出为原则，即先购进的货物，在发料时先计价发出，而剩余的原料都是最近进货，以最近价格计算。

（三）后进先出法

一般而言，市场物价呈上升趋势，采用后进先出法可使计入成本的原料价格较高，而计入库存的价值较低，企业可以在未来的经营中减少压力。

后进先出法只是原料价值计算的一种财务处理方法，在实际发料过程中，还是应坚持原料实物的先进先出，以避免原料的积压。

(四)最后进价法

如果饭店进货记录不全,没有使用货物标牌和货品库存卡,可采用最后进价法来估计原料的库存价值。最后进价法是一律以最后一次进货的价格来计算库存的价值,这种方法计价最简单,但计算的月末库存额不太精确,往往会偏高或偏低。

(五)平均价格法

平均价格法是将全月可动用原料的总价值除以总数量计算出单价的方法。如果饭店储存的原料数量较大,其市场价格波动也大,可采用平均价格法。

平均价格法需要计算可动用原料的全部价值和平均价格,比较费时,所以应用不广泛。

用上述五种方法计价,会使月末库存额的价值不一。饭店要根据财务制度和库存管理制度确定一种计价方法,并统一按该计价法计算,不得随意变动。

四、库存盘点指标控制

评估库房管理效率的指标主要有库存短缺率和库存周转率。

(一)库存短缺率

按照原料实际盘点数量和一定计价方法得出库房月末实际库存额后,为了解实际库存额有无短缺及短缺的程度,需将实际库存额与账面库存额作一比较,分析短缺率。

$$库存短缺额 = 账面库存额 - 实际库存额$$

$$账面库存额 = 月初库房库存额 + 本月库房采购额 - 本月库房发料额$$

$$库存短缺率 = (库存短缺额 \div 发料总额) \times 100\%$$

上述公式中,月初库房库存额数据从上月末库存额转结而来。本月库房采购额数据从本月验收日报表的库房采购原料的总金额汇总而来。本月库房发料总额数据从本月领料单上的领料总额汇总而来。

在理想的条件下,库存的账面额和实际库存额应该相同,然而在绝大多数情况下两者之间会有差异,造成库存短缺。根据国际惯例,库存短缺率不应超过1%,否则为不正常短缺,应查明原因。

(二)库存周转率

库存周转率反映原料在库存中的周转情况,反映原料的储备量是否合适,是否充足,是否过量。

库存周转率大,说明每月库存周转次数多,相对库存的消耗量来说库存量较少。库存周转率应为多大,取决于许多因素,如饭店所处的地理位置、采购的方便程度、饭店所需储备的原料数量等。一般来说,食品原料的库存周转率每月为2～4次为宜,许多鲜货原料每天周转一次,而有些干货原料则应数周或数月周转一次。饮料一般不直接发送厨房或酒吧,因而饮料库存周转率略小些,一般为每月0.5～1次,一些高档洋酒也许一年采购一次,用量很多的啤酒也许每天进货。

对管理者来说,重要的是注意库存周转率的变化。如果饭店正常周转率为每月2次,但某月周转率增加或降低很多,就要查明原因。库存周转率太快,有时储备的原料就会供不应求;周转率太低,又会积压过多资金。因此,管理人员应经常分析周转率的变化,保证适度的库存规模。

 **章后案例**

世界领先的食品储运分发公司

物流是现在最热门的一个词,物流业也是时下最流行的一个行业。殊不知,早在1992年,许多人还根本不了解物流这个词的真正含义,甚至还没听到过"物流"这个词的时候,麦当劳就已经将世界先进的物流模式带进了中国。

在麦当劳餐厅门口,你会常常看到停下一辆巨大的白色冷藏车或者冷冻车,卸下货物后很快又开走,这是专门为各个麦当劳餐厅配送货物的麦当劳物流中心的专业运输车。

麦当劳在全球的120多个国家和地区有29 000多家餐厅,在中国也超过450家,目前还在迅速扩展。同时麦当劳餐厅每天所需大量的半成品由供应商提供,而这些产品又必须保持新鲜、保持温度、保持有效期。如此繁多的工作,是怎样在麦当劳系统中运作的呢?

这便需要物流中心发挥其特有的作用了。麦当劳的物流中心为麦当劳的各个餐厅完成订货、储存、运输及分发等一系列工作,它就恰似一个具有造血功能的心脏,每时每刻不断地向分布于大江南北的各家麦当劳餐厅输送着新鲜血液,使得整个麦当劳系统得以正常运作。通过它的协调与连接,使每一个供应商与每一家餐厅提供了畅通与和谐,为麦当劳的食品供应提供了最佳的保证。

在麦当劳开始进入中国后,自1974年就已开始与麦当劳合作的物流公司的供应商也随之来到中国,并在中国建立了麦当劳专有的物流中心。目前,该物流中心在北京、上海、广州都设立了食品分发中心,同时在沈阳、武汉、成都、厦门建立了卫星分发中心和配送站,与设在中国香港和台湾地区的分发中心一起,建立起全国性的服务网络,其高质量的技术及管理和新的分发信息管理系统,为中国麦当劳的发展提供了强有力的后备支援。其中以北京地区的物流中心为例,其投资额就已超过5 500万元人民币,占地面积达12 000平方米,并拥有世界领先的多温度食品分发技术。其中干库容量为2 000吨,冷冻库容量为1 100吨,设定温度为-18℃,冷藏库容量300吨,设定温度为1℃~4℃。目前已向麦当劳餐厅运送货物超过800万箱。该物流中心并配有先进的装卸、储存设备及冷藏设施及5~20吨多种温度控制运输车40余辆,而且中心还配有电脑调控设施所规定的温度,并用以检查每一批进货的温度。

在麦当劳的物流配送中心,常温的干库里存放着麦当劳餐厅用的各种纸杯、包装盒和包装袋等不必冷藏冷冻的货物;冷藏库房里有生菜、鸡蛋等需要冷藏的食品;冷冻库里则存储着薯条、肉饼等冷冻食品。这些产品在运输中也同样运用不同功能的冷藏或冷冻车,以保持食品的新鲜度。北京分发中心的冷冻、冷藏和常温仓库设备都是从美国进口的一流设备,目的是为了最大限度地保鲜。例如,在干库和冷藏库、冷藏库和冷冻库之间,均有一个隔离带,用自动门控制,以防止干库的热气和冷库的冷气互相干扰。干库中还设计了专用卸货平台,使运输车在装卸货物时能恰好封住对外开放的门,从而防止外面的灰尘进入库房。

麦当劳来到中国,带来的不仅是新的餐饮文化,还有其他许多相关的先进技术和经验管理理念,不仅促进了中国餐饮业的发展,也带动了许多相关行业的兴起,物流就是一个典型的例子。

讨论题:

1. 食品原料的冷藏、冷冻及干库储藏有什么区别?
2. 结合麦当劳的原料配送,说明供应商与餐厅的关系。
3. 为什么麦当劳能够严格遵守原料贮藏与解冻的温度与时间,而许多中餐厅却做不到?

 **复习思考题**

1. 解释下列概念:
现购法 长期订货法 经济订货批量法 库存短缺率
2. 食品原料采购的任务是什么? 有几种采购管理组织形式?
3. 食品原料采购、验收、保管和发放应该按照怎样的程序进行工作?
4. 食品原料采购方法有几种形式? 怎样选择供货商?
5. 什么是采购合同? 采购合同的内容包括哪些方面? 怎样签订采购合同?
6. 怎样对食品原料采购价格进行控制?
7. 怎样对食品原料采购数量进行控制?
8. 食品原料的进货方式有哪些?
9. 怎样对食品原料进行验收?
10. 食品原料在贮存中都会产生什么变化?
11. 对贮存设施设备有什么要求? 怎样进行贮存管理?
12. 食品原料都有哪些贮存方法?
13. 怎样对贮存的食品原料进行盘点?

第七章

餐饮生产管理

学习目标

  1.了解厨房组织形式;熟悉厨房人员岗位职责。

  2.了解餐饮生产的特点;掌握餐饮生产计划表的含义;熟悉餐饮生产计划表的编制。

  3.掌握标准菜谱的含义;熟悉在餐饮管理中,标准菜谱的作用;掌握标准菜谱的内容。

  4.掌握加工切配损耗控制方法、烹调损耗控制方法和生产损耗控制方法。

  5.掌握餐饮生产质量控制方法。

【引例】

麦当劳控制食品质量的严格规定

在麦当劳的冷链物流中,质量永远是被考虑最多的因素。麦当劳重视品质的精神,在每一家餐厅开业之前便可见一斑。餐厅选址完成之后,首要的工作是在当地建立生产、供应、运输等一系列的网络系统,以确保餐厅得到高品质的原料供应。

麦当劳的鸡蛋供应商必须在鸡蛋产下来3天内运到工厂,按标准检测鸡蛋的大小、新鲜度,然后清洗、消毒、打油(起保护的作用),冷藏保存。麦当劳还要求鸡蛋在冷藏条件下,必须在45天内用完,以保持新鲜美味。麦当劳愿意在别人无暇顾及的领域付出额外的努力。比如,麦当劳要求,运输鸡块的冷冻车内温度需要达到零下22摄氏度,并为此统一配备价值53万元的8吨标准冷冻车,全程开机。同样的旅程,用5吨的平板车盖上棉被一样可以操作,成本可以节省一半以上。但是,麦当劳对于这种可能影响最终产品质量的行为坚决禁止。"打个比方,在麦当劳看来,冰淇淋化了之后再冻上,就不是冰淇淋了,只能算是牛奶和冰晶的混合体。"其物流供应商这样形容麦当劳的立场。坐在办公室中的物流经理,怎么知道货车发出之后货物是否处在冷冻状态？这要归功于麦当劳冷链物流中的标准化。麦当劳的冷链物流标准,涵盖了温度记录与跟踪、温度设备控制、商品验收、温度监控点设定等领域。不仅可以记录车的位置,也可记录车的状态。只要在事后打开记录,有关冷冻车的发车停车时刻、温度变化等数据就会尽收眼底。麦当劳对送货和接货也有固定的程序和规范。在货物被装车之前,必须根据冷冻货对温度的敏感程度,按照由外向里分别是苹果派、鱼、鸡、牛肉、薯条的顺序装车;接货时,则要对这些情况进行核查。接货的检查项目包括,提前检查冷藏和冷冻库温是否正常,记录接货的时间和地点,检查单据是否齐全,抽查产品的接货温度,最后才是核对送货数量,签字接收。即便是在手工劳动的微小环节,也有标准把关,比如一台 8 吨标准的冷冻车,装车和卸车的时间被严格限制在 5 分钟之内。

第一节　厨房组织

餐饮生产管理是通过厨房组织实现的。厨房的组织形式应根据企业的规模、等级、厨房条件、生产任务和经营要求等,设计其组织层次和岗位,明确职能和岗位职责,确定部门的生产任务和协调关系,形成一个有效的组织管理系统。

一、厨房组织形式

厨房组织形式根据企业的规模不同有以下几种形式:

(一)大型厨房组织形式

大型饭店或大型餐饮企业需要设置大型厨房组织机构,以满足众多客人同时就餐的需要。大型厨房设行政总厨办公室,指挥整个厨房系统的生产运行。通常大型厨房设中心厨房,负责所有食品原料加工,并按规格配分,供应各分厨房进行烹调。各分厨房由厨师长(大厨)指挥本厨房系统的生产运行。大型饭店的分厨房通常有西餐和中餐两种类型;西餐厨房可设咖啡厅厨房、西餐厅厨房、扒房厨房和其他风味厨房等;中餐厨房由若干不同风味或功能的分厨房组成。大型厨房组织形式如图 7-1 所示。

(二)中型厨房组织形式

中型厨房通常由行政总厨负责整个厨房系统的生产运行。中型饭店餐饮部的厨房可各设一个中餐厨房和西餐厨房,两个厨房兼有多种生产功能。中餐厨房设粗加工组、冷菜组、切配组、炉灶组、面点组、烧烤组和勤杂洗碗组等,其组织形式如图 7-2 所示。西餐厨房设沙拉组、烹调组、西饼组、勤杂洗碗组等。

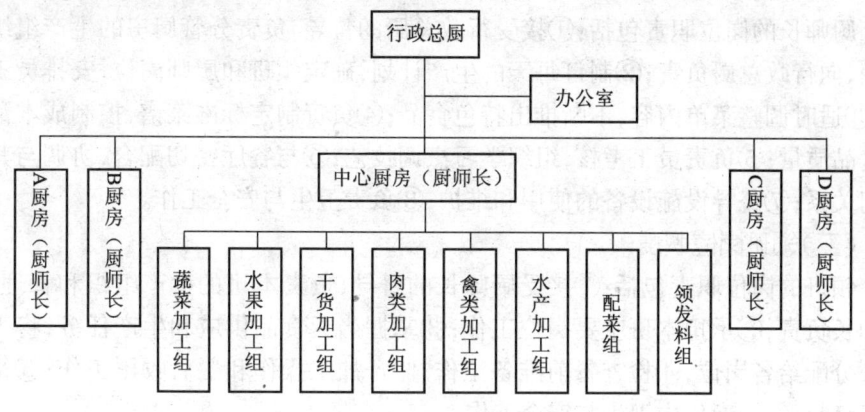

图 7-1　大型厨房组织形式图

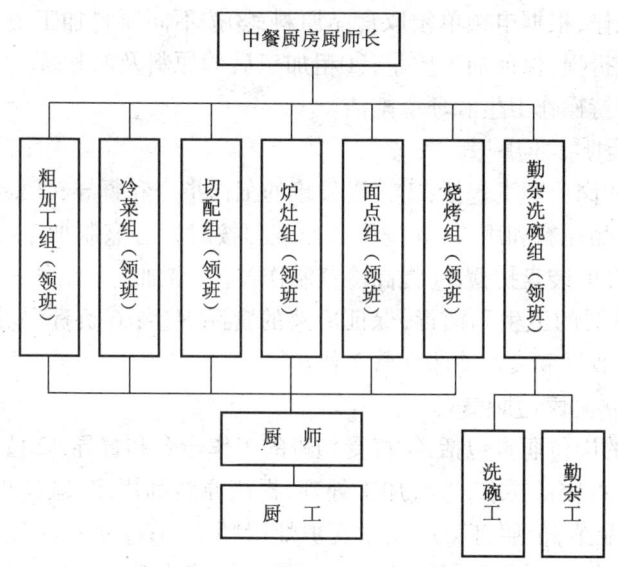

图 7-2　中型中餐厨房组织形式图

（三）小型厨房组织形式

小型饭店或小型餐饮企业的厨房规模较小,受厨房面积、员工、厨房设备等条件的限制,厨房组织形式比较简单,通常由厨师长对生产进行监督和指导,配备冷菜厨师、切配厨师、炉灶厨师、面点厨师、厨工、勤杂洗碗工和采购员等,验收和保管可由厨师兼任。

二、岗位职责

(一)厨师长岗位职责

厨师长的岗位职责包括:①接受行政总厨的督导,负责分管厨房的生产组织和管理,向行政总厨负责;②制订每天的生产计划,确定领班和厨师岗位,安排员工班次;③适时调整菜单内容,不断推出特色食品;④负责制定标准菜谱,控制成本消耗和食品质量;⑤负责员工考核,组织学习烹调技艺;⑥与餐厅密切配合,协调与其他部门关系;⑦督导设施设备的使用和维护;⑧负责卫生与安全工作。

(二)领班岗位职责

领班的岗位职责包括:①接受厨师长的督导,负责本班的生产组织和管理,向厨师长负责;②承担本班主要岗位工作;③掌握当天食品供应和生产任务,将工作任务分配给各岗位;④检查餐前准备工作,监督加工操作和餐后收尾工作;⑤每天负责订料;⑥负责班内卫生与安全工作。

(三)粗加工厨师岗位职责

粗加工厨师的岗位职责包括:①接受领班的工作指令和督导;②做好工具用品、盛器准备工作,根据申领单领取食品原料;③按不同原料加工要求,分类加工,精心操作,降低折损,保证加工质量;④粗加工后的原料及时切配,保持原料质量,防止变质;⑤保持操作卫生和环境整洁。

(四)冷菜厨师岗位职责

冷菜厨师的岗位职责包括:①接受领班的工作指令和督导;②根据菜单和开餐任务,准备好食品原料和用具;③按照操作规程按时精心烹制加工冷菜、蔬菜雕刻造型和冷荤熟食的装盘拼摆;④提高冷菜制作技艺,增加花色品种;⑤负责工作区、设备、厨具和盛器的卫生和消毒,保证冷菜的食品卫生;⑥负责保养所用设备、厨具;⑦做好餐后收尾和食品冷藏保管工作。

(五)切配厨师岗位职责

切配厨师的岗位职责包括:①接受领班的工作指令和督导;②按领班下达的生产任务,根据菜肴质量要求,进行加工处理,提高原料利用率,减少损失浪费;③按标准菜谱规定配菜,依照订菜单顺序交炉灶厨师烹调;④负责收集、整理订菜单;⑤保持个人、工作台、砧板、工具、盛器和冰箱等的清洁卫生;⑥做好开餐前准备工作和餐后收尾及原料冷藏保管工作。

(六)炉灶厨师岗位职责

炉灶厨师的岗位职责包括:①接受领班的工作指令和督导;②领取所用原料,做好餐前准备工作;③依照配菜先后顺序烹制菜肴,按操作规程精心操作,保证成品质量;④提高烹调技艺,增加菜肴特色品种;⑤保证工作区、设备、工具和菜肴的食品卫生;⑥节省原料,降低成本;⑦负责工作区设备、工具的安全使用。

（七）面点厨师岗位职责

面点厨师的岗位职责包括：①接受领班的工作指令和督导；②根据菜单和开餐任务，准备好所需原料和用具；③按照操作规程按时精心制作，保证产品质量；④提高面点制作技艺，增加花色品种；⑤负责工作区、设备、厨具和盛器的卫生和设备安全；⑥做好餐后收尾和半成品、成品的保管工作。

三、厨房人员配备

厨房岗位人员配备，应综合考虑饭店餐饮规模、等级和经营特色以及厨房的布局状况与组织机构设置情况等因素来确定。人员配备是否恰当合适，不仅直接影响劳动力成本的大小、厨师队伍士气的高低，而且对厨房生产效率、出品质量以及生产管理的成败有着不可忽视的影响。

（一）影响厨房人员配备的因素

厨房人员，因规模不同、档次不同、出品规格要求不同而数量各异。在确定人员数量时，应综合考虑以下因素，包括：①厨房生产规模的大小，相应餐厅、经营服务餐位的多少、范围的大小；②厨房的布局和设备情况；③菜单经营品种的多少，制作难易程度以及出品标准要求的高低；④员工技术水准状况；⑤餐厅营业时间的长短。

（二）厨房人员数量的确定

确定厨房人员数量，通常采用以下几种方法：

1. 按岗位配备

它是根据厨房生产岗位和岗位工作量来进行人员配备。对于大中型厨房来说，每个岗位都需配备人员，但各岗位所应配备人数应充分考虑其工作量的多少。以一个拥有260个餐厅座位的中型厨房为例，其人员配备如表7-1所示。

表7-1　厨房岗位人员配备表　　　　　单位:人

岗位	厨师长	领班	厨师	厨工	合计
粗加工组		1	3	3	7
冷菜组		1	2	-	3
切配组		1	3	2	6
炉灶组		1	6	3	10
面点组		1	5	1	7
合计	1	5	19	9	33

2. 按比例配备

按比例配备就是按照餐位数和厨房各工种员工之间的比例确定。档次较高的餐厅，一般13~15个餐位配1名生产人员；规模小或规格更高的特色餐饮部门，7~8个餐位配1名生产人员。

3. 按对比配备

按对比配备是对比其他同类型和同规模的厨房人员进行数量配备。虽然这种配备方法比较实用,但是厨房布局、生产功能、设备和菜单内容等不同,就不能盲目仿照。

第二节 餐饮生产计划

计划是生产的指南,工业企业的计划性是很强的,餐饮企业的生产计划对于生产也同等重要,尤其是大中型餐饮企业的生产计划。餐饮企业需要制订生产计划是因为餐饮生产的原料贮存生命期短,许多原料要根据当日生产计划去采购和准备。无计划地进行餐饮产品的生产,会造成原料和成品的很大浪费。餐饮生产的计划比工业生产更为困难,这主要是由餐饮生产特点决定的。

一、餐饮生产特点

(一)品种多、数量小,产品个别生产

餐饮产品花色品种很多,一般都有几十种、上百种产品。这些产品的品种和规格各不相同。作为生产人员必须熟练掌握各品种的名称、用料、用量、制作方法等,同时各品种的分量都不大,需要生产人员精心准备。工业生产都是批量生产,但餐饮产品都是个别生产,是顾客现点现做,产品不能存放,存放时间长就会影响产品质量,比如分层鸡尾酒,调制后放置半个小时就会浑浊。

(二)生产—销售—消费三个环节同时同地发生

工业产品的生产—销售—消费三个环节在时间和场地上都是分开的,餐饮产品都是先销售后生产,销售—生产—消费都是在餐饮企业内部完成,三个环节时间衔接很紧凑。这就要求餐饮生产的速度要快,点菜单或点酒单送到生产部位后,原材料的选择、加工、切配、烹制、装盘出菜等不同的工序要紧密衔接,有条不紊。三个环节同时同地发生的特点也要求产品除了具有良好的卫生性和营养价值外,还要求具有良好的色、香、味、形。

(三)生产机械化程度低

工业生产一般为机械化生产,属于技术密集型生产,餐饮生产属于劳动密集型生产;从食品生产过程看,各种原材料的选择、拣洗、涨发、拆卸、粗加工、细加工和烹调制作,都以手工操作为主,机械设备大多只起配合作用。所以餐饮生产过程非常复杂,这就要求餐饮生产各道工序间的协调配合,建立合理的生产管理流程,保证及时顺序出品。

(四)产品质量不稳定

餐饮生产质量的不稳定主要表现在以下几个方面:

首先,餐饮生产质量因人、因地点、因季节等因素变化而变化。

其次,餐饮生产具有一定的协作性,一道菜或一道点心往往不是一个人所能完成的,需要由数人来完成。如果上一道工序有问题就会影响到下一道工序,以至于影响餐饮生产的质量。

最后,由于餐饮生产是手工操作,每一位生产人员的技艺有差异,即使是同一位生产人员在生产制作中往往因体力、情绪、环境等因素,也会造成餐饮生产质量的差异。

二、生产计划表

生产计划表是餐饮生产的指令书,它规定了一定周期内(一般以周为单位)每个产品计划生产的生产任务,是餐饮管理人员进行生产控制的重要手段。

生产计划书如表7-2所示。其主要指标包括以下几个方面:

表7-2 生产计划表

2010 年 8 月 10 日至 2010 年 8 月 17 日　　　　　　　　　　　　类别 酒水

产品名称	预测销售量（杯）	预测调整后销售量（杯）	库存量（杯）	生产方法	生产量（杯）	可供销售数（杯）	预计结存量（杯）
红粉佳人	64	70	0	酒谱号62	70	70	5
蓝色夏威夷	67	75	20	酒谱号4	55	80	5
长岛冰茶	22	30	10	酒谱号19	20	34	4
金汤力	147	155	0	酒谱号17	155	155	0
总数	300	330	30		300	329	9

（一）预测销售量和预测调整后销售量

预测销售量是由成本控制员根据销售统计进行分析预测出来的,一般要在下达生产指令前3~7天完成销售预测,以便采购部的采购和仓库的备料。由餐饮部经理或行政总厨根据客房出租率、团队用餐和宴会预订等影响销售量的因素对预测销售量进行调整后,在前一天下达生产指令。

（二）库存量和生产量

生产量等于预测调整后销售量减去库存量,这是生产任务指标。库存量是上一餐或前一天销售剩下的成品和半成品的数量。为减少浪费,在保证产品质量的前提下,有的产品不易再用于销售,这部分不应列入库存量;有的产品可以用于销售,通常半成品可以再烹制用于销售,用于销售的成品、半成品可列入库存量。

（三）生产方法

这是生产标准化管理的主要内容。同一种产品不同餐别其份额量可能会有所不同,份额量规定了用料量标准。生产方法规定了生产的规程,这一指令规范了产品的生产过程,能够保证出品的质量。

（四）可供销售量和预计结存量

可供销售量等于生产量加上库存量,是供餐厅推销产品的数量。在经营实践中,预计结存量是为避免出现宾客点菜或酒不能保证供应的现象发生,往往在生产量中加上一定的保险系数后,产品不能全部销售出去所出现的余额。生产量中的保险系数应尽量力求准确,否则结存量多,会造成损失浪费。有些鸡尾酒是现点现调的,因此不存在预计储存量。

三、生产计划表的编制

在生产管理中,编制生产计划表是生产管理的首要环节。生产组织和运行的先决条件是需要安排每天生产品种和数量。由于客流量的变化不具有规律性,因此这种安排存在着一定的困难。尽管生产计划难以确定,但是又必须尽可能准确地预测。安排适销对路的品种和数量,能够满足宾客对餐饮食品的需求,提高餐饮服务质量;能够为食品原料采购、厨房、酒吧和餐厅员工劳动调配提供依据;能够提高饭店的竞争能力,实现餐饮经营目标。

编制生产计划表,首先要做好销售统计,其次是做好销售预测。

（一）销售统计

销售记录是书面记载菜单上菜肴销售的份数。有些餐厅对菜单上每种菜的销售量都作记录。销售记录的复杂程度取决于菜单上品种的多少、信息的详细度以及信息的用处。

1. 原始记录

由于销售记录是记载顾客订菜的数量,因而其基本信息来自于餐饮销售人员——餐厅服务员。大多数餐厅将顾客订的菜记录在账单（或订菜单）上。账单在营业结束后集中到收银台再转给餐饮成本控制员。为记录销售信息,餐厅订菜员必须将订的菜书写清楚。

销售信息可采取下列几种方法从客人账单上获得:

（1）收银员统计。最简单也是使用最广泛的方法是在销售时,做好各种菜肴的数量记载。大多数企业是由收银员在开账单时顺手将账单上菜品的销售做好记录。这种信息可以记在预先准备好的菜肴销售记录卡上。销售记录卡如表7-3所示。

这种方法的优点是:信息及时,不需专设人员在数据累计后再专门作统计,这种统计无需增加人工费用。

表7－3　销售记录卡

星期_____	日期_____	餐别_____	天气_____

产品品名	销售份数	总数	单价	销售额
总数				
客人数				

（2）有些企业的收银员工作过忙顾不上作统计工作，可以在每餐结束后将账单交给成本控制员统计，统计方法如上。这种方法较费时间。也有的企业收银员将账单交会计人员统计。

（3）一些大型餐饮企业用电脑作信息处理，编制销售记录。

2. 信息的汇总及用途

餐饮成本控制员在掌握每种菜的销售份数后，将销售数量汇总。汇总方法如下：

（1）按经营日期汇总。按经营日期汇总，是将每日的销售数据按日期列出，每周或每月列在一张卡片或一页纸上加以汇总。按经营日期统计的销售记录如表7－4所示。

表7－4　按经营日期统计的销售记录

星期	一	二	三	四	五	六	日	一	二	三	四	五	六	日	一	二
日期	1	2	3	4	5	6	7	8	9	10	11	12	13	14	15	16
品名	销	售	份	数												
总数																
客人数																

该信息的用处是:

①反映餐厅菜品总需求量的趋势以及各份菜的销售趋势。这种信息可用于下周、下月和次日销售量的预测,便于对各菜品的生产数量作好计划。

②便于汇总各份菜的销售量,反映各份菜的受欢迎度。该信息有利于菜单的分析和调整。

(2)按一个星期中的各天分别统计销售数量。将销售数据按星期一、星期二、星期三……分别汇总。按每星期中不同天作的销售记录如表7-5所示。

表7-5　按星期中不同天作的销售记录

日期	星期一						星期二						星期三	
	1	8	15	22	29	小计	2	9	13	23	30	小计	3	10
品名	销　售　份　数													
总数														
客人数														
销售额														
平均消费额														

这种信息能够反映一个星期中各天客流量的变化情况及各天的销售模式和规律,了解和掌握各天中各份菜的销售分量。便于计划一个星期中各天、各菜的生产数量和人员配备。

企业在进行销售预测和制订生产计划时同时需要上述两种统计,第一种统计反映一周或一月的销售情况和趋势,便于进行下周或下月的计划,进而再参照第二种统计做出各天的计划。

(3)各时段销售统计。许多餐厅对各时段的销售额和客人数进行统计,特别是对于快餐厅、咖啡厅和酒吧这种统计更为重要。因为这些餐厅营业时间长,在清淡和高峰时段客人的需求量波动显著。掌握各时段的销售数据能帮助餐饮管理人员作好生产时间的安排及不同时间生产数量的计划,帮助管理人员确定职工工作的班次和职工人数的安排。同时该信息还能显示出餐厅营业的清淡时段,以便计划清淡时段的推销活动和计划餐厅最合适的营业时间。按时段销售统计如表7-6所示。

表7-6　按时段销售统计表

| _____年_____月_____日 | | _____餐厅 | |
| 星期_____ | 天气_____ | _____餐别 | |
时段	客人数	销售额	备注
0～5:00			
5:00～6:00			
6:00～7:00			
7:00～8:00			
8:00～11:30			
11:30～14:00			
14:00～17:00			
17:00～21:30			
21:30～24:00			

(4)品种销售数的百分比。许多餐厅除了统计各品种的销售份数外,还统计各品种的销售百分比。进行这种统计往往不能只取一天的数值,因为一天数值有许多偶然因素,不能反映出规律性,要取累积一段较长时间的数据。餐厅累积的各品种销售数的百分比数据如表7-7所示。

表7-7　品种销售百分比

| _____年_____月　_____餐别　　_____餐厅 | | | |
品种名称	销售量	销售百分比	备　注
合计			

各品种销售数百分比的统计,对于各菜的销售预测和各菜的生产计划具有极大的参考价值。如果销售百分比数据是较长时间的累积值,则能反映出各菜的销售和需求规律,在预测未来菜品的销售总额后,可用此比例值预测各菜的销售量,并根据销售量作好各品种的生产计划。此外,这种信息对分析菜单上各品种的受欢迎度,决定是否继续提供某种品种有很大意义。

在进行销售记录时,应注意记上对餐饮销售有影响的其他信息,例如:

①天气。恶劣的天气一般会使销售额下降。但在有些城市,坏天气反而使饭店晚餐的销售量增加。

②特殊日子和特殊活动。如重要的节日、假日对餐饮销售量会有不同的影响。有些节日使外出就餐人数增加,而有些节假日使某些餐馆的销售量减少。另外如果饭店有重要活动,如举办展览会、举行会议等,会影响饭店内餐厅的客源。如餐馆附近街道施工也会使销售受到不同程度的影响。

(二)销售预测

预测是利用可得的相关数据来预计未来。它是对未来的一种有根据的推测。如果能对未来的销售量作出较精确的预测,就能较适当地作好餐饮生产和采购计划,能够每日正确地安排各种菜品的生产份数,避免盲目生产和采购,降低食品饮料变质和丢失的概率,减少浪费。

1. 品种销售的总量预测

对品种销售总数量的预测需要应用销售记录的数据。餐厅若能按每个星期中的各天分别统计各种菜品的销售量,进行销售预测就比较容易。假如餐厅要求预测下周一的销售量,就要先列出上一个月中各星期一全部品种的销售总数,然后采取一种简单的加权平均法求出预测值。

例如,上例中某饭店在九月份各星期一的全部品种销售总数以及加权值如表7-8所示。

表7-8 九月份各星期一的全部品种销售总数以及加权值

日期	品种销售总数	各销售数据的权数	加权值
9/1	300	1	300
9/8	352	1	352
9/15	278	2	556
9/22	323	2	646
9/29	335	3	1005
合计		9	2859
理论预测值	2859÷9=318		

加权平均预测法是给予以往的销售数据以不同的权数,越晚的数据给予的权数越大,然后将加权值相加除以总权数,求出平均值。其计算公式如下:

$$N = \frac{Q_1 W_1 + Q_2 W_2 + \cdots + Q_n W_n}{W_1 + W_2 + \cdots + W_n}$$

式中,Q——销售数据

W——权数

在上例中的理论预测值计算如下:

$$\frac{300 \times 1 + 352 \times 1 + 278 \times 2 + 323 \times 2 + 335 \times 3}{1 + 1 + 2 + 2 + 3} = 318$$

加权平均法是给予新近的数据较大的权数,这样较能反映销售趋势,也能消除由于偶然事件而引起数据变化因素的影响。尽管如此,按数学公式计算出来的预测只能是理论预测值,实际工作中还要考虑季节、天气等因素,若是饭店中的餐厅还要考虑客房出租率,是否有会议和团队用餐、宴会预订。用按数学方法测得的数据再均衡上述几种情况,再为保证菜品供应加上一定保险值,就得出品种销售的预测值。

预测值 = 理论预测值 ± 特殊情况增减值 + 保险值

在上例中,若根据气象预报下周一会下雨但无其他特殊情况,管理人员根据经验估计下雨大概销售量会减少 50 份,为保证供应加上理论预测值 10% 的保险值,这样这一天的预测值应为:

318(1 + 10%) = 300 份

这种预测方法十分简单,也比较实用,适合每日都需要计划生产量的餐厅使用。

2.各品种的销售份数预测

如果某预测日的菜单或酒单与以前的可比日的菜单或酒单无大变化,并且该日没有大的特殊餐饮活动,则可使用前述"各品种销售百分比"记录数据来预测各品种的销售份数。

首先,预计被预测日的全部菜品的销售总数,然后,根据一段较长时间统计的各品种总销售数的百分比来进行预测。各品种所占的百分比统计值以及各品种的理论预测值如表 7-9 所示。

表 7-9　百分比统计值以及理论预测值

品名	占销售总数百分比统计值(%)	预测销售份数
红粉佳人	21.4	64
蓝色夏威夷	22.2	67
长岛冰茶	7.4	22
金汤力	49.0	147
10 月 6 日预测总数	100	300

显然,要想得到各品种销售份数的理论预测值,只需要将该日销售总数预测值乘以各菜占总数的百分比。当然管理人员还应根据该日有否大的宴会和餐饮活动,对理论预测值进行调节。

上述预测方法有以前的销售统计数据作依据,具有一定的科学性,再加上管理人员对经营情况的判断,因此这种预测方法既十分简单,又具有很强的实用性。但是此法比较粗糙,在很大程度上要依赖于管理人员的经验判断。

销售预测对于餐饮生产品种和数量的计划,对于人员的安排起着指导作用。主厨师长利用销售预测数据计划菜单上每项菜品的生产份数、要求采购员采购适当量的原料,因此是生产管理的一个重要环节。

第三节　餐饮生产标准化

餐饮生产标准化是指为取得餐饮生产的最佳效果,对餐饮生产过程中的普遍性和重复性的活动,通过制定标准而进行标准化生产的一种有组织的活动。餐饮生产的特点决定着其标准的制定是一项艰巨而复杂的工作。目前,餐饮的生产标准都是通过标准菜谱(也涵盖了标准酒谱)来完成的。

一、标准菜谱及其作用

标准菜谱是餐饮生产标准化控制的工具。标准菜谱是指对餐饮生产的菜品在名称、用量、制作方法和制作程序等方面做出的统一规定,是餐饮生产制作人员进行操作的依据和准则。在餐饮管理中,标准菜谱具有以下作用:

(一)有利于提高产品质量

如前所述,使食品原料采购、验收、保管和申领有了工作依据和准则,从而保证厨房生产所需要的食品原料规格和质量,减少原料损失,降低生产成本,为提高出品质量奠定了基础。此外标准菜谱能够保证产品质量标准化,无论生产者、生产时间和产品的购买者发生任何变化,菜肴的分量、成本和味道都能保持一致。即使某位厨师不在岗,其他厨师也能根据标准菜单生产同一菜肴。稳定的质量有利于保持顾客对菜肴的欢迎度,增加回头客。

(二)有利于生产成本的控制

标准菜谱对每份成品的配料、重量和原料单价都作出规定,就可以计算出每份成品的原料标准成本。对厨师在配份方面的规范,可以防止厨师盲目投料,既可以杜绝原料损失浪费,控制原料成本,又可保证成品质量。

(三)有助于确定菜肴的价格

食品原料成本是定价的基础。标准菜谱规定了每份成品的原料标准成本,餐饮管理者就可以以此为基础计算各种菜点的价格。标准菜谱上留有准备原料价格变化时进行调整的原料单价栏和原料成本栏,若市场原料价格变化,便能立即对原料成本进行调整。

(四)减少管理人员的工作量

由于厨师知道各种菜肴需要多少原料、辅料和调料以及操作方法,管理人员对厨师的监督检查工作量就可减少。每份标准菜谱列明了菜肴生产过程中所需使用的各种工具和烹调时间,管理人员能较容易地制订生产计划表。

（五）有利于提高原料的利用率

食品原料在加工、切配和烹制过程中都会产生折损。不同种类、规格和质量的食品原料,其净料率是不同的;不同的加工、切配和烹制也有其差异。有了食品原料标准,就可以规定对食品原料采取不同的加工和烹制的标准净料率或折损率,能够规范厨师的加工方法,可以提高食品原料的出成率,降低原料的折损,对于原料成本控制、保证出品的数量与质量都是非常重要的。

当然,标准菜谱也有不足之处,如标准菜谱的制定、测试和实行需花一定的时间和费用,标准菜谱有可能扼杀厨师的创造性和主动性等。

二、标准菜谱的内容

标准菜谱主要由以下四种标准来构成:

（一）标准配料量

标准配料量是指生产某菜肴所需的各种主料、配料和调味品的数量。在确定标准生产规程以前,首先要确定生产一份标准份额的菜品需要哪些配料,每种配料需要多大用量,每种配料的成本单价和金额是多少。

由于配料原料的市场价格经常发生变化,成本也要不断调整,在配料卡中要多设几格填写调整后的单价和金额。成本调整的次数取决于市场价格的波动情况。如果市场价格波动不大,一般可 3~4 个月计算一次。另外调味品也是菜品的组成部分之一,其成本也应计算在标准成本之内。

（二）标准制作程序

在标准菜谱上还应规定菜品的标准制作方法和操作步骤。标准制作程序要详细、具体地规定食品烹调需要什么炊具、工具、原料加工切配的方法、加料的数量和次序、烹调的方法、烹调的温度和时间,同时还要规定盛菜的餐具,菜品的摆布方法。

标准份额、烹制份数和烹调程序一般由每个厨房自己编制,不能通过一次烹饪就作规定,而必须多次试验或实践,并不断地改进,直至生产出的产品色、香、味、形俱佳,受到顾客欢迎为止。这时产品的份额、配料的项目、各配料的用量和烹调程序才能作为生产的标准规定下来。标准配料量和标准生产规程必须记录在卡片上供生产人员使用。

（三）标准出品份数和分量

在厨房中,有的菜品只适宜一份一份地单独烹制,有的则可以或必须数份甚至数十份一起烹制,因此菜谱对该菜品的烹制份数必须明确规定,才能正确计算标准配料量、标准出品份数和分量及每份菜的标准成本。

标准出品分量是某份菜品以一定价格销售给顾客的规定的数量。每份菜品每次出售给顾客的数量必须一致。比如一份小盘酱牛肉的分量是 200 克,那么每次向顾客销售时,其分量应该保持一致,必须达到规定的标准份额。规定和保持标准出品分量具有减少顾客不满和防止成本超额两大作用。

(四)标准单位成本

标准菜谱上规定了每份菜的标准成本。确定每种菜肴的标准成本并不太容易。首先要通过试验,将各种菜肴的净料成本、用量以及烹调方法固定下来制定出标准。然后将各种配料的金额相加,汇总出菜品生产的总成本额,再除以烹制份数,得出每份菜的标准单位成本。每份菜的标准单位成本是控制成本的工具,也是菜品定价的基础。它的计算公式如下:

$$每份菜的标准单位成本 = \sum 各种配料的净料成本 \times 各配料用量/出品份数$$

每份菜的标准成本率是标准单位成本占菜肴售价的比例:

$$每份菜的标准成本率 = (标准单位成本/售价) \times 100\%$$

在计算每份菜的标准单位成本和标准成本率时,关键是先要算出各配料的净料成本,因为采购进来的原料不一定是净料,大部分为毛料,毛料还需要加工。

1.一料一用加工切配净料率和净料成本

食品原料经过加工切配后,除去折损,只得到一种净料,称为一料一用加工切配净料。原料折损的重量与毛料重量之比以百分比表示,称为折损率。这一种净料的重量与毛料重量之比以百分比表示,称为净料率或出成率。例如,某厨房申领竹笋20kg,单价为2元,经过加工切配后得净料12kg,其折损率为40%,净料率(出成率)为60%,则每千克竹笋净料成本为3.30元(2.00元/0.60)。

2.一料多用加工切配净料成本

有的食品原料经过加工切配后,除了折损以外,其净料可分为几个档次加以利用。在这种情况下,食品原料某一档净料成本计算公式为:

$$某一档净料成本 = \frac{毛料总价值 - 其他档净料价值总和 - 折损价值}{某一档净料重量}$$

例如,某厨房申领填鸭20kg,每千克6.40元。经宰杀加工:鸭血0.5kg,单价0.80元,鸭内脏1.5kg,单价0.86元,光鸭14kg,则光鸭每千克成本为:

$$\frac{6.40 \times 20 - 0.80 \times 0.5 - 0.86 \times 1.5 - 6.4 \times 04}{14} = 7.20(元)$$

3.熟制品净料成本

食品原料经加工切配、烹制为熟制品,再经过切割作为冷盘菜肴。在加工烹制的各操作过程中都会出现折损。例如,厨房申领鸡的毛重为2kg,单价为4.78元,经加工除去下脚料后的重量为1.1kg,其加工的净料率为:

$$加工净料率 = \frac{加工后重量}{毛料总重量} \times 100\% = \frac{1.1}{2} \times 100\% = 55\%$$

经烹调后称重为1千克,其烹调出成率为:

$$烹调出成率 = \frac{烹调后重量}{烹调前重量} \times 100\% = \frac{1}{1.1} \times 100\% = 91\%$$

切割除去下脚料后称重为0.8千克,其切割出成率为:

$$切割出成率 = \frac{切割后重量}{切割前重量} \times 100\% = 0.8 \times 100\% = 80\%$$

由上述可知,从毛料到成品应得到的净料重量的计算公式为:

净料重量 = 毛料总重量 × 加工切配出成率 × 烹调出成率 × 切割出成率

上例的净料重量为:

$$2 \times 55\% \times 91\% \times 80\% = 0.8(\text{kg})$$

则净料成本为:

$$4.782/0.8 = 11.95(\text{元})$$

如果用折损率计算净料重量,其计算公式为:

净料重量 = 毛料总重量(1 - 加工折损率 - 烹调折损率 - 切割折损率)

$$= 2(1 - 45\% - 5\% - 10\%)$$
$$= 0.8(\text{kg})$$

不难看出,食品原料经过加工、烹调、切割等工序处理后,总净料率的计算公式为:

总净料率 = (加工净料率 × 烹调净料率 × 切割净料等)

$$= 1 - (加工折损率 + 烹调折损率 + 切割折损率)$$
$$= 1 - 总折损率$$

4.成本系数

随着市场化进程的深入,原料价格的波动性增强,季节性和反季节性原料价格、供需变化中的原料价格都在不断地变化,导致每月、每周乃至每天的价格都不一样,这就给净料成本核算增加了难度:每当价格变化,相应净料成本就得重新计算,重新进行加工切配和烹调试验。成本系数法就是为解决这一难题而采用的一种确定净料成本的方法。成本系数的计算方法如下:

$$每千克成本系数 = \frac{净料每千克价格}{毛料每千克价格}$$

$$每份菜成本系数 = \frac{每份菜成本}{毛料每千克价格}$$

以上面的例子计算两种成本系数,分别为:

每千克成本系数 = 11.25 ÷ 5 = 2.25 元

每份菜成本系数 = 2.81 ÷ 5 = 0.562 元

利用成本系数,能很容易地算出价格调整后每千克的成本和每份菜的成本:

价格调整后每千克净料成本 = 每千克成本系数 × 每千克毛料的新价格

价格调整后每份菜净料成本 = 每份菜成本系数 × 每千克毛料新价格

在上例中,如果家鸡毛料价格调到6.5元/千克,则调整后的净料成本分别为:

每千克净料成本 = 2.25 × 6.5 = 14.63 元

每份菜净料成本 = 0.562 × 6.5 = 3.65 元

可见,成本系数的使用能简化净料成本的计算。在原料的进货单价发生变化后,利用成本系数无须再计算损耗率,便于直接算出净料的新成本额,从而可以迅速调整菜单所供应的菜品的售价。

三、标准菜谱卡

许多餐厅为方便餐饮生产标准化管理,往往把生产每个菜品的标准菜谱以卡片的形式整理出来,就是把标准配料量、标准制作程序、标准出品份数和分量、标准单位成本记录在一张卡片上。为便于质量控制,有些饭店在卡片上还配上一张成品图或彩色照片。标准菜谱卡如表7-10所示。

表7-10 标准菜谱卡

菜品名称						
售价: 标准单位成本: 标准成本率:						
配料名称	毛料单价	净料率	净料成本	用量	金额	制作程序
成本总额						照片或图片

第四节 餐饮生产损耗控制

由于食品原料的种类不同,其加工切配和烹调后的损耗率也不同;同一种食品原料因品种、产地、规格、成熟度、饲养或栽培条件、质量等的不同,其损耗率也不同;同一原料加工切配要求和烹调方法不同,损耗率也有差异。在生产标准化控制中,应根据不同加工烹制要求,通过实践经验的总结,就可以制订食品原料的标准损耗率。

菜品配料的成本往往以净料的用量标准为基础而确定的。而进货的原料大多是毛料,一般要经过拣洗、涨发、宰杀、拆卸等加工处理才能得到净料,然后投入使用。一些熟菜在烹调过程中还会发生损耗,原料的净成本和价格要根据熟食成本而定。为了便于成本控制,合理利用原料,必须对食品生产过程中的加工切配和烹调损耗进行控制。

一、加工切配生产损耗控制

原料在加工切配过程中的损耗量与毛料量的比例,称为损耗率,其计算公式如下:

$$损耗率 = \left(1 - \frac{净料重量}{毛料重量}\right) \times 100\%$$

经过反复试验,可定为标准损耗率,使用标准损耗率,可以在计算原料的标准净料量时与实得净料作比较。

如果活鲤鱼的标准损耗率是20%,餐馆进料30千克鲤鱼,应得鲤鱼净料的标准是:

$$30 \times (1 - 20\%) = 24kg$$

如果得到的实际重量低于24千克,则加工过程的损耗超过了标准损耗率,应对加工过程予以规范。

一料一用和一料多用的加工切配损耗也需要通过试验来确定净料成本。在试验时,将购进的整块原料请加工切配员整切,将能使用的与不能使用的料分开,能使用的再切成烹调所需的形状和大小,然后分别加以称重,将不能使用部分的重量、加工切配损失的重量和能使用的重量分别记在加工切配试验卡上。有些下脚料可处理给其他企业;有些其他档次的原料可制作其他菜品,加以综合利用;次级原料也要确定价值。加工切配试验卡如表7-11所示。

为了提高净料成本计算的准确性,加工切配试验不能只做一次,即使原料按标准采购规格购买,进行一次试验也是不可靠的。最好多做几块原料的试验,从得到的数据中求得平均值,作为标准净料成本。

表7-11 加工切配试验卡

					成本		成本系数	
原料名								
级别:								
重量:								
总成本额:								
原料档次分类	重量(kg)	占总重量比例	每千克价值	总价值	每千克价值	每份价值	每千克	每份
切配损失								
净料								
总计份额量								

二、烹调损耗控制

加工切配试验能帮助计算许多原料的每千克净料价格和每份菜的净料价格。但是餐厅中有许多菜在烹调后会损失重量,而菜肴的份额量是根据烹调后的量计算的,菜品成本和价格也是根据烹调后的原料计算的。例如,餐厅中的烤牛肉、盐水鸭、酱牛肉、白斩鸡等都必须计算烹调后的成本。在销售时也是按烹调后的成本定价的。对餐厅中的许多菜必须确定原料的标准烹调损耗率,为此必须进行烹调损耗试验。另外,在烹调后的切割装盘过程中还必须除去一些骨头、筋、肥肉等,切割下来的骨头、肥膘往往无价值。这些重量也应除去后才能计算净料价格。在试验过程中,烹调前后的重量、切割前后的重量应该分别称重,将这些数据记录在烹调损耗试验卡上。烹调损耗试验卡如表 7 – 12 所示。

表 7 – 12　烹调损耗试验卡

原料名								
烹调时间: 烹调温度: 烹调方法:								
						每份额	成本系数	
损耗类别	重量(kg)	占总重量比例	每千克价值	总价值	每千克价值	每份价值	每千克	每份
毛料总重量								
加工切配后重量								
加工切配损耗量								
烹调后重量								
烹调损耗量								
可销售重量								

三、生产损耗控制的意义

在生产过程中控制损耗率意义重大,主要表现在以下几个方面:

（一）便于对原料的采购和验收进行控制

计算从不同的供货商处购买的原料的加工切配损耗率,可帮助确定哪家供应商的原料质量最佳,以帮助选择供应商。并且根据标准损耗率控制各批原料,可了解采购、验收的原料质量是否稳定,因此标准损耗率是控制采购验收的工具。

（二）可以控制加工切配技术和方法

以标准损耗率计算的标准净料量控制实得净料量,还能控制加工切配中是否浪费原料和加工方法是否得当。例如,1斤梅花海参如果涨发得好能出4斤发好的海参,如果涨发技术不好只能出3～3.5斤海参,这样,成本又高口感又差。

（三）可以控制原料的综合利用效果

以标准净料成本控制实际净料成本,对一料多用的综合利用是有效的控制方法,可减少食品生产原料的用量,减少生产成本。

（四）便于菜肴的定价

许多菜品的定价是以原料成本为基础,而且许多菜是按净料重量销售,只有根据标准损耗率算出净料成本才能确定菜肴的价格。例如,酱牛肉等按熟肉净料分份,而且根据每份的成本来确定价格,因而只有计算出标准损耗率才能准确制定价格。

（五）便于创造新菜

综合利用辅料可为餐厅创造新菜,增加花色品种,增加菜单吸引力。

第五节　餐饮生产质量控制

餐饮生产质量控制就是根据餐饮生产流程,从原料采购、加工、配份、烹调、成品放置及服务沟通各环节出发,对餐饮生产过程中的质量所进行的控制管理工作。

一、原料采购质量控制

生产要达到标准的质量首先要从原料采购质量进行控制。原料选择要求精细、新鲜、部位要准确,以符合产品的风味和质量要求。如果原料质量不符合标准,即使烹调技术再高明,菜品的质量也难以保证。原料的质量通常包括原料的食用价值、成熟度、卫生和新鲜度四项内容。

（一）食用价值

原料的食用价值即原料本身的品质,如营养成分和价值的高低、口味好坏、质地优劣等。原料的食用价值一般由原料的品种、产地、收获季节以及动物性原料的年龄、性别等自然因素决定。掌握每一类原料的性能、特点,了解不同品种原料之间品质的差异,有利于合理地选料。

（二）成熟度

原料的成熟度与原料的培育、饲养或种植时间、上市季节有密切关系。原料的成熟度影响食用价值，它可通过色泽、形状和质地等因素显示出来。

（三）卫生

腐败变质、受污染或本身带有病菌或毒素的原料不符合卫生标准。在选购动物原料时要注意有无卫生防疫检验合格单，并且要从外观、形状和色泽上进行判断。

（四）新鲜度

原料在流通、运输和储存过程中历经时间过长或保管不妥会降低新鲜度甚至变质。原料的新鲜度下降可从形状、色泽、水分和重量、质地、气味等外观变化上反映出来。

二、原料粗加工质量控制

大多数原料必须经过加工切配才能用于烹调。所谓粗加工，是指对原料进行初步加工处理，如鲜活原料的宰杀、冲洗、切割、整理；干货原料的涨发、漂洗；蔬菜的分拣、洗涤等。食品原料粗加工是厨房菜肴生产的第一道工序，其加工得好坏直接影响以后工序的生产、净料量和菜品的营养卫生等，因此，必须加强对食品原料粗加工的控制。控制原料粗加工质量主要应抓好以下几个方面的工作：

（一）保持原料营养成分

原料的营养成分会因粗加工方法不当而受到损失，为此，干货原材料的涨发浸泡温度、用料，蔬菜、瓜果等鲜活原材料的拣洗、去皮，动物性原料的拆卸、解冻等都要采用正确的方法，尽可能保持原材料的营养成分不受或少受损失。

（二）合理布局和安排人力

按照原料的种类不同，实行分类分区作业，如分为蔬菜加工区、水果加工区、肉类加工区、禽类加工区、水产品加工区和干货加工区等，从而有利于各类食品原料粗加工的流水作业，避免相互干扰，便于加工区环境和食品原料的卫生管理。针对食品原料粗加工的难易程度和技术要求不同，有的可以安排厨工和临时工操作，有的则必须安排有专业技术或具有加工经验的厨师进行加工，提高出成率，保证加工质量。岗位员工应该相对固定，提高加工的技艺和熟练程度，提高加工效率。

（三）掌握加工方法

各种食品原料粗加工的操作程序和加工方法是不同的，必须采用正确的加工程序和加工方法。蔬菜、水果类要经过摘拣、刮削、洗涤、整理等得到出品；家畜肉类要经过拆卸分档、去皮去骨等得到出品；家禽类要经过宰杀、褪毛、取内脏、洗涤后得到出品；水产品类要经过刮鳞、褪砂、剥皮、泡烫、摘洗、宰杀等得到出品；干货类要经过摘洗、涨发、除杂得到出品。食品原料种类不同，加工操作程序也不同。

食品原料种类不同,加工方法也不同。总之,应该根据食品原料的具体情况、加工要求、用途、生产任务等的不同,有针对性地采取合理的加工方法,认真对待每一操作环节,精心操作,保证粗加工出品的质量,提高出成率。

(四)保持原料形状完整美观

原料粗加工是为细加工服务的。加工后的原料是否完整、美观,形状是否符合细加工要求,直接影响下一道工序,最终影响产品质量。因此,原材料粗加工要尽量保持原料形状的完整与美观。其中,部分原材料的形状和重量要符合装盘要求,规格要统一。

三、原料细加工质量控制

所谓细加工,是在粗加工之后,按照烹调的要求,运用刀工技法,将原料加工成具有一定规格形态的操作过程。细加工是一项专业技术性很强的工作,其刀工处理质量,直接影响菜品的烹调制作和产品风味。要加强对原料的细加工控制,主要需抓好以下几个方面的工作:

(一)分类加工

粗加工的出品大多是按分档取料的原则加工的,其出品适宜烹制不同档次、不同风味、不同花色品种的菜肴。因此,细加工岗位的厨师必须能够评定粗加工出品质量;根据菜肴的要求,从粗加工分档取料的出品中,选择能够满足菜肴要求的原料,分类加工,进行规范的刀工处理。盲目用料,不仅影响烹制菜肴质量,也使原料成本难以控制。

(二)刀工要精细

同种风味、同一品种的食品原材料细加工要整齐划一,规格大小和形状一致。刀工处理要做到厚薄、大小和刀路均匀。需要断刀的不能有连刀,不需要断开的要保持切而不断,做到干净利落,便于烹调。

(三)易于入味、烹调和食用

大块原料在烹制时,调味品渗透到原料内部比较困难。通过细加工的刀工技法处理,使原料由大变小、均匀一致或在原料表面剞上花刀,不仅使原料成熟快,而且,便于原料入味。

通过刀工处理,使原料形态变得整齐、规格均匀;通过刀工处理,将性质、质地不同的原料能够通过加热均匀成熟;通过刀工处理,使菜肴能够满足装盘造型要求。

整块大料不方便宾客食用,通过刀工处理后烹制的菜肴,宾客食用时就方便了。

四、原料配份质量控制

配份又称配菜、配料。配份是使菜肴具有一定质量、形态和营养成分而进行的各种原料搭配过程。配份是生产菜肴的主要工序,影响着菜肴的内在质量、感观质量、份额量和成本,为此,必须加强对配份的控制。要控制原料配份质量,主要应抓好以下几个方面的工作:

（一）按标准配份

按标准配份就是根据标准菜谱上规定的用料和用量配份。传统经验式配菜具有很大的随意性,难以保证菜肴质量及其一致性,难以控制菜肴原料成本。按标准配份是指按标准菜谱所规定的配料量进行配菜,并使用称量、计数和计量等控制工具。即使是最熟练的配菜厨师如果不进行称量也很难做到精确。常用的方法是在配二、三份菜后称量一次,如果配制分量合格可接着配,若配量不准,以后的配置要继续称量。

（二）按顺序配份

配菜厨师只有接到餐厅客人的订菜账单副本或其他有关的正式通知单（如宴会或团体用餐）才能凭单配制。要保证配制的每份菜都有凭据,并应按菜单先后,顺序配菜,为炉灶厨师顺序出菜和为餐厅及时上菜提供保证。在配份过程中还要杜绝各种失误,如重复、遗漏、错配等。

五、原料烹调质量控制

烹调是厨房生产的最重要工序,是保证餐饮产品色、香、味、形的关键环节。虽然餐饮产品烹调制作的过程较短,却十分重要和复杂。对烹调过程进行控制,主要应抓好以下环节:

（一）按标准烹调

标准菜谱中现定有标准制作程序,是指导厨师烹调操作的行为准则,必须认真贯彻执行,才能够保证菜肴质量,坚决杜绝厨师烹调的随意性。当然,对于尚没列入标准菜谱中的新产品或特殊风味的菜肴,厨师就应该充分发挥个人的独特烹调技艺,为客人提供风味菜肴。烹调后的出品,由质检员按标准要求全面检查合格后,方可提供给客人食用。

（二）按顺序烹调

零点餐厅厨房配菜师是按客人点菜的先后顺序配菜;团队、会议用餐和宴会是根据安排好的菜单顺序进行配菜。烹调厨师则应以配菜的先后,凭单顺序出菜,保证餐厅及时上菜。

（三）建立质量监督体系

餐饮部门应建立质量监督体系,严格贯彻菜肴质量检验制度,上至行政总厨下至厨师领班,实行层层控制,严格把关。包括设专人对出菜的速度、菜肴的温度、装盘规格进行经常的督导;也设一个出菜检查员,在成品向餐厅送出前进行检查,对于不熟、烹煳、色香味形太差等质量不合格的产品,不能端出厨房。为此,出菜检查员必须十分熟悉各菜品的质量标准,尽可能减少和消除剩余食品的再利用。剩余产品即使被搭配到其他菜肴中或制成另一种菜,成品的质量也会降低,必然造成浪费和客人不满,影响餐厅的形象和声誉。

六、成品放置质量控制

为全面保证菜品质量,必须对成品放置进行控制。其控制主要是尽可能缩短成品放置时间,尽快要求餐厅走菜。对于不能及时走菜的成品,备餐间的微小气候条件,应能保持菜品的最佳品质;根据不同菜品采取保温、保湿措施,维持菜品的最佳品质。

(一)尽量缩短放置时间

食品在烹调后,有时由于人手关系,不能及时走菜,需要放置一段时间,有时为提高服务效率需要将某些食品预先烹调好。一般的食品要尽量缩短放置时间。为此生产点和服务点要接近,通道要通畅,要培训员工采用最短的服务路线,不走来回路线,以提高服务效率。

不同的食品放置后的质量下降程度是不同的,土豆泥饼做完后放置不得超过20分钟;肉类烹调后应立即上桌;蔬菜烧好后放置时间长了,其色、香、味和营养价值都会变差。

(二)放置温度要合适

为保持食品的质量,食品烹调后放置的温度要合适。有些食品的放置温度不宜太高,如烤嫩牛肉、鸡蛋等放置温度高了,质量会下降。有些食品的放置温度要高,送给客人时应该是烫的。下面是一些食品的最佳放置温度:

肉类(烤):59℃~64℃(烤嫩肉不超过59℃)

汤、咖啡及其他液态食品:85℃~90℃

沙拉及冷盆:4℃~7℃

冷冻食品(如冰淇淋):-13℃~-9℃

(三)放置的湿度要合适

食品烹调后要保持新鲜漂亮的外表,必须保持适当的湿度,以防止颜色消退。肉放置后若失去水分,其颜色会变暗,所以烧好的大块肉要盖好,现吃现切保持肉的新鲜色彩。蔬菜烧好后要放在潮湿的容器里,干燥后会失去新鲜自然的颜色。而有些食品,如炸鱼、炸肉、炸土豆条等脆的食品,遇潮后质量会下降,可使用红外灯对它们进行干燥。同时食品的存放要选用合适的盛具。

七、加强生产与服务沟通

信息是餐饮生产管理的重要内容,加强生产与服务沟通是餐饮生产质量控制的最后环节。目前,我国拥有大批超大规模的提供点菜服务的餐饮企业,点菜服务是一种定制化或个性化的服务类型,如果厨房不了解顾客信息或餐厅错误传递顾客信息,会使厨房生产的菜品不符合顾客要求,使顾客对服务的满意度大打折扣,这就意味着餐厅个性化服务的失败。要解决这些问题,必须加强餐厅与厨房之间的信息沟通。

（一）品种选择沟通

在进行品种选择时,餐厅应将季、月、周营业情况报告给厨房,而厨房则根据餐厅营业性质、档次高低、接待对象的消费需求,选择产品风味和花色品种。在这一过程中,双方的沟通内容可以有:高、中、低档产品及特色菜的搭配与适应消费程度;冷菜、热菜、面点汤类比例协调程度;零点餐厅、自助餐厅的花色品种数量适度情况。

（二）菜单设计沟通

在设计菜单时,餐厅应向厨房提供以前用过的特殊菜单、零点、宴会等菜单的使用情况。厨房应选择专业技术人员负责统筹安排,精心设计好各种菜单,并与餐厅在菜单种类、菜品供应程度及质量标准、主配料的选择等方面进行沟通。

（三）餐前沟通

开餐前,餐厅应了解当日厨房所能提供的各类食品,厨房应把不能提供的食品主动向餐厅经理说明。双方在餐前例会时可就当日主要客源情况、工作程序、特殊服务要求、准备提供的各类食品等进行沟通。

（四）餐中沟通

开餐中,对客人提出的特殊要求餐厅应立即通知厨房。如果发生质量事故,如点错单、上错菜、食品变质、数量不足、温度不对及厨房设备影响营业等情况,餐厅要及时与厨房和有关部门联系,尽快解决。而厨房促销的特殊食品应有正式的菜单通知餐厅,有质量事故应先满足客人要求,再论是非。

（五）餐后沟通

餐后总结时,餐厅应将当日三餐的经营情况提供给厨房,厨房根据当日经营情况预测并制订出次日经营食品计划并通知餐厅。双方可以对当日三餐上座率、高中低档食品营销比例、全日营业额、饮料和食品比例、特菜,时菜,红、白案营销数、人员情况、内消耗数、客人反映、特殊情况、投诉情况、好人好事、以后注意事项等问题进行沟通。

 章后案例

利用菜单控制成本

湘西部落餐厅自 2002 年成立以来,就没有停止过对菜单的探索。最初开业的时候,湘西部落根据湖南出土的秦简,创造性地制作了竹签菜单,制造了企业的一个经营亮点,引领了当时长沙菜单的潮流。但是后来在使用过程中,湘西部落发现

这种菜单虽然极具民族特色,但是同时也存在着制作难度大、不易更改、没有图片,不够形象、制作成本高等问题。

2005 年,湘西部落将成本控制菜单正式引入企业。以湘西部落这种定位大众消费的餐企为例,如果毛利定得过高,就会减少客流量,降低顾客的满意度;如果毛利定得过低,就会造成企业无利可赚,经营困难。所以,菜品毛利的制定,对一个餐企的经营至关重要。假如湘西部落的理想菜品毛利在 55% 左右,那么这部分菜品就是湘西部落销售的主力方向。毛利偏低一些的在 50% 左右,这部分菜品主要是一些诱客菜品,起到吸引人气的作用,比如农家小炒肉,别家卖 22 元,湘西部落卖 16 元。毛利偏高的在 60% 左右,这部分菜品主要是一些特色菜,人无我有的,毛利自然要高一些,这些菜品是为了实现企业的差异化经营而设置的。

湘西部落对成本控制菜单的探索是一个逐步深入的过程。在使用了一段时间的竹签菜单后,湘西部落又发现了一些问题,那就是这种菜单与消费者的点菜顺序发生了一些冲突。传统的中餐点菜,都是凉菜、热菜、汤、主食、甜点这样的顺序,但是因为并在了一个色块中,所以一个色块中就可能有不同类型的菜品,比如凉菜、热菜、汤都有。这样,有一部分消费者就不太适应。

面对这个问题,湘西部落引进了一种新的菜单。这种菜单,依靠湘西部落对菜品毛利的精确把握,通过图片大小、摆放位置、色度明暗、图片意境、特殊编排等手段来表现。

湘西部落的这种成本控制营销菜单,可以送,可以派发,所以每次的印量很大,都在 10 000 册左右。因为印量大、印刷频率高,所以湘西部落在和供应商谈判的过程中,就获得了主动,也获得了更多争取优惠的机会。这样的话,看似印量比原先大了,但是因为获得了之前没有过的优惠,算下来,还省钱了,降低了菜单制作的成本。

讨论题:

1. 湘西部落的成功经验是什么?
2. 结合本案例,分析标准菜单的作用。
3. 结合本案例,并查阅相关文献,讨论分析中国餐饮企业如何发挥标准菜单的作用。

 **复习思考题**

1. 解释下列概念:
生产计划表　标准菜单　损耗率
2. 厨房组织形式有哪些?

3. 厨房人员岗位职责是什么？

4. 如何配备厨房岗位人员？

5. 餐饮生产有哪些特点？

6. 如何做好销售统计和销售预测？

7. 为什么要制订生产计划？生产计划有哪些主要内容？

8. 餐饮生产为什么实行标准化管理？

9. 什么是标准菜谱？标准菜谱包括哪些内容？怎样制订标准菜谱？

10. 如何制订标准净料率？怎样计算各种净料成本？

11. 怎样对食品原料的加工进行控制？

12. 怎样对配份和烹调进行控制？

13. 餐饮生产质量控制方法有哪些？

第八章

餐饮服务质量管理

学习目标

1.掌握餐饮服务质量的含义与特性;熟悉餐饮服务质量的内容。

2.掌握质量管理与全面质量管理的概念;掌握全面质量管理的基本要求;熟悉餐饮服务全面质量管理的基础工作;掌握 PDCA 工作法。

3.了解餐饮服务质量管理体系;熟悉服务质量环;掌握餐饮服务过程的质量控制;熟悉顾客投诉的含义和价值,掌握处理顾客投诉的原则和规程。

【引例】

一次成功的提高服务质量的活动

南方某大城市一家五星级饭店,以接待外宾为主,开业这些年来效益一直不错,名为"中国情"的 200 多个座位的中餐厅更是整个餐饮部的销售大户。几年来,成功的管理也一直使员工保持着较高的服务热情,顾客以情相报,不断光顾该餐厅。然而,从 2005 年初开始,由于市场竞争激烈,员工流动率增高,顾客需求越来越挑剔等原因,餐厅开始面临一系列的挑战。餐厅薛经理对经营方面的压力还能承受,但近半年来投诉信开始增多,顾客对餐厅的评价令他深感问题的严重性。

面对问题,薛经理也得到了一些管理者的建议,诸如搞"微笑服务月",或开展"服务竞赛"等,但薛经理深知仅靠这些活动不可能从根本上解决问题,餐厅要想重新赢得顾客的认可,必须创新另立方案。几天以后,在饭店人力资源部总监的建议和启发下,薛经理终于出台了被命名为"牡丹红,中国情"的活动方案。牡丹取国花之意,并明确了此项活动将持续到年底,是个大工程。

经过认真研究,"牡丹红,中国情"活动分为三个阶段完成。第一阶段:①改进当时所使用的客人意见反馈表的发放方法,使之更科学;②由薛经理向全体员工介绍此方案;③重新审核和制定服务标准。第二阶段:①针对重新审核和制定的服务标准,对服务人员进行培训;②薛经理及主管们开始进行服务标准评估。第三阶段:将服务标准填入为此项活动而设计的表格中,请顾客评估员工执行情况,并通过反馈信息进一步修正员工的行为。

审核和制定服务标准不考虑服务员全部的工作内容,而侧重考虑能影响客人对服务质量评估的关键项目。因此,餐厅需审核和制定出 10 ~ 15 项服务标准,但要保证这些项目能影响顾客对质量的评价。

令人惊喜的是,半年以后,服务质量有了明显提高。客人不仅在此项活动过程中给予了充分的合作,同时还向薛经理提出了许多宝贵的建议。薛经理发现,当经营者表示出乐于不断提高服务质量时,顾客则非常愿意提出他们好的建议。

"中国情"餐厅的成功带动了整个餐饮部,继而全饭店都开展了此项活动。薛经理和他的同事们正在试图将此项活动不断地持续下去。

第一节　餐饮服务质量概述

随着市场经济的发展与完善,今天的餐饮业竞争愈演愈烈。尽管竞争的形式可能多种多样,竞争的内容涉及方方面面,但都与服务质量有关,因此,对服务质量的管理,必定是餐饮企业一切工作的主线。

一、餐饮服务质量的含义与特性

(一)餐饮服务质量的含义

质量(Quality)又称为"品质",是现代质量管理学最基本的概念。在相当长的一段历史时期内,人们普遍认为质量就是符合性,即产品符合设计要求。达到设计要求就等于产品合格,质量过关,这似乎已成为一条定律。随着社会生产力的极大发展,买方市场的形成,这种质量观念的局限性日益暴露,已越来越不能顺应当今社会经济生活的需要了。原因在于它较多站在供方立场上考虑问题,而对用户的利益和感觉缺少关心。

在买方市场中,企业的生存与发展依赖于市场,要想赢得顾客,提高市场竞争力,就必须摆脱符合性质量观的束缚,正确认识和理解质量的内涵和特性。从顾客的角度出发,质量意味着产品或服务达到或超过其期望的程度。对顾客来说,质量就是"适用性",而不是"符合规范"。

随着 ISO9000 质量管理体系认证在企业的广泛应用,ISO9000 关于质量的定义逐渐为越来越多的人所接受。在国际标准 ISO9000:2000 中,将质量定义为:质量是指"一组固有特性满足要求的程度"。这一定义,既反映了要符合规范的要求,也反映了要满足顾客的要求,综合了符合性和适用性的含义。

定义中对质量的载体未作界定,而是泛指一切可以单独描述和研究的事物。它可以是产品和活动,也可以是过程、人员甚至是组织。

定义中的"要求",是指"明示的、通常隐含的或必须履行的需求或期望";"明示的"可以理解为规定的要求;"通常隐含的"是指组织或顾客的惯例或一般做法,所考虑的需求或期望是不言而喻的;"必须履行的"是指法律法规规定必须履行的有关健康、安全、环境、能源、自然资源、社会保障等方面的要求。"明示或隐含的需要"不仅包括顾客需要,也包括产品的其他受益者和社会的需要、所有者和供应商的期望与需要。

根据上述定义,可以给餐饮服务质量定义为:餐饮服务质量就是餐饮服务的一组固有特性满足要求的程度。

（二）餐饮服务质量的特性

提供餐饮服务,首先要确定服务对象——顾客,明确顾客的需要,再把顾客需要转化成为与此相对应的服务属性。这些服务属性就是"质量特性"。与有形产品相比,餐饮服务的质量特性具有一定的特殊性,有些服务质量特性顾客可以观察或感觉到,如上菜时间的长短、餐厅设施的好坏等。还有一些顾客不能观察到,但又直接影响餐饮服务业绩的特性,如餐饮企业财务的差错率、报警器的正常工作率等。有的服务质量特性可以量化,而有的则只能定性地描述。前者如等待时间,后者如卫生、私密性、礼貌等。餐饮服务质量一般包括以下几个方面:

1. 功能性

功能是指某些服务所发挥的效能和作用。餐饮服务的功能性是指所提供的餐饮服务产品、服务项目和服务方式,应具备能满足顾客生理需求与心理需求的功能。能否使顾客得到这种功能是对服务的最基本要求。因此,功能性是餐饮服务质量最起码、最基本的特性,没有基本的服务功能也就不成其为餐饮企业了。

2. 经济性

经济性是指顾客为了得到某项餐饮服务所需费用的合理程度。企业所提供的服务必须是针对顾客的需要并能让顾客所接受和感觉物有所值。经济性是每一个顾客在接受服务时都要考虑的质量特性。经济性是相对的,不同等级的餐饮服务所需要的费用是不同的。

3. 安全性

安全性是指保证顾客在享受餐饮服务的过程中生命不受到危害,健康和精神不受到伤害,以及财物不受到损失的能力。安全是客人关注的首要问题,没有安全服务就无从谈起。餐饮企业所提供的服务必须能满足和保障顾客的人身、财产、隐私、信息等方面的安全需求,使顾客在接受餐饮服务时有心理上的安全感。因此,餐饮企业要对服务的安全性予以高度的重视,加强对防火、防盗措施的改善、服务设施的维护保养、环境的清洁卫生等工作的精力和财力的投入。特别是要保证食品安全,保障顾客的身体健康和生命安全。

4.时间性

时间性是指服务在时间上能够满足顾客需求的能力,它包括了及时、准时和省时三个方面。这三个方面是相关的、互补的。研究表明,在服务传递过程中,顾客等候服务的时间是一个关系到顾客的感觉、顾客印象、服务企业形象以及顾客满意度的重要因素。

对于餐饮服务来说,在时间性方面还要掌握和控制好等待时间、提供时间和过程时间。等待时间就是顾客等候接受餐饮服务的时间,提供时间是服务人员向顾客提供服务的平均时间,过程时间则是顾客看不到的餐饮企业内部经营过程的时间,但其对顾客感受到的服务却有着直接的影响。例如,根据市场需求的变化,及时采购原材料、设计新的菜单,就是对过程时间的很好把握。

5.舒适性

舒适性是指在满足了功能性、经济性、安全性和时间性等方面特性的情况下,服务过程的舒适程度。它包括服务设施的完备、适用、方便和舒服,环境的整洁、美观和有秩序。显然,舒适性是与顾客所付出的代价,即餐饮服务的不同等级密切相关的。也就是说,舒适的程度是相对的,但不同等级的餐饮服务应有各自的规范要求。

6.文明性

文明性是指顾客在接受服务过程中精神需求得到满足的程度。在用餐时,服务是服务人员与顾客直接接触而产生的无形产品,因而在诸种服务质量特性中,文明性充分体现了服务质量的特色。

二、餐饮服务质量的内容

餐饮服务是有形产品和无形劳务的有机结合,餐饮服务质量则是有形产品质量和无形劳务质量的完美统一,有形产品质量是无形产品质量的凭借和依托,无形产品质量是有形产品质量的完善和体现,两者相辅相成,即构成完整的餐饮服务质量的内容。

（一）有形产品质量

有形产品质量包括餐饮实物产品质量、餐饮设施设备质量和服务环境质量,主要是满足顾客在生理上、物质上的需求。

1. 餐饮食品质量

餐饮食品包括菜肴、面点、饮品等一切可以供客人进食的东西。它们直接满足宾客的物质消费需要。因此,餐饮食品质量是构成餐饮有形产品质量的主体,也是整个餐饮产品质量的主体,是餐饮质量产生的基础,其质量高低是影响消费者满意程度的一个重要因素。餐饮食品质量主要包括:食品的色泽、食品的香气、食品的味道、食品的形态、食品的器具、食品的营养与安全。

2. 设施设备质量

餐饮企业是凭借其设施设备来为客人提供服务的,所以,餐饮设施、设备是餐饮企业赖以存在的基础,是餐饮劳务服务的依托,反映出一家餐厅的接待能力,同时,餐饮设施、设备质量也是服务质量的基础和重要组成部分,是衡量餐饮服务质量高低的决定性因素之一。餐饮企业的设施设备主要包括客用设施设备和供应用设施设备。

(1)客用设施设备也称前台设备,是指直接提供给宾客使用的那些设施设备,如餐厅、吧台的各种设施设备等,它要求做到设置科学,结构合理,配套齐全,舒适美观,操作简单,使用安全,完好无损,性能良好。

(2)供应用设施设备是指餐饮经营管理所需要的生产性设施设备,如厨房设备等,供应用设施设备也称后台设施设备,要求做到安全运行,保证供应,否则也会影响服务质量。

3. 服务环境质量

服务环境不同于服务设备设施质量,主要是指服务场所的美化、商品陈列的艺术性、环境卫生状况、设备设施摆放布局、灯光音响、背景音乐及室内温度的适应性等。良好的服务环境能使顾客置身于轻松、愉快的享受之中。服务环境质量的要求是:整洁、美观、有秩序和安全。由于第一印象的好坏,很大程度上是受餐饮环境气氛影响而形成的,为了使餐厅能够产生先声夺人的效果,管理者应格外重视餐饮服务环境的管理。

(二)无形服务产品质量

无形服务产品质量是指餐厅所提供的劳务服务的质量,主要是其适合和满足客人在心理上、精神上的需求程度。劳务质量主要包括餐厅服务人员的仪容仪表、礼节礼貌、服务态度、服务技能、服务效率和清洁卫生等方面。劳务质量集中反映了餐饮企业的信誉和形象,顾客对服务质量的评价,在很大程度上取决于劳务质量。

1. 仪容仪表

仪容仪表是指服务员在餐厅服务工作中的形象,即服务员在服务活动中的姿态和行为。宾客同服务员接触的第一印象就是仪表,即整体外观。注重仪容仪表既是餐厅接待规格、服务水平的形象体现,又是尊重顾客的显著标志,也是招待顾客、增加企业经济效益的良好方式。

餐厅服务员仪容仪表总体要求是：容貌端正，举止大方；端庄稳重，不卑不亢；态度和蔼，待人诚恳；服饰庄重，整洁挺括；打扮得体，淡妆素抹；训练有素，言行恰当。

2. 礼貌礼节

餐饮服务中的礼节礼貌，是通过服务人员的语言、行动或仪式来表示对宾客的尊重、欢迎、感谢和表达谦逊、和气、崇敬的态度与意愿。

一个优秀的餐厅服务员要注重仪容仪表，服装发型，使用敬语，讲究形体动作、举止合乎规范。要时时、事事、处处表现出彬彬有礼、和蔼可亲、友谊好客的态度，给宾客一种实至如归之感。

3. 服务态度

服务态度是指餐饮服务人员在对客服务中所体现出来的主观意向和心理状态，其好坏是由员工的主动性、创造性、积极性、责任感和素质高低决定的。它是全心全意为宾客服务的思想在语言、表情、行为等方面的具体表现。

在餐饮管理中特别注重处处体现出"服务意识"，并且不断地灌输给所有员工，使之成为一种职业习惯，作为工作中的指南。要遵循顾客的心理规律，采取相应的服务措施，从而保证服务质量的不断提高。

在餐饮服务中，良好的服务态度主要表现在以下几点：①面带微笑，向客人问好，最好能称呼顾客的姓氏。②主动接近顾客，但要保持适当距离。③含蓄、冷静，在任何情况下都不急躁。④遇到顾客投诉时，按处理程序进行，注意态度和蔼，并以理解和谅解的心态接受和处理各类投诉。⑤在服务时间、服务方式上，处处方便顾客，并在细节上下工夫，让顾客体会到服务的周到和效率。

4. 服务技能

服务技能是指服务人员在接待服务工作中，应该掌握和具备的基本功。技能娴熟、专业化的员工是服务质量的根本保证。如果服务人员没有过硬的基本功，服务技能技巧不高，那么，既使服务态度再好，微笑得再甜美，宾客也只会热情而有礼貌地拒绝。因为，顾客对这种没有服务质量和实际内容的空洞服务是不需要的。服务技能的掌握，是一个由简单到复杂，经过长期磨炼、逐步完善的过程。

5. 服务效率

服务效率是服务工作的时间概念，是服务员为顾客提供某种服务的时限。它不但反映了服务水平，而且反映了管理的水平和服务员的素质。它是服务技能的体现与必然结果。对消费者心理的研究表明，就餐顾客对等候是最感到头痛的事情。等候会抵消餐厅在其他服务方面所做出的努力，过长时间的等候，甚至会使餐厅的服务前功尽弃。为此，在服务中一定要讲究效率，尽量缩短就餐宾客的等候时间。

为保证服务效率,必须对菜点烹制时间、规程,翻台作业时间,顾客候餐时间等做出明确的规定并将其纳入服务规程之中,作为员工培训的指南和操作的标准。餐厅应该尽量消除就餐宾客等候服务的现象。

6.安全卫生

餐饮安全现状一般是宾客考虑的首要问题,因此,餐饮企业在环境气氛上要制造出一种安全的气氛,给宾客心理上的安全感。餐饮清洁卫生主要包括:各区域的清洁卫生、食品饮料卫生、用品卫生、个人卫生等。

上述有形产品质量和无形劳务质量的最终结果是宾客的满意程度。宾客满意程度是指宾客享受餐饮服务后得到的感受、印象和评价。它是餐饮服务质量的最终体现,因而也是餐饮服务管理的目标。宾客满意程度主要取决于餐饮服务的内容是否适合和满足宾客的需要,是否为宾客带来享受感,餐饮管理重视宾客满意度自然也就必须重视餐饮服务质量构成的所有内容。

第二节 餐饮服务的全面质量管理

在激烈的市场竞争中,餐饮企业为了增强竞争力,必须高度重视服务质量,而这就需要新的经营方法——全面质量管理。全面质量管理的核心思想是在一个企业内各部门中做出质量发展、质量保持、质量改进计划,从而以最为经济的水平进行生产与服务,使用户或消费者获得最大满意。除了传统的制造业,越来越多的服务业也参与到全面质量管理的行列。餐饮企业作为服务性企业,其服务质量是企业的生命线,服务质量的高低直接决定了餐饮企业的竞争优势强弱,因此,全面服务质量管理也就成为餐饮管理的重要工具。

一、全面质量管理的概念

全面质量管理(Total Quality Management,TQM)这个名称,最先是20世纪60年代初由美国的著名专家菲根堡姆提出。它是在传统的质量管理基础上,随着科学技术的发展和经营管理上的需要发展起来的现代化质量管理,现已成为一门系统性很强的科学。

全面质量管理是一种由顾客的需要和期望驱动的管理哲学。全面质量管理是以质量为中心,建立在全员参与基础上的一种管理方法,其目的在于长期获得顾客满意、组织成员和社会的利益。ISO9000标准中将全面质量管理定义为:"一个组织以质量为中心,以全员参与为基础,目的在于通过让顾客满意和本组织所有成员及社会受益而达到长期成功的管理途径。"它的基本特点是:①全面质量管理强调一个组织必须以质量为中心来开展活动;②全面质量管理必须以全员参与为基础;③全面质量管理强调让顾客满意和本组织所有成员及社会受益;④全面质量管理强调一个组织的长期成功,而不是短期的效益或哗众取宠的市场效应。

二、全面质量管理的基本要求

餐饮企业推行全面质量管理,必须要满足"三全一多"的基本要求,即全过程的质量管理、全员的质量管理、全范围的质量管理和多方法的质量管理。

(一)全过程的质量管理

任何产品的质量,都有一个产生、形成和实现的过程。这个过程由多个相互联系、相互影响的环节所组成,每一个环节都或轻或重地影响着最终的质量状况。为此,全面质量管理的范围应当是服务质量产生、形成和实现的全过程,包括服务的市场开发、设计、提供、业绩分析与改进等全部有关过程。

全过程的质量管理要求要把服务质量形成全过程的各个环节或有关因素控制起来,形成一个综合性的质量管理体系,做到以预防为主,防检结合,重在提高。为此,全过程的质量管理强调必须体现预防为主、持续改进和为顾客服务的思想。全过程的质量管理就意味着全面质量管理要"始于识别顾客的需要,终于满足顾客的需要"。

(二)全员的质量管理

全过程的质量管理活动是通过不同岗位的责任者实施和完成的,企业中任何一个环节、任何一个人的工作质量都会不同程度地直接或间接地影响着餐饮服务质量。因此,服务质量人人有责,全面质量管理要求人人关心服务质量,人人做好本职工作,全体参加质量管理,这样才能提供顾客满意的服务产品。要实现全员的质量管理,应当做好三个方面的工作:①必须抓好全员的质量教育和培训;②明确任务和职权,建立一个高效、协调、严密的质量管理工作的系统;③要开展多种形式的群众性质量管理活动,激发全员参与的积极性。

(三)全范围的质量管理

全员和全过程的质量管理要求有全企业范围的协调,以形成一个有机的系统和整体。因此,全面质量管理必须有上层、中层和基层共同参与的质量体系,并形成全范围的质量管理。

全范围的质量管理可以从纵横两个方面来加以理解。从纵向的组织管理角度来看,质量目标的实现有赖于企业的上层、中层、基层管理乃至一线员工的通力协作,其中尤以高层管理能否全力以赴起着决定性的作用。从企业各部门职能间的横向配合来看,要保证和提高产品质量必须使服务产品设计、提供和改进质量的所有活动构成为一个有效的整体。

(四)多方法的质量管理

目前,质量管理中广泛使用各种方法,统计方法是重要的组成部分。除此之外,还有很多非统计方法,如所谓的老七种工具(因果图、排列图、直方图、控制图、散布图、分层图、调查表)、新七种工具(关联图法、KJ法、系统图法、矩阵图法、矩阵数据分析法、PDPC法、矢线图法)等;再如六西格玛法、水平对比法、业务流程再造(BPR)等方法近年来也得到了广泛的关注和应用。

为了实现质量目标,必须综合应用各种先进的管理方法和技术手段,必须善于学习和引进国内外先进企业的经验,不断改进本组织的业务流程和工作方法,不断提高组织成员的质量意识和质量技能。

上述"三全一多"都是围绕着"有效地利用人力、物力、财力、信息等资源,以最经济的手段生产出顾客满意的产品"这一企业目标的,这是企业推行全面质量管理的出发点和落脚点,也是全面质量管理的基本要求。

三、餐饮服务全面质量管理的基础工作

搞好餐饮服务质量管理,必须从基础工作抓起。在一系列的基础工作中,最直接、也是最重要的有如下几项:

(一)质量教育与培训

全面质量管理是以人为本的管理。它要求全员参与,全过程保证质量。因此,必须把建立高素质的员工队伍作为重要的基础工作来抓。餐饮企业应当把质量教育与培训作为推行全面质量管理的"第一道工序",通过教育培训使各岗位人员具备所需的素质和能力。质量教育培训内容主要包括质量意识教育、质量知识培训和专业技能培训。

(二)标准化工作

标准化是进行服务质量管理的依据和基础,标准化的活动贯穿于服务质量管理的始终。只有建立一个完整的标准体系,餐饮服务全面质量管理才能真正得以实现。

1. 标准和标准化的概念

(1)标准(Standard)。标准是对重复性事物和概念所做的统一规定。它以科学、技术和实践经验的综合成果为基础,经有关方面协商一致,由主管机构批准,以特定形式发布,作为共同遵守的准则和依据。

(2)标准化(Standardization)。在经济、技术、科学及管理等社会实践中,对重复性事物和概念通过制定、发布和实施标准,达到统一,以获得最佳秩序和社会效益。餐饮企业为了满足顾客需要,必须将这种服务需要转化为定量或定性的具体项目及其指标来实现,并做出相应的规定。这就是一个服务的标准化的过程。

2. 餐饮服务质量标准的基本内容

餐饮服务工作的每个环节都离不开标准。因此,应全方位建立服务标准、服务程序,使之成为餐饮服务工作的基本依据。这些标准可分为以下三个系列:

(1)技术标准。包括原材料质量标准、菜肴质量标准、服务设施设备质量标

准、食品安全卫生标准、环境质量标准、烹饪方法标准、服务规范等。

(2)工作标准。包括部门工作标准和岗位工作规范。它应规定部门和岗位的职能、职责、权限、领导关系、工作内容、工作程序及工作质量要求等。

(3)管理标准。包括人力资源管理、财务管理、内部审计、计量管理、安全管理、卫生管理等若干个管理标准。

餐饮企业要围绕服务质量形成的全过程建立质量控制标准,把服务工作各环节影响服务质量的各种因素都控制起来,最终保证提供令顾客满意的餐饮服务。

3. 实施服务标准化的要求

美国服务问题专家贝里(Berry)等人认为,有效的服务质量标准应具有下列几个特点:

(1)满足顾客的期望。顾客的满意程度是衡量餐饮服务质量的最终标准。

(2)具体而可评估。在服务标准的制定过程中,应尽量将服务行为量化。这样既便于操作也便于考核,如上菜时间。对于诸如微笑、热情等难以量化的,可以将一些服务行为分解为可以量化的步骤。

(3)切实可行又有挑战性。制定服务标准既要满足顾客的需要,又要根据内部人员、设备、环境的实际而定。使标准既不高不可攀,又不会唾手可得。

(4)强调重点。在一系列的服务质量标准中,是有轻重之分的。管理者应明确指出哪些质量标准是最重要的,必须严格执行,以免轻重不分。

(5)及时修改。不论是顾客的需求还是环境条件都是在不断变化的。因此,餐饮服务质量标准也需要不断修改和完善。尤其是要注意顾客和一线员工的反馈意见。

(三)计量管理工作

计量是关于测量和保证量值统一与准确的一项重要的基础工作。计量工作对餐饮企业实行全面质量管理起着重要的作用。首先,搞好计量工作,有利于标准化工作的实施和贯彻。因为标准的制定、检查和考核有相当一部分离不开准确的计量,可以说,没有计量就没有标准。其次,搞好计量工作,有利于提高服务质量。例如,食品配料标准的计量,既是成本核算的需要,又能保证食品质量,保护消费者的切身利益。最后,搞好计量工作,有利于数据的收集与整理,为全面质量管理的推行提供有利条件。

(四)质量信息管理

信息指有意义的数据。这里的数据是一个广义的概念,指有意义、有价值的音讯或消息。质量信息是有关质量方面有意义的数据。在餐饮服务质量管理活动中,经常要记录或接触大量的数据。这些质量信息不但可以帮助人们发现问题,寻找解决问题的途径,也是质量管理的依据和基础。

为了确保质量管理的有效运行,加强质量信息管理是十分必要的,应将质量信息作为一种基础资源,这对以事实为依据做出决策以及激励员工进行质量创新也是必不可少的。

(五)质量责任制

质量责任制是规定各个部门和每个岗位的员工在质量管理中的任务、职责和权限,并与考核奖惩相结合的一种质量管理制度和管理手段。质量责任制是企业采取经济手段管理质量的行之有效的方法。

质量管理的重点是严格质量责任制。企业通过建立质量责任制,将质量管理体系的各项质量活动分配到有关部门,再由部门制定各自的质量职责并提出对相关部门的要求,经管理者协调、审批后形成各部门的质量职责。将质量工作落实到每个员工身上,做到人人都有确定的任务和明确的责任,事事都有人负责,从而形成了一个严密的质量管理工作系统。实行预防与把关相结合,一旦发现质量出现问题,即能查清责任,有利于采取相应的对策和措施,更好地保证和提高产品质量。因此,建立质量责任制是餐饮企业开展全面质量管理的重要基础工作。

建立质量责任制的核心在于明确职责、落实责任,使员工更好地参与质量工作,确保产品与服务质量。总经理作为餐饮服务质量的第一责任者,要规定部门和岗位人员的职责和权限,包括各级人员解决问题的职责和权限,这是对员工的一种主要授权方式。这种授权是促进全员参与的重要手段,使员工清楚地知晓自己的职责和任务,并及时了解所在层次的质量目标及责任人,能使他们树立参与意识,提高主观能动性和对质量的承诺,为实现企业的总体质量目标作出贡献。

第三节　餐饮服务质量控制

质量控制是指为把产品质量控制在所规定的范围内,保证产品质量稳定并使顾客满意而开展的各种技术运作和活动的总称。餐饮服务质量控制需要建立完善的质量管理体系,并对服务进行全过程的监督与控制,以确保实际执行的结果达到服务质量标准。

一、餐饮服务质量管理体系

餐饮企业要提高服务质量,更好地满足顾客的需求,必须有完善的服务质量体系作保证。餐饮服务质量体系就是为实施服务质量管理所需的组织结构、程序、过程和资源。服务质量体系可以将服务过程系统化管理,对各部门及人员的职责权限、质量职能和工作程序作出规定,提高工作质量和人员素质,为保证服务质量提供有利依据,并且是保护企业和顾客权益的重要手段。它主要有管理者的职责、资源、质量体系结构三个关键方面,而顾客则是服务质量体系三个关键方面的核心,只有当管理者的职责、人力和物质资源以及质量体系结构三者之间相互配合和协调时,才能保证顾客满意。

【小资料 8 - 1】

"服务金三角"

"服务金三角"是美国服务业管理权威卡尔·艾伯修在总结许多服务企业管理实践经验的基础上,明确提出来的。"服务金三角"的观点认为:任何一个服务企业要想获得成功——保证顾客的满意,就必须具备三大要素:一套完善的服务策略;一批能精心为顾客服务、具有良好素质的服务人员;一种既适合市场需要,又有严格管理的服务组织。服务策略、服务人员和服务组织构成了以顾客为核心的三角形框架,即形成了"服务金三角"。

（一）管理者职责

服务质量管理的龙头应是企业最高层管理者,他应提出具体的目标与方针,规定质量管理者的职责与权限,组织定期质量评审活动,并承担保留、解释、实施、评价餐饮企业已拟定的质量目标与方针的职责,促使全体员工积极参与,承担义务,相互合作,确保服务质量体系的建立与实施。

（二）资源

资源是服务质量体系的物质、技术基础和支撑条件,是服务质量体系赖以存在的根本,也是其能有效运行的前提和手段。资源包括人力资源、物质资源和信息资源三部分。

1. 人力资源

在餐饮企业拥有的所有资源中,人力资源最为重要。顾客往往把第一线的员工当做服务的化身,而餐饮服务的特性决定了全体员工必须第一次就将工作做好。因此,服务质量管理应实现以人为本的管理。必须特别重视餐饮企业人力资源的开发,发挥员工的潜能,调动员工的积极性和创造性。

2. 物质资源

与人力资源相对应的是物质资源。物质资源是餐饮服务运作过程所需的设施设备、软件等,它们是餐饮企业提供各种服务的基础。现代餐饮生产与服务已不仅仅是体力型的简单劳动,而更多地融会了高技术与高科技成果。例如,高科技炉台及厨房设备、高档的餐厅设施设备等,不仅会提升餐饮服务的品质,还是形成餐饮企业竞争优势的有力手段。

3. 信息资源

服务质量体系有赖于服务信息系统的支持,对信息资源的投入,就像对其他资源的投入一样,目的都是为了提高和加强餐饮企业的竞争优势。信息就是力量,就是财富,拥有信息基础的餐饮企业,可以根据自身的信息资源,为顾客提供个性化的服务,针对顾客的偏好适时调整好服务,以提高服务的效率。

餐饮企业获得信息资源的主要渠道包括:顾客、一线员工、管理层、社会公众。

餐饮企业可针对不同来源而特别设计调查方式来获得与服务质量有关的信息资源,餐饮企业可以利用信息资源来完善自己的服务质量体系。

（三）服务质量体系结构

餐饮企业的服务质量体系结构包括组织结构、程序、过程和资源等内容,由服务质量环、服务质量文件和管理审核三个方面所组成。

1. 服务质量环

对于服务质量的产生、形成和实现过程,在 ISO9004 - 2：1991《质量管理和质量体系要素第 2 部分：服务指南》中以图 8 - 1 所示的服务质量环进行了表示。服务质量环是对全过程服务质量的综合描述,它由影响服务质量的相关活动构成,从识别需求开始,到评定服务结果为止,形成一个相互作用的概念模式。

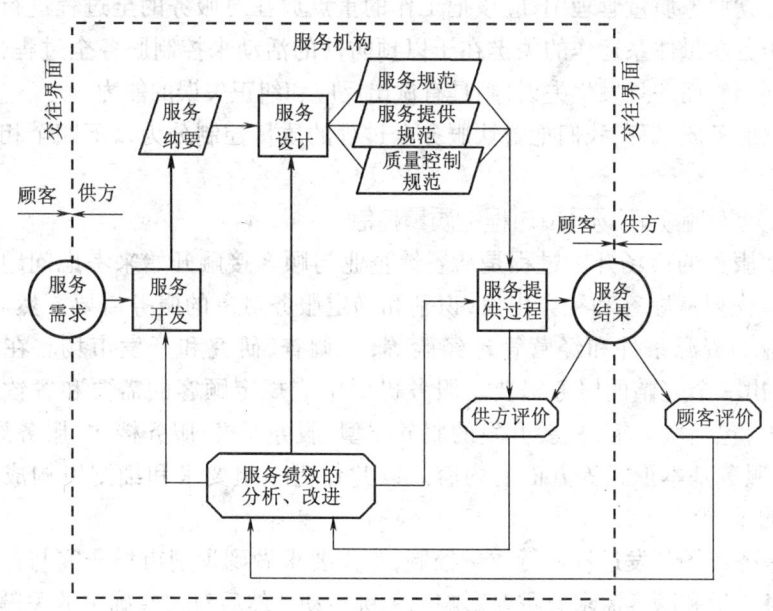

图 8 - 1　服务质量环

根据图 8 - 1 所示,我们可以把餐饮服务质量的全过程分为服务的市场开发、设计、提供、业绩分析与改进四个相互联系的阶段。

服务质量环是对服务运作过程进行的高度抽象和概括,反映了服务质量管理体系运行的最基本规律,是设计和建立服务质量体系的基本依据,是质量体系结构的核心。餐饮企业在质量体系运行时,只有首先确定适合本企业特点的质量环,才能有针对性地选择服务质量控制要素,保证本企业的服务质量达到质量目标,也只有通过对服务质量环的正确管理,才能实现对服务质量的预先定位和适时控制。

2. 质量文件

质量文件是餐饮企业质量工作的基础,也是餐饮企业标准化工作的一部分,主要包括质量手册、质量计划、运作程序、质量记录等。

3. 管理审核

管理者应对餐饮企业质量体系进行正式、定期和独立的评审,以便确定质量体系的服务过程文件的有效性和具体实施情况。审核中应特别关注和强调改进的必要性和机会。管理审核是管理者的一项重要职责,对于餐饮企业质量体系的有效运行和持续改进是必不可少的。

二、餐饮服务过程的质量控制

在餐饮服务质量管理中,应该把工作的重点放在对服务的全过程进行有效控制上。服务质量体系运作的关键在于以预防性的活动来控制服务全过程,避免发生质量问题。而一旦发生失误,则具有做出反应和纠正失误的能力。

根据服务质量环,我们把餐饮服务全过程的质量控制分为以下四个相互联系的阶段。

(一)餐饮服务市场开发过程的质量控制

餐饮服务的市场开发过程是从餐饮企业与顾客接触开始来考虑问题的。餐饮企业首先要从顾客和社会出发,识别和确定服务对象的服务需要。然后,要结合本企业的资源条件和经营管理经验等,来调查、研究和开发市场。在此基础上,要提出一个完整的服务提要。服务提要中应规定顾客的需要和餐饮企业的相关能力,包括服务需要、要开发的服务类型、服务规模、服务档次、服务质量、服务承诺、服务基本形式等方面的内容。以此作为一组要求和细则以构成服务设计工作的基础。

对服务市场开发过程进行质量控制,首先要求做到识别市场研究与开发过程中对服务质量和顾客需求有重要影响的关键活动。然后对这些确定的关键活动进行分析,明确其质量特征,对所选出的特征规定评价的方法,建立影响和控制特征的必要手段,通过对其测量和控制来保证服务质量。

(二)餐饮服务设计过程的质量控制

餐饮服务设计一直被忽视,但它确实对服务质量的影响很大。优质服务一定是精心设计出来的,而绝不是偶然发生的。因此服务设计是服务质量体系中的重要因素。通过设计来预防质量问题是最重要的质量战略。一旦系统中有一个缺陷,它将被连续不断地重复。美国质量管理专家戴明认为,质量问题中94%是服务设计不完善而导致的,而仅有6%是由于粗心、忽视、坏脾气等原因所造成的。更重要的是,服务设计的缺陷使服务质量的源泉——企业员工——受到伤害。在餐饮企业,很差的设计会影响员工并损害员工的能力和做出优质服务的动机。由于设计而造成的系统缺陷不断地使员工与顾客之间、员工与员工之间处于不能融洽相处的状况。

餐饮服务设计是在服务市场开发的基础上解决如何提供服务的问题。服务设计的过程实际就是把服务提要的内容转化为服务规范、服务提供规范和服务质量控制规范的过程。其中,服务规范规定了所提供的服务,服务提供规范规定了用于提供服务的方法和手段,质量控制规范规定了评价和控制服务及服务提供特性的程序。

1. 服务规范

服务规范规定了餐饮服务应达到的水准和要求,即餐饮服务质量标准。服务规范应包括对所有提供服务的完整阐述,服务规范是服务体系和服务过程的起点。

服务规范中要规定核心服务和支持服务,核心服务要满足顾客基本需要,支持服务要满足顾客次要需要。优质的服务应包括相关的一系列的支持服务。从某种意见上讲,餐饮服务质量的优劣差别主要在于支持服务的范围、程度和质量。

2. 服务提供规范

服务提供规范规定了在餐饮服务提供过程中应达到的水准和要求,它应明确每一项服务活动怎样做才能保证服务规范的实现,也就是要实现服务过程的程序化和服务方法的规范化。

在设计服务提供过程中应考虑到餐饮企业组织的目标、能力和其他诸如安全、卫生、法律、环境等方面的要求。

在设计服务提供规范时,应将整个服务过程分解成若干个工作阶段,并注意各个服务阶段之间的接口,即衔接,不要留下空白之处。同时,在编制程序之前应针对特定的服务画出流程图,这样会有助于工作阶段的划分和程序的设计。

3. 质量控制规范

质量控制规范规定了怎样控制餐饮服务的全过程,即怎样控制服务质量环的各个阶段的质量,特别是服务提供过程的质量。质量控制是服务全过程的一个重要组成部分,质量控制规范是过程控制的依据,它应能有效地控制每一服务过程,以保证服务满足服务规范和顾客需要。

（三）餐饮服务提供过程的质量控制

餐饮服务提供过程是依据服务设计阶段所制定的三种规范,将餐饮产品与服务提供给消费者的过程。服务提供过程是顾客参与的主要过程,它有两大基本特征:一是服务提供者与服务消费者之间的关系十分密切;二是服务生产过程和消费过程是同步的。这使得服务提供过程成为质量控制的重点和难点。

服务提供全过程的质量控制应包括服务准备阶段的"预先控制"、服务提供过程中的"现场控制"以及服务结束后的"反馈控制"三个基本环节。

1.餐饮服务提供的预先控制

所谓预先控制,就是为使服务结果达到预定的目标,在开餐前所做的一切管理上的准备工作。预先控制的目的是防止开餐服务中所使用的各种资源在质和量上产生偏差。预先控制的主要内容包括餐厅服务的预先控制和厨房生产的预先控制。

(1)餐厅服务的预先控制,重点是做好以下几个方面的准备工作:

①精神准备。要求每个服务人员必须精神饱满,思想集中,着装整洁,规范上岗。在开餐前,要对员工的仪容仪表作一次检查。开餐前数分钟所有员工必须进入指定的岗位,姿势端正地站在最有利于服务的位置上。全体服务员应面向餐厅入口等候宾客的到来,给宾客留下良好的第一印象。必要时要事先了解订餐客人的身份、生活习惯等,以便有针对性地提供服务。

②人员安排。餐厅应根据自己的特点,灵活安排人员班次,以保证有足够的人力资源。那种"闲时无事干,忙时疲劳战"或者餐厅中顾客多而服务员少、顾客少而服务员多的现象,都是人力资源使用不当的表现。

③物质准备。开餐前,必须按规格摆好餐台;准备好餐车、托盘、菜单、点菜单、订单、开瓶工具及工作台小物件等。另外,还必须备足相当数量的"翻台"用品如桌布、口布、餐纸、刀叉、调料、火柴、牙签、烟灰缸等物品。

开餐前半小时对餐厅卫生要作最后一遍检查。包括墙面、天花板、灯具、通风口、地毯、餐具、转台、台布、台料、餐椅等。一旦发现不符合要求的,要安排迅速返工。

④服务事故的预防。开餐前,餐厅主管必须与厨师长联系,核对前后台所接到的客情预报或宴会指令单是否一致,以避免因信息的传递失误而引起事故。另外,还要了解当天的菜肴供应情况,如个别菜肴缺货,应让全体服务员知道。这样,一旦宾客点到该菜,服务员就可以及时向宾客道歉,避免事后引起宾客不满。

(2)厨房生产的预先控制。厨房加工制作餐饮食品的预先控制工作,要重点抓好以下三个环节:

①原材料的采购和验收。要按时购进质量好、价格合理、数量充足的食品原材料。验收工作要由专人负责,验收要认真核对数量、质量、价格,做到票物相符。必须做好仓库贮存保管工作,健全出库手续。既要保证食品生产的需要,又要搞好原材料采购和出入库的成本控制。

②人员安排。根据不同情况,合理配置组织人力,以确保客人用餐需求和餐厅服务工作的顺利进行。

③预制加工。如将一些点好的菜和常用菜配好装盘,把各种原料加工成片、丝、块、丁;制作好常用点心,准备好面馅等。

2.餐饮服务提供的现场控制

餐厅服务现场质量是餐饮服务质量最直接、最具体的体现,是餐饮服务提供全过程中的关键环节。服务质量的高低,直接影响到宾客的满意程度和餐饮企业的声誉。

所谓现场控制,是指现场监督正在进行的餐饮服务,使其规范化、程序化,并迅速妥善地处理意外事件。这是餐厅经理和主管的主要职责之一。各级管理者也应将现场控制作为管理工作的重要内容。现场控制的主要内容包括以下几个方面:

(1)服务程序的控制。开餐期间,餐厅主管应始终站在第一线,通过亲身观察、判断、监督、指挥服务员按标准服务程序服务,发现偏差,及时纠正。

(2)上菜时机的控制。要根据宾客用餐的速度、菜肴的烹制时间,掌握好上菜节奏,做到恰到好处,既不要让客人等待太久,也不应将所有菜肴一下子全上来。餐厅主管应时常注意并提醒服务员掌握好上菜时间,尤其是大型宴会,上菜的时机应由餐厅主管,甚至餐饮部经理掌握。

(3)意外事件的控制。餐饮服务是面对面的直接服务,容易引起顾客的投诉。一旦出现投诉,主管一定要迅速采取弥补措施,以防止事态扩大,影响其他顾客的用餐情绪。如果是由服务态度或是食品质量引起的投诉,管理者除向宾客道歉外,还应酌情给客人一定的补偿;发现有醉酒或将要醉酒的宾客,应告诫服务员停止添加酒精性饮料;对已经醉酒的宾客,要设法让其早点离开,以保护餐厅的气氛。

(4)人力控制。开餐期间,服务员虽然实行分区看台负责制,在固定区域服务。但是,主管应根据客情变化,进行第二次、第三次分工,做到人员的合理运作。

3. 餐饮服务提供的反馈控制

反馈控制就是通过质量信息的反馈,找出服务工作的不足,采取措施加强预先控制和现场控制,提高服务质量。信息反馈系统由内部系统和外部系统构成。内部系统是指信息来自服务员、厨师和中高层管理人员等。因此,每餐结束后,应召开简短的总结会,以便及时改进服务质量。信息反馈的外部系统,是指信息来自宾客和朋友。为了及时得到宾客的意见,餐桌上可放置宾客意见表,在宾客用餐后,也可主动征求客人意见。宾客通过餐厅经理、营销部、公关部、高层管理人员等反馈回来的投诉,属于强反馈信息,应予高度重视,保证以后不再发生类似的质量偏差。

(四)服务业绩的分析和改进

餐饮企业应定期或不定期地对营销服务业绩进行分析,为此要建立一个服务质量信息反馈和管理系统,既要进行定性分析,更要进行定量的数据收集和统计分析,并持续进行餐饮服务的质量改进,提高餐饮服务质量水平。

在对服务结果做出评定的基础上,对服务业绩进行分析和改进,并将分析和改进的结果、建议要求反馈到市场开发、设计和服务提供等过程中去,形成服务质量信息的闭环系统,使得服务质量的产生、形成和实现过程成为一个不断循环上升的过程。

 **章后案例**

晒干的苍蝇

某日,C 先生与 Y 小姐去某酒店的自助餐厅用餐。席间,Y 小姐从自助转台上取了一份干果,待拿回座位正准备食用时,发现干果里夹杂着一只被晒干了的苍蝇,顿时,食欲全无。于是 C 先生找来了服务小姐投诉。服务小姐面对此状况,表示自己无能力解决,并欲拿起餐桌上的那盘有苍蝇的干果准备离去,C 先生认为既然服务生无法解决,就应该由餐厅主管出面。

15 分钟后,一位身着黑色西服自称是主管的女士走到 C 先生的餐桌前,该主管身上既没有工号牌也没有任何表明是主管身份的证件。未等 C 先生开口,主管就已经拿起了桌上的那盘干果,面对此状,C 先生和 Y 小姐感到不满,要求该餐厅主管解释情况并对投诉做出答复。这位主管一边命令服务生迅速撤走干果一边答复客人:"干果是餐厅从食品市场进的货,苍蝇应该是食品市场的责任,餐厅也没办法,希望大家都讲道理些。"C 先生对于此答复,愈加愤慨,当即表示不能接受这样的投诉结果。于是,主管做出了"退让",表示客人在用完餐后,所消费的餐费可打 8.8 折并为客人送上一盘没有对外供应的高级水果。为了息事宁人,C 先生和 Y 小姐虽然并不满意但仍接受了这样的处理结果。5 分钟后,服务生送上所谓的高级水果——一小盘并不新鲜的提子,C 先生和 Y 小姐没有再提出异议。

待用完餐后,C 先生要求结账,但令人惊讶的是账单上的价格并未按主管所说的打 8.8 折,C 先生问服务生为何不兑现承诺,服务生冷冷地回答客人说:"不知道有什么承诺,也没有说过要打什么折,一盘提子没有算钱已经很客气了!"当再一次问起主管时,服务生回答不知去向。C 先生只能照价买单,但留给 C 先生和 Y 小姐的印象不言而喻。

讨论题:

1. 在对食品中异物的处理过程中,该餐厅犯了哪些错误?
2. 结合本案例,谈如何处理客人投诉?

 **复习思考题**

1. 解释下列概念:

餐饮服务质量　全面质量管理　标准　质量责任制　餐饮服务质量体系　服务质量环　服务规范　服务提供规范　质量控制规范

2. 怎样理解餐饮服务质量的含义、特性和要素?

3. 餐饮服务质量包括哪些基本内容？

4. 什么是全面质量管理？全面质量管理的基本特点和基本要求是什么？

5. 如何做好餐饮服务全面质量管理的基础工作？

6. 实施服务标准化的要求是什么？

7. 简述 PDCA 循环工作法的含义和工作程序。

8. 如何做好餐饮服务过程的质量控制？

9. 餐饮服务提供现场控制的主要内容有哪些？

餐饮成本控制

【引例】

北京湘君府酒店选择供货商经验之谈

　北京湘君府在购入贵重货源如鱼翅时,为找出最合适的一家供货商,会召开一个小型的招标会。会前,调查组的成员先要确定跟供货商谈判的底价,方法是调查组在一周之内要抽出三天到四天时间,去市场上调查这种鱼翅的价格,得出一个平均值,这就是鱼翅的市场价。另外,调查组还要从市场上采集回一部分样本;测出鱼翅的平均出货量。招标会上要找至少五家供货商,每个供货商提供一部分样品,五个样品分别秘密标上"1号鱼翅"、"2号鱼翅"等,在验货时就没人知道到底几号是哪家供应商的。每个样品当场发制,与调查组测出的平均出货量作个比较,然后从中选最诚信而且价格也还说得过去的一家。选定以后就跟供货商签订3~5年的合同(签这么长时间是因为这种贵重原料如果换厂家太频繁了,就难免使得质量有波动)。合同中规定,供货商在供货前,要先交一部分押金在酒店(新签约的供货商按规定是50万元,如果信誉较好,就可以降低到30万元),这部分押金是为了防止"意外发生"。例如:酒店临时急用一批鱼翅,而备货已经不够,在这种紧急关头,如果供货商送来的货验收不合格,就势必要给酒店造成损失,那么这部分损失就会从供货商的押金里扣除。但这笔押金并不妨碍酒店给供货商月月结清账款。每个月结账的好处是为提高酒店信誉,供货商大多会比较珍惜这个机会,保证送货质量。

第一节　餐饮成本概述

餐饮成本是指在一定时期内,在餐饮生产经营活动中所耗费的全部物化劳动和活劳动的总和。根据我国现行会计制度,成本和费用是分开计算的,成本是狭义上的成本概念,专指原料支出。但在国际惯例中,成本是广义上的成本概念,成本和费用通用,指的是全部支出。

一、餐饮成本的分类

按照不同的标准进行分类,成本可以分为以下几类:

(一)固定成本、变动成本和半变动成本

1. 固定成本

固定成本是指在产品销售量发生变动时并不随之做增减变动的成本,即当产品销售量有较大变化时,成本开支的绝对额一般相对稳定。在餐饮企业中,固定职工的工资、设施设备折旧费等,均属于固定成本。这些成本即使饭店没有销售量也会照样发生。

2. 变动成本

变动成本是指随着产品销售量的变动而相应变动的成本,即当产品销售量增加时,其绝对额同方向、成比例地增大;反之,随着销售量的减少,成本发生额便会作同方向、成比例的减少。饭店中的食品成本、饮料成本、洗涤费等,均属于变动成本。

3. 半变动成本

半变动成本是随着产品销售量的变动而相应变动的成本,但它与销售量不是成比例发生变动的。它是由固定的和变动的两部分组成,如人工总成本、水电费等。以人工总成本为例,餐饮部员工可分为两类:一类员工属固定职工,其人数在业务量正常波动的范围之内保持稳定。这类员工包括管理人员、厨师、办事员和一部分服务人员;另一类员工为非固定职工,其人数则随业务量的变化而变化,如餐厅服务员。由于人工成本包括这两类员工的工资,第一类员工的工资总额不随业务量的变动而变动,而第二类员工的工资总额随着业务量的变动而变动。因此,人工总成本是半变动成本。

固定成本、变动成本与销售量之间的关系,可以用。图9-1来表示。

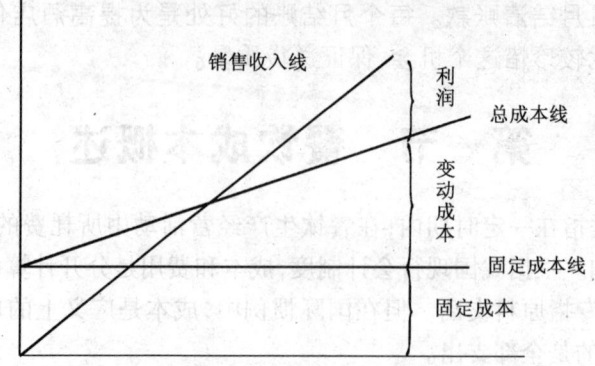

图9-1 固定成本、变动成本与销售量的关系

（二）可控成本和不可控成本

从成本管理角度分类，餐饮成本可以分为可控成本和不可控成本。

1.可控成本

可控成本是指在短期内可以改变其数额的成本。变动成本一般是可控成本。管理人员若变换每份菜的份额，或在原料的采购、验收、贮存、生产等环节加强控制，则食品成本会发生变化。大多数半变动成本、某些固定成本也是可控成本。例如，广告和推销费用、大修理费、管理费等都是可控成本。

2.不可控成本

不可控成本是指在短期内无法改变的成本。固定成本一般是不可控成本。例如，租金、折旧和利息等都是无法立即改变数额大小的不可控成本。

（三）单位成本和总成本

单位成本通常是指单位平均成本，如每客菜肴成本、每杯饮料成本。总成本则是单位成本的总和。例如，中餐厅购入一块牛腰肉，用于生产牛排，购入金额为52.50元人民币，如果整块牛腰肉在一天内全部用于生产，总成本就是52.50元，如果该牛腰肉被切成15客，则每客单位成本是3.50元。

（四）标准成本和实际成本

标准成本是指按照标准菜谱计算出来的成本，实际成本是指餐饮经营过程中实际消耗的成本。为了有效控制成本，餐饮企业通常要确定单位标准成本，例如，每份菜的标准成本、分摊到每位客人的平均标准成本、标准成本率、标准成本总额等。标准成本和实际成本之间的差额称为成本差异。实际成本超过标准成本的差额为逆差，反之为顺差。

将标准成本和实际成本进行比较，能评估管理人员控制成本的好坏。成本差异的计算对分析和控制成本是很重要的。标准成本是制订餐饮成本计划和经营预算的基础,每份菜的标准成本是其定价的依据。同时,标准成本的计算也有助于选择企业经营的菜品和开发新服务项目的决策。

二、餐饮成本率

餐饮成本率是衡量餐饮成本控制好坏最重要的指标。成本率是成本与销售额之比,其计算公式如下:

$$成本率 = \frac{成本}{销售额} \times 100\%$$

相应的,食品成本率、饮料成本率和人工成本率的计算方法分别为:

$$食品成本率 = \frac{食品成本}{食品销售额} \times 100\%$$

$$饮料成本率 = \frac{饮料成本}{饮料销售额} \times 100\%$$

$$人工成本率 = \frac{人工成本}{总销售额} \times 100\%$$

下面是计算成本率的示例。某饭店餐饮部20××年损益表如表9-1所示。

表9-1 某饭店餐饮部20××年损益表   单位:元

销售额	
食品销售额	688 500.00
饮料销售额	106 000.00
合　计	794 500.00
产品销售成本	
食品销售成本	288 540.00
饮料销售成本	32 480.00
合　计	321 020.00
毛利	473 480.00
可控费用	
工资	169 835.00
工资税和职工福利费	40 365.00
其他可控费用	89 600.00
合　计	299 800.00
扣除占用费以前的利润	173 680.00
占用费	94 530.00
扣除折旧费以前的利润	79 150.00
折旧费	28 560.00
税前利润	50 590.00

根据表9-1,该饭店餐饮部20××年的食品成本率、饮料成本率和人工成本率的计算方法分别为:

$$食品成本率 = \frac{288\ 540.00}{688\ 500.00} \times 100\% = 42\%$$

$$饮料成本率 = \frac{32\ 480.00}{106\ 000.00} \times 100\% = 31\%$$

$$人工成本率 = \frac{169\ 835.00 + 40\ 365.00}{794\ 500.00} \times 100\% = 26\%$$

成本率在成本控制方面有如下作用：

第一，可以方便地对两期或两期以上的成本率进行比较；

第二，可以方便地对两个或两个以上的企业进行比较。在对各个企业的成本率进行比较时，所比较的企业应是同类企业。

三、餐饮成本构成

餐饮成本作为餐饮生产经营活动中所耗费的全部物化劳动和活劳动的总和，既包括原材料成本和生产过程中的厨房、酒吧、餐厅设备、水电燃料消耗等的成本，也包括劳动力消耗成本（这部分成本以劳动工资和奖金福利的形式进入成本，成为餐饮产品成本的必要组成部分）。

（一）餐饮成本构成项目

明确餐饮成本构成，是反映餐饮成本支出比例，进而按一定比例要求控制餐饮成本支出的前提。

从成本核算的会计科目来讲，餐饮成本包括：①原材料（食品、饮料）。②燃料。③物料用品。④低值易耗品摊销。⑤商品进价和流通费用。⑥工资（基本工资、附加工资、奖金津贴）。⑦福利。⑧水电费。⑨企业管理费。⑩其他支出费用。

以上会计科目依据企业的隶属关系、资金来源性质、接待对象性质的不同会有所区别。

（二）餐饮成本构成主要项目

餐饮成本构成项目中各会计科目的项目支出在餐饮成本中所占比例是不一致的，在任何一个饭店里，主要成本在餐饮成本中比例都很高，主要成本控制在很大程度上决定了餐饮管理能否实现财务目标。因而，应特别重视主要成本的控制。一般说来，主要成本有以下两个方面：

1. 原材料成本

原材料成本是指在餐饮生产经营活动中食品和饮料产品的销售成本，原材料成本占餐饮成本的比例最高，占餐饮收入的比例最大，是餐饮部的主要支出。在一般情况下，食品原料的成本率高于饮料原料的成本率；普通餐的原料成本率高于宴会的原料成本率；国内饭店业餐饮原料的成本率高于国外同业原料的成本率。国外餐饮原料（食品、饮料）的成本率在30% ~35%左右。

2. 人工成本

人工成本是指在餐饮生产经营活动中耗费的活劳动的货币表现形式。它包括工资、福利费、劳保、服装费和职工用餐费用。人工成本率是仅次于食品饮料的成本率,因而也是餐饮部成本中的重要支出。某饭店餐饮部某年的损益表如表9－2所示。

表9－2 某饭店餐饮部某年损益表　　　　单位:元

销售额	
食品销售额	3 861 674.99
饮料销售额	1 125 683.08
合计	4 997 368.07
产品销售成本	
食品销售成本	2 254 646.24
饮料销售成本	385 367.31
合计	2 640 013.55
毛利	2 347 344.52
可控费用	
工资	485 000.00
工资税和职工福利费	132 374.00
其他可控费用	304 750.00
合计	922 124.00
扣除占用费以前的利润	1425 220.52
占用费	630 345.31
扣除折旧费以前的利润	794 875.21
折旧费	329 753.89
税前利润	465 121.32

根据表9－2数据,该饭店餐饮部某年的食品饮料成本率为52.93%,人工成本率18.49%,两项开支之和为71.42%,为餐饮部门的主要开支。

（三）餐饮成本构成的特点

1.变动成本比例大

在餐饮部门的成本费用中,除食品饮料的成本外,在营业费用中还有物料消耗等一部分变动成本。这些成本和费用随销售数量的增加而成正比例地增加。这个特点意味着餐饮价格折扣的幅度不能像客房价格那么大。

2.可控制的成本比例大

除营业费用中的折旧、大修理费、维修费等不可控制的费用外,其他大部分费用以及食品饮料原料成本都是餐饮管理人员能控制的费用。这些成本发生额的多少直接与管理人员对成本控制的好坏相关,并且这些成本和费用占营业收入的很大比例。这个特点说明餐饮成本的控制十分重要。

3.成本泄漏点多

餐饮成本的大小受经营管理的影响很大。在菜单的计划、食品饮料的成本控制、餐饮的推销和销售控制，以及成本核算的过程中涉及许多环节：菜单计划→采购→验收→贮存→发料→加工切配→烹调→餐饮服务→餐饮推销→销售控制→成本核算。

菜单计划和菜品的定价影响顾客对菜品的选择，决定菜品的成本率；对食品饮料的采购、验收控制不严，或采购的价格过高、数量过多会造成浪费；采购的原料不能如数入库，采购的原料质量不好等都会引起成本提高；贮存和发料控制不佳，会引起原料变质或被偷盗、丢失和私用；对加工和烹调控制不严不仅会影响食品的质量，还会提高食品饮料的折损和流失量，对加工和烹调的数量计划不好也会造成浪费；餐饮服务不仅影响顾客的满意程度，也会影响顾客对高价菜的挑选，从而影响成本率。餐饮推销搞得好坏不仅影响收入，也影响成本率。例如，加强宴会和饮料的推销会降低成本率；销售控制不严，售出的食品饮料得不到收入也会使成本比例增大；企业若不加强对成本的核算和分析就会放松对各个环节的成本控制。对上述任一环节控制不严都会产生成本泄漏。

第二节　餐饮成本核算

餐饮成本核算是餐饮成本控制的必要手段。通过每日、每月的统计、盘点、调整，编制出食品、饮料月、日报表，可以为成本分析提供准确数据。小型餐厅一般只是每月进行一次食品饮料成本核算，大型餐饮企业除了成本月报外，还要进行日成本核算和成本日报，以便于及时检查经营情况。

一、月食品成本核算和食品成本月报表

(一)月食品成本核算

月食品成本核算实际上就是计算1个月内的食品销售成本。只要饭店每天对营业收入和各种原料进货、发料备有记录，按时进行仓库原料盘存清点，就可计算月食品成本。

假定某饭店餐饮部10月份有如下记录：

当月营业收入	76 400 元
月初食品库存额	9 000 元
本月进货额	35 000 元
月末账面库存额	13 600 元
月末盘点存货额	12 400 元

根据上述记录核算10月份食品成本步骤如下：

1. 领用食品成本

计算领用食品成本公式为：

$$\underset{(\text{本月第一天食品存货})}{\text{月初食品库存额}} + \underset{(\text{月内入库、直接进料})}{\text{本月进货额}} - \underset{(\text{本月最后一天账面存货})}{\text{月末账面库存}} = \text{领用食品成本}$$

根据公式可计算出本月从库房(仓库、冷库、冷藏室等)领用的成本及直接进料成本为：

$$9\,000 + 35\,000 - 13\,600 = 30\,400(\text{元})$$

2. 账物差额调整

根据库存(如仓库、冷库)盘点结果,若本月食品实际库存额小于账面库存额,应加入食品成本;若实际库存额大于账面库存额,应从食品成本中减出。账物差额的计算公式为：

$$\underset{(\text{本月最后一天账面存货})}{\text{账面库存额}} - \underset{(\text{实际清点存货额})}{\text{月末盘点存货额}} = \text{账物差额}$$

月终调整后的实际领用食品成本为：

$$\text{未调整前领用食品成本} \pm \text{账物差额} = \text{实际食品领用成本}$$

$$\text{则本例为 } 30\,400 + 1\,200 = 31\,600(\text{元})$$

3. 专项调整

前两项计算结果之和所得的食品成本,如本例中,31 600 元是本月直接进料及实际从库房领用的原料成本,而不一定都是本月营业所消耗的食品成本,其中可能包括已经转出给非食品部门的原料成本,也可能未包括从非食品部门转入的食品的成本。为了能如实反映月食品成本,还应对上述食品成本进行专项调整：

(1)加入厨房从酒吧领用的作为厨房烹饪调味用的酒水成本。

(2)减去酒吧从食品库房和厨房领取的物料成本。

(3)减去下脚料销售收入。

(4)减去招待用餐费用。饭店因业务需要,经常招待客人,招待费用增加了食品成本,但不增加营业收入,必须把这笔费用减去。

(5)减去职工用餐成本。饭店原材料总耗中包括了职工用餐涉及的原材料,这笔费用计入各部门的营业费用或企业管理费用中去。

(6)减去职工购买原料销售收入。

经过专项调整后所得的食品成本为当月的月终食品成本,计算如下：

领用食品成本	31 600 元
加转入烹调各种食品用酒	+540 元
减转出酒吧用食品	-380 元
减下脚料销售收入	-235 元
减招待用餐食品成本	-950 元

减职工购买食品收入	-480 元
减职工用餐成本	-560 元
月终食品成本	29 535 元

经过上述三项计算后得到的食品成本即为月终食品成本。本例中月营业收入为 76 400 元,月食品成本为 29 535 元,则 10 月份食品成本率为 38.66%。

(二)食品成本月报表

为了能够清楚地反映月食品成本支出情况,通常的做法是编制食品成本月报表。在食品成本月报表上,不但列出本月成本数据,同时列出上期或标准成本率,以便比较、分析。例如,某饭店餐饮部 10 月份食品成本月报表如表 9-3 所示。

饭店的标准成本率为 34%,实际成本率为 38.66%,比标准成本率大 4.66%,说明餐饮成本控制还存在许多问题,有待进一步解决。

表 9-3　某饭店餐饮部 10 月份食品成本月报表　　　　　单位:元

月初食品库存额	9 000
本月进货额	35 000
月末账面库存额	13 600
月末账面库存额	13 600
月末盘点存货额	12 400
本月领用食品成本	31 600
转烹调各种食品用酒	540
转酒吧用食品	380
下脚料销售收入	235
招待用餐食品成本	950
职工购买食品收入	480
职工用餐成本	560
月食品成本	29 535
月食品营业收入	26 400
标准成本率	34%
实际成本率	38.92%

二、日食品成本核算及食品成本日报表

(一)日食品成本核算

通过分析月食品成本报告,固然可以发现成本控制中存在的问题,然而采取纠正措施后,却需要等待 1 个月的时间才能确定纠正措施的效果如何。由于月食品成本报告间隔时间过长,对饭店的日常业务指导意义不大,因而饭店除了进行月食品成本核算,还须进行日食品成本核算。

饭店每日食品成本由直接发料成本和库房发料成本两部分组成。直接发料成本应计入发料当天的食品成本,其数据可从饭店每天的进料日报表上得到。库房发料的成本应计入发料日的食品成本,其数据可从领料单上得到。除了这两种成本以外,也同样应考虑各项专项调整,当日食品成本计算公式如下:

$$
\begin{aligned}
当日食品成本 = &\left(\begin{array}{c}直接进\\料成本\\(进货日\\报表直\\接进料\\总额)\end{array}\right) + \begin{array}{c}库存发料\\成本(领料\\单成本\\总额)\end{array} + \begin{array}{c}转入食\\品的饮\\料成本额\end{array} - \begin{array}{c}转出由酒\\吧消耗的\\食品成本\end{array} - \begin{array}{c}为酒吧\\准备食\\物的成本\end{array} \\
&- \begin{array}{c}职工购买\\食品收入\end{array} - \begin{array}{c}余料出\\售收入\end{array} - \begin{array}{c}招待用\\餐成本\end{array}
\end{aligned}
$$

计算出食品日成本后,再从会计记录中取得日销售额数据,可计算出日食品成本率。

日食品成本核算能使管理者了解当天的成本状况。但若孤立地看待每日食品成本率,意义不大。因为饭店的直接进料很可能是隔天一次,或隔两天一次,当日从库房里发出的原料也不会每日都正好用完,有些原料在使用日以前就已领出来,也许一周领一次。上述情况都会使计算的日成本偏离真实的消耗情况。

为了克服日食品成本率时高时低的现象,有必要统计成本的累积值数据,这样数日后的累积值就比较精确了。因为某日多领料或多购了食品,当日积存较多,次日就不必要多领或多购,累积时间越长,数据的精确度就越高,日食品成本核算如表9-4所示。

【小资料9-1】

西餐厅餐饮食品成本的核算

依据西餐厅餐饮食品成本产生的原因,将西餐厅餐饮食品成本分为三大部分:

一是正常经营直接带来经营收入的餐饮食品成本,此成本作为核算餐饮食品成本率的依据。

二是不能直接带来经营收入的餐饮食品成本,此种情况包括:部分管理人员用餐(即工作餐);内部宴请;免费赠送客人;部分活动就餐人数不确定带来的备料浪费;活动部分免单。

三是内部人员消费。

核算办法:依据会计期间西餐厅所产生的全部餐饮食品成本扣除上述第二部分产生的餐饮食品成本及第三部分内部人员消费成本后得出上述第一部分成本为餐饮食品成本率核算依据。餐饮食品收入以西餐厅实际餐饮食品收入扣除内部人员消费收入为依据。餐饮食品成本率=正常经营餐饮食品成本(即第一部分成本)/(实际餐饮食品收入-内部人员消费收入)×100%。

表 9－4　日食品成本核算示例

20××年 6 月

单位:元

日期	直接进料	库房发料	内部转让		职工购买	余料出售	招待用餐	食品成本		营业收入		食品成本率%	
			转入	转出				当日	累计	当日	累计	当日	累计
1	480.00	735.70	145.00	(174.00)	(45.00)		(250.00)	891.70	891.70	3 050.00	3 050.00	29.2	29.2
2	574.00	814.5D		(150.00)				1 238.50	2 130.20	3 425.50	6 475.50	36.2	32.9
3	41.00	743.40	80.00	(125.00)		(50.00)		1 183.40	3 319.60	3 150.40	9 625.90	37.8	34.5
4	675.40	945.00	40.00	(143.00)			(180.00)	1 337.40	4 651.00	3 248.00	2 873.90	41.2	36.1
5	580.30	718.50	75.00	(135.00)				1 238.80	5 889.80	3 478.80	6 352.70	35.6	36.0
6	553.90	724.60		(118.40)	(53.00)		(240.00)	867.10	6 756.90	3 128.40	19 481.10	27.7	34.7
7													
8													
9													
u			56.00										
30	674.50	789.50		(135.00)				1 385.00	2 380.00	3 756.00	94 556.50	36.9	34.2

$$月食品成本率 = \frac{32\ 380.00}{94\ 556.50} \times 100\% = 34.2\%$$

（二）食品成本日报表

根据上述食品成本核算,就可以填制食品成本日报表,以此反映饭店某一天及近期的经济状况。食品成本日报表如表9-5所示。该表为最简单的成本日报表。

表9-5　食品成本日报表

20××年6月14日　　　　　　　　　　　　　　　　　　　　　单位:元

	当日	累计	
		本周	上周同期
营业收入	4 200.00	15 450.00	12 700.00
食品成本	1 690.00	6 335.00	5 345.00
食品成本率(%)	40.2	41	42.1

表9-5列出了饭店当日的食品成本率,并将此项与本周累计的与上周同期的成本率进行比较,由于是近期比较,管理者便容易发现问题所在及其原因,从而起到指导管理者对日常工作进行调整、协调、控制的作用。

三、饮料的月成本核算和月报表

对月饮料成本的核算,需要进行库存盘点,一般说来,需要对库房的饮料及餐厅、酒吧结存的饮料进行盘点。在库房盘点时,要清点各种酒水和饮料的瓶及罐的数量,再乘以各种饮料的单价,就能汇总得出库房的饮料库存额。在餐厅和酒吧清点时,除了要清点整瓶数,还要对各类酒水的不满整瓶的量做估计,或称重计量,再核算出金额。月成本额是通过对期初库存额、本月采购额和期末库存额的汇总,算出本月的消耗金额,再进行专项调整得出饮料净成本额。某饭店餐饮部饮料成本月报表如表9-6所示。

表9-6　某饭店餐饮部饮料成本月报表　　　　　　　　单位:元

月初库存额	254 637.15
月初餐厅、酒吧存货额	86 244.86
本月采购额	147 018.29
月末库存额	257 536.72
月末餐厅、酒吧存货额	123 764.43
本月饮料消耗总额	106 598.85
转调入食品原料	4 270.03
转食品饮料成本	12 549.59
招待饮品	3 058.88

职工用餐	3 288.81
赠客饮料	10 719.92
其他杂项扣除	4 246.90
本月饮料成本净额	77 004.80
饮料营业收入	289 818.59
标准成本率	24%
实际成本率	26.6%

饮料的营业收入为 289 818.59 元,饮料月成本率为 26.6%,高于标准成本率,可见还须进一步加强成本控制。

第三节　餐饮成本分析

成本核算是餐饮成本控制的基础,为进一步寻找成本控制中的漏洞,制定成本控制措施,有必要进行成本分析。

成本分析就是对企业实际的经营成果与预定的标准进行比较,发现成本控制中存在的问题的过程。

一、成本分析的目的与方法

成本分析的根本目的是发现成本发生过程中的各种漏洞,因此,进行成本分析时,要解决如下问题:

第一,成本差异。通过比较标准成本与实际成本、本期成本与历史成本的差距,来判定成本发生额的性质。

第二,揭示造成成本差异的环节和责任所在。

第三,分析造成成本差异的原因,以便对症下药,对成本加以控制。

在成本分析中所用的基本方法是比较法,用于比较的是标准食品饮料成本率与实际食品饮料成本率,具体操作方法主要有以下两种:

(一)定期比较法

定期比较法是指定期对实际的和计算期内确定的标准的食品饮料成本率进行比较分析。

实际的食品饮料成本率可以从成本的月、日报表中获得。

标准食品饮料成本率的确定,首先,应使用各种确定标准成本的工具:标准菜谱、每客菜肴标准分量及每客菜肴标准成本。其次,选定的时间要足够长,时间越长,比较就越有意义。由于各种菜肴的食品成本率不同,标准食品成本率实际上是所有菜肴食品成本率的加权平均值。标准食品成本计算如表9-7所示。

表9-7中的销售量数据可从客人账单、收银机记录纸带、销售记录本等资料中得到。

表9-7　标准食品成本计算表

销售量 / 菜肴名称 / 日期	A	B	C	D	合计
1/10	12	t5	35	20	
2/10	18	21	41	18	
3/10	24	23	42	24	
4/10	20	16	38	16	
5/10	15	15	30	26	
6/10	18	18	37	18	
⋮					
19/10	16	21	40	15	
总销售量	247	286	585	319	
售价(元)	0.90	11.15	2.35	2.95	
销售额(元)	222.30	328.90	1 374.75	941.05	33 370.00
每客成本(元)	0.32	0.35	0.95	0.85	
成本总额(元)	79.04	100.00	555.75	271.15	11 892.84
食品成本率(%)	35.6	30.4	40.4	28.8	35.6

标准食品成本率计算依据和过程如下:

(1)售价指各种菜肴的实际售价。

(2)销售额是各种菜肴的售价和销售量的乘积。例如,每客A菜肴的售价为0.90元,售出247客,因此,A菜肴的销售额为:

$$0.90 \times 247 = 222.30(元)$$

(3)每客成本指单独销售的菜肴的每客标准成本,或包括几道菜肴的一份客饭的标准成本。

(4)成本总额指根据售出客数计算的各种菜肴的食品成本总额。例如,每客A菜肴的标准成本为0.32元,售出247客,因此,A菜肴的成本总额为:

$$0.32 \times 247 = 79.04(元)$$

(5)食品成本率是用每客成本除以售价计算的各种菜肴的标准食品成本率。例如,A菜肴的标准食品成本率为:

$$\frac{0.32}{0.90} \times 100\% = 35.6\%$$

（6）计算加权平均标准食品成本率,以便与实际食品成本率进行比较。计算方法为:用食品成本总额(成本总额一栏数额之和)除以食品总销售额(销售额一栏数额之和)。本例中,标准食品成本率为:

$$\frac{11\ 892.84}{33\ 370.00} \times 100\% = 35.6\%$$

用上述方法制定的标准食品成本率是企业应努力实现的目标。如果实际食品成本率接近标准食品成本率,说明企业的成本控制工作很有成效。一般说来,经营人员可允许实际食品成本率与标准食品成本率之间有1%的差异。

（二）逐日比较法

采用这种方法的企业,需每天计算标准食品成本率和实际食品成本率,与定期比较法相比较,逐日比较法需花费较多时间和精力,但它能为管理人员迅速提供有关信息。

采用逐日比较法的企业,需要使用预测和实际食品成本计算表,如表9－8所示。菜单预测和实际食品成本计算过程如下:

1. 确定标准食品成本率

（1）预测销售量。在确定每客标准分量菜肴的标准成本和售价之后进行销售预测。销售量预测准确与否直接影响标准成本率的高低,因而,它必须是在综合考虑各种因素条件下才会很精确。

（2）计算各菜肴标准食品成本率。每客菜肴的标准成本根据菜谱细目和成本卡的数据填写,在"售价"一栏中,填入菜单上各种菜肴的单价。"标准食品成本率"一栏中的数据则是每客菜肴的标准成本与售价之比。

表9－8　预测和实际食品成本计算表　　　　　　　10月5日

	菜肴	A	B	C	D	合计
预测	销售量	80	65	10	16.5	
	每客成本(元)	2.05	2.45	4.30	2.60	
	每客售价(元)	5.95	6.95	12.95	7.95	
	食品成本率(%)	34.5	35.3	33.2	32.7	33.6
	总成本(元)	164.00	159.25	43.00	42.90	795.25
	总销售额(元)	476.00	451.75	129.50	1 311.75	2 369.00
实际	销售量	75	60	6	159	
	每客成本(元)	2.05	2.45	4.30	2.60	
	每客售价(元)	5.95	6.95	12.95	7.95	
	食品成本率(%)	34.5	35.3	33.2	32.7	34.6
	总成本(元)	153.75	147.00	25.80	413.40	739.95
	总销售额(元)	446.25	417.00	77.70	1 264.05	2 205.00

（3）计算标准成本总额及营业收入总额。各种菜肴的标准生产总成本为每客菜肴成本与预计销售量的乘积,各种菜肴的标准生产总成本之和是所有菜肴的标准成本总额,用同样的方法可以计算各种菜肴的总销售量,总销售量之和为所有菜肴的营业收入总额。

（4）确定标准食品成本率。用预计的营业收入总额去除标准成本总额,可求出标准食品成本率。本例中,标准食品成本率为:

$$\frac{795.25}{2\ 369.00} \times 100\% = 33.6\%$$

2. 确定实际食品成本率

实际食品成本部分在销售之后编制。根据销售记录,在表中填入各种菜肴的实际售出客数,然后根据每客成本和售价与售出客数的乘积,分别求出各种菜肴的实际总成本和总销售额。各种菜肴的实际总成本、总销售额之和分别为实际成本总额与实际营业收入总额,由此可计算出实际食品成本率。

3. 比较分析

对预测的标准食品成本率与实际的食品成本率进行比较,两者比较必然会存在一些差异。产生差异的原因有:预测的总销售量通常不可能与实际总销售量完全相同,某些菜肴的销售量低于预测数量等。如果某些菜肴的实际销售量高于预测数,管理人员也应分析厨房职工是否严格地执行生产计划。虽然销售量增加可使企业增加销售额,但是,如果厨房职工未按规定的生产目标进行生产,则表明某一控制程序没有起到应有的作用。如果总份数是正确的,每一客的分量却不足,也可能增加实际售出的客数,这会引起顾客的不满,甚至会失去部分顾客。因此,管理人员应对差异进行分析,尽量使预测接近实际,充分发挥销售预测在制定经营目标、指导生产计划工作方面的作用。

二、成本差异产生的原因

成本差异为实际成本数额与标准成本数额之差。引起成本差异的原因可分为正常原因和非正常原因两大类。

正常原因有:销售结构发生了变化,因而差异必然会产生;食品饮料突然大幅度提价;企业改变会计记录程序、财务报表编制方法、收款方法等。

不正常原因有:原料进货过多、验收不严格、原料保管不善、未严格执行领发料制度、浪费、偷盗、生产数量过多、每客菜肴分量不正确、未按标准菜谱生产等。对以上原因,应查明责任所在,采取改进措施,缩小实际成本和标准成本之间的差异。

第四节　食品成本控制

食品成本控制是餐饮成本管理的关键。针对可能引起成本差异的原因,制定相应的改进措施,以减少食品成本的不合理支出,成为食品成本管理的根本任务。食品成本控制主要包括食品采购控制、验收控制、库存控制、出库控制、生产控制五个环节的内容。

一、食品采购的控制

采购控制是食品成本控制的首要环节。食品是否能形成利润,往往在采购环节就已决定了。要想降低成本水平,在采购环节就要做到以下几点:

（一）聘用合格的采购员

采购员应具备的条件是:人品正直、可靠;具有丰富的商品知识,掌握市场供求状况、生产变化动态;懂得国家有关法律政策,懂得饭店内部的规章制度;生鲜食品采购员应具备一定的烹调知识;具有鉴定采购商品质量的能力,以及必要的保管知识;具有数字计算能力,能对采购业务进行科学的计算管理。

（二）编制食品原料的采购规格

编制食品采购规格可以保证食品原料采购质量。食品原料的质量指的是原料是否适用。越适于应用,质量就越高。

采购部应在其他部门或人员的协助下,列出本饭店需采购的食品原料的目录,并用标准的采购规格,说明各种食品原料的具体特点,规定对各种食品原料的质量要求。

（三）确定经济订货量

企业应采购适当数量的食品原料。采购数量过多,会占用大量资金,影响资金周转,增加存储成本,导致原料质量下降、损耗等。采购数量过少,会增加订货和验收的费用,失去大批量采购能享受到的折扣优惠。因此,企业可使用经济订货量方式确定最适当的订货量,降低与采购和储存相关的成本。

二、食品验收的控制

验收工作的任务包括:根据采购规格,检验各种食品原料的质量、体积和数量;核对食品原料的价格与本企业订购的食品原料的价格、发票上的价格是否一致;给容易变质的食品原料加上标签,注明验收日期;并在验收日报表上正确记录已收到的各种食品原料。然后,验收员应迅速地把各种食品原料送到贮藏室和生产场所,以防损失和变质。

三、食品库存的控制

食品库存控制的任务是尽量防止库存物品腐烂、丢失和避免物品自然减重。为此,库存控制应做好以下两方面的工作:

（一）防腐

为了有效地防止物品腐烂,首先应对生鲜食品加以管理。对于易腐生鲜食品,应当让具有丰富商品知识的人进行管理。保管过程中要求对温度进行严格控制。贮存时间过长也是造成减重、腐烂、鲜度下降的主要原因之一。因此,也要对各种生鲜食品贮存时间给予必要的控制。在贮存过程中,要防止细菌繁殖。仓库中的地面往往湿气较重,因此,库存品要放在距地面 10~15cm 的货架上。

对于库存品要经常按易腐序列进行检查,其顺序如下:贝类、鱼类、奶类、奶油类、蛋类、鸡肉、牛肉、猪肉。

（二）防盗

首先,加强岗位责任制,仓库钥匙应由专人负责管理,特别是在夜间,严格禁止非责任人员进入库房。

其次,仓库开放时间,应有仓库负责人在场,并规定具体日期、具体时间办理出库业务。出库时,任何人未经允许不得进入库区。

最后,研究和采用先进的贮存方法,把食品在库房期间的损失降低到最低限度。

四、食品出库的控制

搞好食品出库控制。首先,应建立严格、合理的原料出库制度;其次,规定出库手续、领料数量、出库时间等,并认真执行。

（一）出库手续

食品的出库,必须以经过批准的领料单为凭据,以保证能正确计算各领料部门的食品成本。同时,领料单应提前交送,以便仓库保管员有充分时间准备原料。

（二）领料数量

领料数量的要求是既要满足厨房用料的需要,又要有效地控制发料量。发料控制的原则是只准领用食品加工烹制所需实际数量的原料。

（三）领料次数和时间

饭店应规定每天领料的次数和时间,以促使厨房制订周密的用料计划,避免随便领料,减少浪费。

（四）统计成本

仓库管理员每天须及时、正确地统计领料单上各种原料的成本,以及全天的领料成本总额。

关于采保环节的其他成本控制内容,在第五章已有论述,此处不再赘述。

五、食品生产的控制

食品生产包括加工、烹调、配菜三个环节。这三个环节对食品成本影响较大,是出现问题较多、又难以控制的环节。食品生产控制应着重抓好以下几个方面的工作(其他内容详见第六章)。

（一）编制标准菜谱

标准菜谱是食品生产控制的重要工具,它列明某一菜肴在生产过程中所需的各种原料、辅料和调料的名称、数量、操作方法、每客分量和装盘工具、装饰的配菜及其他必要的信息。使用标准菜谱,为菜肴生产提供了标准,使菜肴的分量、成本能保持一致。

（二）进行主要原料的加工测试和烹调损失测试

对于肉类、禽类、水产类及其他主要原料,饭店应经常进行加工、烹调测试,掌握各类原料的出料率,制定各类原料的切割、烹烧损耗许可范围,以检查加工、切配工作的效绩,防止和减少在粗加工和切配过程中造成原料浪费。

（三）制订生产计划

饭店应根据业务量预测,制订每一天各种菜肴的生产计划,确定各种菜肴的生产数量和供应份数,并据此决定需要领用的原料数量。生产计划应提前数天制订,并根据情况变化进行调整,以求准确。

（四）按标准菜谱配菜

厨房应按照标准菜谱所规定的烹制份数进行配菜,否则会增加菜肴的成本,影响毛利。

第五节　酒水成本控制

酒水成本控制的程序和方法与食品成本控制的程序和方法基本相同。但酒水价格昂贵,容易携带,在销售中稍有疏忽或过失,酒水就会像水一样容易流失,从而影响酒吧及整个餐厅的经济效益,因此必须严格控制和认真管理。

一、酒水成本环节控制

（一）酒水采购环节控制

酒水采购控制的主要目的是:保持酒水生产所需的各种配料的适当存货,保证各种配料的质量符合使用要求以及保证按合理价格采购。

1.选好采购人员

餐饮部必须有专人负责酒水采购工作。为了便于控制,酒水采购人员不能同时从事酒水配料和销售工作。

2.确定采购数量

要准确确定订货数量,最好使用永续盘存制。永续盘存制注明各种酒、饮料应保存的标准存货数量。标准存货数量是指企业最理想的储存数量,通常为企业在一定时期真实使用量的150%左右。永续盘存表还标明了最高和最低存货量,其中:最高存货量是管理人员规定的现有存货量可增加的最高限度;最低存货量实际上即订货点。

3.保证采购质量

根据使用情况,酒水可分为指定牌号和通用牌号两种类型。只有在顾客具体说明需要哪一种牌子的酒水时,才供应指定牌号;顾客未说明需要哪一种牌子时,则供应通用牌号。此外,确定酒水的质量,还需考虑价格、顾客的偏爱、年龄、酒水的销售状况等一系列因素。

(二)酒水验收环节控制

酒水验收员的责任是根据订单检验酒水质量、数量是否符合要求,是否可以接收。

验收时,必须仔细清点瓶数、桶数,如按箱进货,验收员应开箱检查瓶数是否正确。要了解整箱酒或饮料的重量,也可通过称重量检查。如果瓶子密封,还应抽查是否已启封或瓶盖是否松动。发现有不一致之处,应做好记录,并按规定处理。

验收之后,验收员应在每张发票上盖上验收章,并签名;然后立即将酒水送到储藏室。另外,验收员还应根据发票填写验收日报表,送财务部,以便在进货日记账中入账。酒水验收日报表如表9-9所示。

表9-9　酒水验收日报表

供应单位	项目	箱数	每箱瓶数	每瓶容量	每瓶成本	每箱成本	小计

(三)酒水库存环节控制

酒类在空气中极易被细菌侵入,导致变质,许多高级酒类价格昂贵,库存不善将造成酒水成本的大大提高。因此,库存控制的目的是:防止酒水变质;从数量管理上防止酒水损耗;对有些酒类来说库存还能提高与改善酒本身的价值。

1.建立酒窖

酒窖是储存酒品的地方,其设计应讲究科学性。理想的酒窖应符合以下几个要求:①有足够的储存空间和活动空间。②通风性良好。③保持干燥的环境。④隔绝自然采光、照明。⑤防震动和干扰。⑥有恒温条件。

2.控制存货

(1)实行酒水库存卡制度。酒水库存卡如表9-10所示。确立各类酒水(特别是销量大的)的标准库存量,计划酒水的每日销售量,实行酒水的动态管理。

(2)实行永续盘存记录制度,及时反映库存的变化情况。

(3)库房钥匙要由专人保管。

表 9 – 10　酒水库存卡

编号_____　　规格_____　　品名_____

日期	入库	出库	结余	签名

(四)酒水发放环节控制

1. 实行酒吧标准存货制

为了便于了解每天应领用多少酒水、饮料,每个酒吧应备有一份标准存货表。假设某种牌号的白兰地的标准存货为 4 瓶,那么酒吧在每日开业前就应有 4 瓶这种白兰地。酒吧标准存货制,可保证酒吧各种饮料存货数量固定不变,便于控制供应量。酒吧标准存货数量既要保证满足顾客需求,又不能存货过多。

对于特殊用途饮料,酒吧应备足量,以便满足整个宴会的需要。在领(发)料工作中,常使用宴会酒水领料单。宴会酒水领料单如表 9 – 11 所示。

表 9 – 11　宴会酒水领料单

宴会主办单位:_____　　日期_____
宴会地点:_____　　吧员_____

酒名	数量	最初发料	增发数量	退回数量	耗用数量	单位成本	总成本

申请人_____　　发料人_____
领料人_____　　回收人_____

2. 酒瓶标记

在发料之前,酒瓶上应做好标记,标记上应有不易仿制的标识、代号或符号。每个酒吧可采用不同的标记,这样可以防止服务员将自己的酒带入酒吧出售,然后自留现金收入。

(五)酒水生产环节控制

1. 对酒单控制

酒单如同餐厅的菜单,是酒吧最好的促销工具,一份设计精美的酒单往往会激发顾客的消费欲望,刺激消费,增加酒水的经济效益。酒单有很多种,按照酒单使用地点不同可分为餐厅酒单和鸡尾酒单两大类。此外,酒吧还会根据季节或促销主题设计酒单,如时令酒单、葡萄酒单等。不同酒单,其内容和设计要求也不一样,但总体来说应做到各项酒水说明内容完整,定价合理;酒单清楚整洁,设计精美,别具特色。

2. 对调酒师行为控制

生产销售阶段酒水成本失控,可能是调酒师出现偷盗行为所致。

在某些酒吧中,由于调酒师既负责调酒,又负责收款,如果管理不善就可能出现调酒师的行为出轨使酒水成本上升。

(1)卖酒而不作收款记录,将款额藏匿拿走。

(2)多收钱,将余额藏匿拿走。

(3)少找钱,余款归自己。

(4)出售自己所带饮品,使酒吧损失经营收入。

(5)带入空酒瓶换整瓶酒,谎称酒已出售。

(6)少倒酒,挤出部分款额归己。

(7)卖酒不作记录,空瓶兑水。

(8)以次充好,将其差额拿走。

(9)偷整瓶酒。

(10)将零卖的酒作为整瓶出售,将其差额拿走。

(11)将饮品免费赠送亲友。

(12)将售出的酒谎报为不小心碰洒了,从中贪污款额。

(13)与服务员合伙贪污。

3. 对服务员行为控制

酒吧服务员在酒吧中提供酒品服务及负责为客人结账,也可能出现行为出轨而从收付客人的款项中偷窃,使酒水成本上升。服务员经常出现的不法行为有:

(1)将账单丢掉,收款后归自己。

(2)重复使用账单。

(3)多收款,少找钱。

(4)故意将总账算错,对客人收实款,对收银台少报款。

(5)顾客付款后改变项目和价格,对收银台少报款。

4. 对收银员行为控制

收银员可能出现的偷盗行为有:

(1)将账单藏匿不记账,款额归自己。

(2)以微小的差错保持账目平衡。

(六)酒水销售环节控制

根据酒吧销售方式不同,其成本控制方法又分两种情况。

1. 鸡尾酒销售成本控制

鸡尾酒是酒吧销售的主要方式,各种鸡尾酒都是根据标准配方制作的,由此形成鸡尾酒的标准成本。各种鸡尾酒的用料配方和比例不同,其标准成本也不一样。

酒吧销售过程中,调酒员尽管都按标准配方调制鸡尾酒,但实际成本往往和标准成本不完全一致,由此也会形成成本差额。鸡尾酒销售成本控制就是要在分析成本差额的基础上来发现成本管理中存在的问题,从而有针对性地采取控制措施,提高成本管理水平。成本差额分析方法可根据酒吧鸡尾酒成本控制报告计算。酒吧鸡尾酒成本控制报告如表9-12所示。

表9-12　酒吧鸡尾酒成本控制报告

酒吧_____　报告期_____　制表人_____　日期_____　　单位:元

鸡尾酒名	标准成本		实际成本		标准成本	实际成本	成本差额	标准成本率(%)	实际成本率(%)	成本差额率(%)
	杯酒成本	酒单售价	销售量	杯酒成本						
1	1.58	8.25	35	1.43	55.3	50.05	-5.25	19.15	17.33	-1.82
2	1.86	9.45	20	1.92	37.2	38.4	1.20	19.68	20.32	0.64
3	2.34	11.28	32	2.45	74.88	78.4	3.52	20.74	21.72	0.98
4	2.58	12.94	28	2.63	72.24	73.64	1.40	19.94	20.32	0.38
5	3.72	18.72	25	3.61	93.00	90.25	-2.75	19.87	19.2	-0.59
6	4.26	20.50	38	4.18	161.88	158.84	-3.04	20.78	20.39	-0.39
合计	2.87	13.75	178	2.75	494.50	489.58	-4.92	20.2	20	-0.2

2. 瓶装和杯装销售成本控制

酒吧烈性酒、啤酒和软饮料常常不经过调制,直接以瓶装或杯装方式销售,价格通常比鸡尾酒低。其成本控制方法是由管理人员事先制定瓶装和杯装销售单位成本和售价,酒吧服务人员按杯装或瓶装标准销售,由此控制成本消耗。在整装拆零销售时,要特别注意杯装配置,防止实际成本消耗超过事先规定的标准。酒吧瓶酒销售成本控制如表9-13所示,酒吧杯酒销售成本控制如表9-14所示。

表9-13　酒吧瓶酒销售成本控制表

酒吧_____　报告期_____　制表人_____　日期_____　　单位:元

酒水名称	标准成本		实际成本		标准成本	实际成本	成本差额	成本率差额(%)
	成本率	每瓶售价	销售量	每瓶成本				
1	24.5%	85.6	15	23.95	314.58	359.25	44.67	3.48
2	25.8%	78.2	20	20.33	403.51	406.60	3.09	0.2
3	28.4%	34.5	18	7.52	173.36	135.36	-41.00	-6.6
4	26.7%	69.8	24	16.75	447.28	402.00	-45.28	-2.7
5	23.2%	125.4	30	31.35	872.78	940.50	67.72	1.8
6	22.4%	97.6	25	25.38	846.56	634.50	87.94	3.6
合计	24.33%	20.92	132	21.80	2 761.07	2 878.21	117.14	1.04

表9-14　酒吧杯酒销售成本控制表

酒吧_____　报告期_____　制表人_____　日期_____　　　单位:元

酒水名称	标准成本		实际成本		标准成本	实际成本	成本差额	成本率差额(%)
	成本率(%)	每杯售价	销售杯数	每杯成本				
1	19.5	14.67	30	2.82	85.82	84.6	-1.22	-0.28
2	20.6	15.78	20	3.28	65.01	65.6	0.59	0.19
3	18.4	11.85	35	2.10	76.31	73.5	-2.81	-0.68
4	14.9	23.07	30	3.45	103.12	103.5	0.38	0.05
5	22.8	18.77	45	4.18	192.58	188.1	-4.48	-0.53
合计	19.31	16.92	160	3.22	552.84	515.3	-7.54	-0.28

二、酒水成本控制方法

(一)标准成本控制

标准成本控制是定期(如一个月)将酒水的标准成本和实际成本作比较,从比较结果中,检查酒水成本控制是否存在问题的一种管理方法。

1.标准成本率的确定

酒水的销售数可根据账单或收款机记录进行统计,各种酒水的销售数分别乘以其标准成本及售价,即为标准成本总额和标准营业收入总额。

2.实际成本率的确定

实际成本率的计算:

本期酒类饮料成本=酒吧酒类饮料起初库存额+本期领取酒类饮料总额-酒吧期末库存额+各项专项调整之和

实际成本率=本期酒类饮料成本/标准营业收入总额×100%

3.标准成本率和实际成本率比较

如果成本差异超过0.5%,管理者应查明原因,引起差异大的原因除了实际成本计算不正确外,往往是调酒员操作时用量控制失当,倒酒过多或过少,或者营业收入未作如实记录等方面的原因。

(二)标准用量控制

标准用量控制是将酒吧存货记录和销售记录中的各种酒的实际用量和标准用量进行比较来发现饮料控制问题的一种方法。

1.用量标准化

要搞好酒水生产控制,应首先确定各种酒水中成本最高的成分——酒的用量标准。

2.载杯标准化

酒吧经理应确定每杯酒水的容量,并为酒吧服务员提供适当的酒杯。

3.配杯标准化

要控制成本.必须使用标准配方,并规定各种酒、饮料在配制时各种成分的用量标准。这样做也可以满足顾客对于酒吧提供的酒水在口感、酒精含量和调制方法上一致性的要求。

4.操作程序标准化

实施标准化操作程序,能够保证提供的产品和服务的一致性,减少浪费和客人投诉,是降低酒水成本的有效手段之一。

标准用量控制的步骤是:①根据库存记录,统计饮料的实际用量;②根据销售记录,统计出饮料的标准用量;③比较实际用量和标准用量。

(三)标准营业收入控制

标准营业收入控制法是根据各种有关酒水的销售量计算标准营业收入总额,然后将其与实际营业收入总额进行比较,并从中发现问题的一种成本控制方法。

第六节　劳动力成本控制

餐饮业是劳动密集型产业,劳动力成本是指支付给员工的薪酬以及非薪酬形式的人工成本,如员工福利、员工服装、员工用餐和培训成本等。劳动力成本一般占到营业收入的30%,随着社会的发展,工资水平不断上升,劳动力成本在餐饮成本中所占的比例将呈上升趋势,劳动力成本对餐饮经营收益的影响越来越大。

餐饮劳动力成本控制的主要目的是在确保餐饮服务质量的前提下,提高员工的劳动效率。要达到此目的,餐饮经营人员应充分认识影响劳动力成本的各种因素,科学地制定各岗位的劳动定额指标,准确分析和预测营业量的变化,合理地进行劳动组织和工作安排。

一、影响餐饮劳动力成本的因素

(一)食品原料加工烹制工作量

厨房原料的加工准备和食品制作烹调所需的时间或工作量的多少是影响人工成本的一大因素。如果餐饮采购的食品原料都须有厨房粗加工(如宰杀、切割、洗涤等),方便食品或半成品食物很少,那就必然会导致较高的人工成本;相反,厨房使用方便食品或产品、半成品食物越多,就越能降低人工成本费用。例如,采购已经拣洗的蔬菜、已经加工切割的肉类、已经分装好的调料等就能减少粗加工的员工人数,从而降低人工成本。随着科学技术的发展,社会服务体系的完善,各类配菜中心的建立,厨房中将会使用越来越多的半成品或成品原料,从而降低人工成本。

（二）菜肴品种数量和销售量

菜单品种丰富，规格齐全，菜品加工制作复杂，加工产品标准要求高，无疑要加大工作量，配备较多的生产人员。从劳动力成本角度看，厨房烹饪制作 100 份相同菜肴所需的劳动力远远低于烹饪制作 10 种不同的每种各 10 份的菜肴。菜肴销售量越高，每份菜肴劳动力成本越低，员工的工作效率就越能得到发挥。因此，适当减少或控制菜肴数量，提高菜肴的销售量是控制餐饮劳动力成本的一个重要途径。

（三）服务方式

不同的服务方式所需的劳动力成本不同，如自助餐服务，以宾客自己取食品为主，所需劳动力相对较少，而零点或宴会服务则相对来说需要的服务员较多。

（四）机械化程度

餐饮企业使用的机械数量、种类越多，效率越高，越有可能减少员工人数、降低劳动力成本。例如，原料削皮、切片以及餐具洗涤等工作如果使用现代化机器设备，就可有效地降低人工成本。

（五）餐厅的布局

餐厅、厨房的结构是否紧凑，布局是否合理是影响餐厅工作人员工作效率的一大因素。如果布局不科学，餐饮服务区与厨房生产区的距离过大，使服务员行走路程过长，体力消耗过大，会增加人员需求。在厨房内，冷藏柜、保温柜和其他主要设备安装位置是否合理，用具是否放置在厨师容易拿到的地方，都直接影响其工作效率，所以减少厨师行走距离、保持体力、节省时间、保证生产流程顺畅，对提高工作效率、节约用工有着显著的效果。

（六）非薪金形式的人工成本支出

（1）餐厅员工流动频繁，造成员工工服流失，型号匹配不全或短缺，增加餐厅工服的成本。

（2）厨师流失往往会带走大批厨房员工，而餐厅管理者的辞职又会带走一批业务熟练的一线员工甚至一部分老顾客，影响餐厅的正常营业活动，损害餐饮企业的收益和形象。

（3）企业频繁招聘新员工，会使培训费用增加，另外，新员工上岗熟悉业务需要一定实习时间，餐厅新员工过多还会影响工作效率和服务效果，导致顾客的投诉率上升，既增加人工成本，又影响餐厅的整体经济效益。

（4）职工队伍的士气高低，是否具有团结协作、互相尊重的工作氛围，工作是否有乐趣，职工的潜能是否得到最大限度的发挥，餐饮企业是否具有合理的激励和竞争机制等因素都会影响员工的工作情绪和工作效果，从而进一步影响客人的满意度和忠诚度，影响餐饮成本。

二、劳动力成本控制措施

(一)量才使用,因人设岗

在对岗位人员进行选配时,首先要考虑各岗位人员的素质要求,即岗位认知条件。同时要认真细致地了解员工的特长、爱好,尽可能照顾员工的意愿,使员工在工作中有发挥聪明才智、施展才华的机会,真正为企业创造最大的效益。另外,要力戒因人设岗,否则会给餐饮经营留下隐患。

(二)不断优化岗位组合

餐厅员工分岗到位后,并非一成不变。在实际操作中,可能会发现一些员工学非所用或用非所长,或暴露出一些班组群体搭配欠佳、团队协作精神缺乏等现象。因此,优化餐厅岗位组合是必须的。餐饮管理人员要同时发挥激励和竞争机制,创造一个良好的工作、竞争环境,使各岗位的员工组合达到最优。

(三)利用分班制

根据餐饮企业每日营业中高峰和清淡时段客源的变化,供餐时间的不连贯及季节性显著的特点,可安排员工在上午工作几个小时,下午工作几个小时,在餐厅不营业或营业清淡时段可不安排或少安排员工,节省劳动力。

(四)科学设定固定员工人数

固定员工数量是指不管业务量大小,企业经营所必需的最低劳动力数量。在餐饮企业中,这类员工有餐厅经理、会计、厨师长、收银员、维修工等。这类员工的工资占餐厅人工成本支出的相当大一部分。餐饮企业应有科学的固定员工的标准,并尽可能将其安排在关键岗位上。

(五)灵活利用非固定员工和临时工

非固定员工和临时工的使用数量与企业的销售量密切相关。餐厅服务员和厨房生产人员均属这类员工。餐饮经营者应作好不同时间餐厅客人的统计,尽可能准确地预测每日营业量,根据各营业量的预测来配备员工人数。另外,各中、高等院校的旅游专业的实习生也是企业比较理想的非固定人力资源,他们在校期间受过专业训练,外语基础好,反应灵活,上岗快,用工费用又比社会上招聘的员工低。因此,企业应通过调查、试用与对比,有计划地与几所学校建立长期的合作关系,为企业建立人才储备库。

(六)科学进行人事费用消耗控制

人事费用消耗控制以餐饮经营奖金和临时工工资消耗为主。在我国的餐饮企业中,这两部分费用开支都是按月发放的。其费用控制方法是根据企业的淡旺季不同,分别制订奖金和工资月度计划,由此形成标准奖金额和临时工费用额;然后根据实际用人和当月经济效益,确定人均奖金额和临时工工资,形成实际人事费用开支,并分析费用差额。其目的是发现预算费用和实际费用开支的合理程度;控制人事成本中可控费用消耗,降低人事成本,提高赢利水平。

（七）简化作业程序

简化作业程序就是通过仔细观察、详细记录各岗位职工工作的工作流程和服务标准,认真研究整个工作过程中的每个步骤,改变工作规程,精简职工的无效劳动。工作简化的内容包括省略多余动作、改进方法以及设备等更加合理安排和巧妙设计等。工作简化的过程包括时间研究、动作研究、工作流程研究、人机配合研究、左右手动作研究等许多复杂技术。通过研究,使餐饮企业的各项工作流程能够取消那些既不能增加产品价值也不利于生产的不必要的工作步骤,用最快、最省力、最经济的工作方法高效完成工作,减少企业的人力资源浪费现象。

（八）采用电脑进行信息管理,提高工作效率

1. 采用电脑进行信息管理,提高餐饮管理的科学性和准确性

电脑可以准确记录餐饮经营业务的各项有关信息,是管理人员分析成本收支、顾客需求、市场预测的最好工具。同时,用电脑处理大量烦琐复杂的文书工作,可大大减少文书人员并提高工作效率和工作效果。

2. 采用电脑收银结账和代替人工点菜,提高一线人员的工作效率

首先,将电脑用于在餐饮经营中的收银业务,不仅快捷准确,而且可以减少人员配备。其次,用计算机代替人工点菜,改变了传统餐厅的工作模式。其工作原理是:餐厅服务员使用微型计算机记录客人的点菜,然后按键用红外线将点的菜发送给红外线接收器;同时,收银台和厨房立即收到点菜单、酒水数量、桌号或单间号等信息,并通过打印机打印出来。这样既提高了上菜的速度,又缩短了客人的等候时间,减少餐厅工作人员的数量,是餐厅服务的一次革命。

（九）控制非薪酬形式的人工成本支出

非薪酬形式的人工成本支出主要是指员工的福利待遇、培训等造成的隐性费用支出。这部分成本费用不像薪酬那样显而易见,常被经营者忽视,控制难度也相对较大,加强这部分成本管理对整个人工成本控制的成败具有重要的意义。

首先,明确制定有关员工的具体福利待遇及享受规定,使每位员工都心中有数,按规定执行规章制度。

其次,制定相关的制度对餐厅的工服加强管理,做好餐厅工服的供应、回收、洗涤工作。

再次,合理安排厨房员工的工作时间,使一部分厨师兼做工作餐,减少厨房人员配备。同时杜绝员工免费工作餐的浪费现象,有些饭店采用员工用餐打卡收费,然后每月补贴伙食费的做法有效杜绝免费工作餐的浪费现象。

最后,实行人本管理,为员工创造和谐的工作氛围,培养员工忠诚感。一方面提升员工对企业满意度和忠诚度,减少员工的频繁流动,可以相应减少新员工的入职培训费用;另一方面,只有满意和忠诚的员工才能尽最大努力为顾客提供高质量

的产品和服务,真正为企业创造满意和忠诚的顾客,为企业创造最大的利润。

 **章后案例**

中方厨师长的业绩

北京某五星级合资饭店历年来始终聘用外籍人员担任行政总厨。历任行政总厨也不负众望,既保证了食品质量,又能把食品成本率控制在28%~32%之间。1992年,饭店又聘请了德国行政总厨彼得,彼得干练又有效率,食品质量也能达到顾客的期望。但问题是,他接任数月后,成本率却居高不下,并且已经到了令董事会难以接受的程度。出于无奈,董事会决定提前终止彼得的合同。

在这种情况下,如果匆忙招聘并任用另一名外籍行政总厨,显然不太可能,而且也不能保证用工的质量。因此,中方总经理当即决定由中方副主厨王先生来代理行政总厨工作,代理期定为三个月。面对这个可行的建议,外方总经理却无论如何也不能接受,理由是,毕业于国际知名的饭店管理学院的外籍行政总厨都不能控制好成本,一名中方副主厨怎能完成如此重任呢?面对巨大的压力,王先生没有退却,而是主动与外方总经理签订了三个月的责任书,这实际是一纸军令状。

签订责任书的第二天,王先生和计财部黄女士制订了具体的成本控制方案。从采购、货物验收、仓库储存直至厨房每日填写各类食品明细录等,都制定出了详细的标准,仅半个月,食品成本就比原来下降了3%~4%。

与此同时,王先生在相关部门的帮助下,还进行了详细的市场调查。由于当时汇率很高,致使人民币贬值,而饭店房间是按美元收费,餐费按人民币(外汇)计算。许多顾客都很清楚,饭店的宴会报价确实很低,已远远低于国际标准,但食品质量是上乘的。因此,将餐饮价格调整至合理的数额也是一件必须要做的事。王先生在黄女士的帮助下,重新核算了宴会菜单成本,依据饭店餐饮毛利率调整宴会价格。此项措施,又使成本率下降了两个百分点。

其次,厨房部员工还在饭店培训部的配合下,开展"最大产出管理"的培训,引导和培训厨师们充分利用食品原材料,杜绝浪费。加工时,使用食品标准配比,既保证顾客所需的产品量,又不造成太多的浪费。强化厨师的节约意识,促使成本率趋向于正常。

三个月后,王先生不仅如期完成了责任书上的各项职责,并大大超出了中外方总经理的期望。同时,增强了整个厨房部的凝聚力,厨师们也都更加强烈地意识到了自己的责任。

讨论题:

1. 控制成本的前提是什么?

2. 如何从生产业务环节角度控制成本？

3. 作为一名厨师长应该怎样有效地控制成本？

 复习思考题

1. 解释下列概念：

餐饮成本 变动成本 可控成本 餐饮成本率 餐饮成本核算 餐饮成本分析

2. 分析餐饮成本的含义。

3. 解释固定成本、变动成本和半变动成本。

4. 餐饮成本有哪些项目构成？

5. 简要分析餐饮成本的构成特点。

6. 如何进行月食品成本核算？

7. 如何进行日食品成本核算？

8. 如何从食品运动的各环节上控制食品成本？

9. 酒水成本控制有哪些方法？

食品营养与安全

【引例】

某五星酒店百余人食物中毒

　　2008年10月某日,在某五星级酒店里,同时有三对新人在举办婚礼,但是让这些沉浸在幸福中的新人和众多亲友没想到的是,这顿婚宴,居然吃倒了一大片。婚宴结束后,开始陆续有人因为肚子痛上医院看急诊,发展到后来居然有上百人因为食物中毒进了医院。

　　当天在一楼举办婚礼的新郎朱先生说,原本就是为了好好热闹一下,才选择了上档次的五星级酒店,没想到居然出了这样的事情。据了解,这对新人一共办了近50桌,吃的时候都没什么问题。到了晚上这对新人和双方父母都开始肚子痛,连忙赶去医院。没想到随后不少亲友也来到医院就诊,大家这才想到可能是酒席的菜有问题。而当天在这家酒店摆酒的3对新人一共摆了近100桌,几乎每一桌都出了问题。

　　食物中毒的人员被分流到不同的医院,其中某医院当天晚上就收治了50多位病人,另一家医院急诊室边上的4个留观室里几乎都是食物中毒的患者。而这只是其中一部分,在急救室和输液室里还有不少人。在输液室,一位正在挂盐水的患者告诉记者:"本来高高兴兴去喝喜酒,哪知道一家5口人都吃坏了,我一晚上上了17次厕所,实在不行就来了医院,没想到遇到这么多熟人。"边上挂盐水的患者纷纷苦笑,看来都是认识的。

该酒店的相关负责人表示,对患者深表同情和歉意,会积极配合相关部门进行调查和处理。卫生监督部门已按食品卫生法的有关规定,对该酒店进行立案查处。

第一节 食品营养

食品营养是人体从食品中所能获得的热能和营养素的总称。饮食是人类赖以生存的物质基础,科学的饮食方式有益于身体健康。随着我国消费者收入水平的普遍提高,人们更加重视增进营养、保证健康。在餐饮生产、管理和服务中,要掌握食品营养的基本知识,重视食品的营养调配,使餐饮产品不仅保持传统的特色风味,同时也具有营养价值,满足顾客对健康的需求。

一、食品的营养素

营养素是维持机体健康以及提供生长、发育和劳动所需的各种食品中所含有的营养成分。食品中营养成分主要包括:碳水化合物、蛋白质、脂肪、维生素、矿物质和水等,通常称为六类营养素。

营养素的功能可以分为三点:①维持身体的构成;②补充能量;③对机体的功能和行为给予保证和调节。

碳水化合物、脂肪,蛋白质是补给能量的成分,所以有人称其为热量素。同样的,相对应的蛋白质、维生素、矿物质三种物质又有保证素之称。其中,蛋白质是既被称作为热量素,又被称作为保证素的化合物。人体所需的营养素分布在各种食品中,因食品种类不同,营养成分的组成、数量和性质等都各有区别。

（一）碳水化合物

碳水化合物是由碳、氢和氧三种元素组成的。由于它和水一样,所含的氢氧比例为二比一,故称为碳水化合物。它是为人体提供热能的三种主要的营养素中最廉价的营养素。

一般说来,对碳水化合物没有特定的饮食要求。主要是应该从碳水化合物中获得合理比例的热量摄入。另外,每天应至少摄入50～100克可消化的碳水化合物,以预防碳水化合物缺乏症。

碳水化合物的主要食物来源有:蔗糖、谷物(如水稻、小麦、玉米、大麦、燕麦、高粱等)、水果(如甘蔗、甜瓜、西瓜、香蕉、葡萄等)、坚果、蔬菜(如胡萝卜、番薯等)等。

（二）脂肪

纯净的脂肪是由碳、氢、氧三种元素构成的。从油料或动物脂肪组织提取的粗脂肪中含有少量的蜡、磷脂、固醇、色素、粘蛋白和水等非脂肪成分。

脂肪对人体有用的部分只是脂肪酸。脂肪只有通过消化过程水解出脂肪酸，才能被吸收利用。脂肪酸分为饱和脂肪酸和不饱和脂肪酸两大类。植物性油脂中不饱和脂肪酸较多，动物性脂肪中饱和脂肪酸较多。

成年人每天摄取 50 克脂肪就可以满足人体的生理需要。当摄入脂肪不足时，可出现消瘦、皮肤干燥、脱发等现象，会影响人体的正常生长发育。但脂肪摄入过多，又可使人体过于肥胖，造成心血管疾病等的频频发生。

动物性脂肪来自肉、鱼肝油、骨髓、蛋黄等食物，以猪肥肉中脂肪含量最高（90.8%）。动物性食物主要提供饱和脂肪酸，但鱼类例外，其内多含不饱和脂肪酸，因而老年人应多吃些鱼。植物性食物以油料作物如大豆、花生、油菜子、核桃仁等含油量丰富，且以不饱和脂肪酸为主。

（三）蛋白质

蛋白质是由碳、氢、氧、氮四种主要元素组成的，多数蛋白质还含有硫、磷，还有少数含有铁、铜、锰、锌、碘等元素。由于蛋白质种类不同，其元素的组成和比例不完全相同，蛋白质中氮的比例为 16% 左右。

成年人每日约需 80 克蛋白质。成年人蛋白质供热量占膳食总热量的 10% ~ 12%，儿童则以 12 ~ 14% 为宜。

含蛋白质数量多、质量好的食品是动物性食品，如肉类、鱼类、蛋类和乳类等。植物性食品中的大豆及制品、坚果类（如花生、向日葵籽、杏仁）、谷类、薯类和菜果类等都含有数量不等的蛋白质。

（四）维生素

维生素（Vitamin），是维持人体生命活动必需的一类有机物质，也是保持人体健康的重要活性物质。维生素在体内的含量很少，日需要量常以毫克（mg）或微克（μg）计算，但在人体生长、代谢、发育过程中却发挥着重要的作用。如果长期缺乏某种维生素，就会引起生理机能障碍而引发某种疾病。维生素一般由食物中取得。维生素是个庞大的家族，现在已经发现的维生素就有几十种，大致可分为脂溶性和水溶性两大类。

（五）矿物质

矿物质又称无机盐，是人体内无机物的总称，是地壳中自然存在的化合物或天然元素。矿物质和维生素一样，是人体必须的元素，矿物质是无法自身产生、合成的，每天矿物质的摄取量也是基本确定的，但随年龄、性别、身体状况、环境、工作状况等因素有所不同。

矿物质在人体内不能自行合成，必须通过膳食进行补充。在我国居民膳食中较易缺乏的矿物质主要有：钙、铁、锌、碘、硒。

（六）水

地球上的生命最初是在水中出现的。水分是机体中含量最大的组成成分，同样也是维持人体正常生理活动的重要物质。人的体重约50%～70%是水分。含水量随年龄、性别及身体状况的不同而异。水与生命活动息息相关，当机体丢失水分达到20%的时候，就有生命危险。

二、食品的营养价值

（一）食品营养价值的评价

食品营养价值是指食品中所含的热能和营养素能满足人体营养需要的程度。对食品营养价值的评价，主要根据以下几方面：

第一，食品所含热能和营养素的量，对蛋白质还包括必需氨基酸的含量及其相互间的比值，对脂类尚应考虑饱和与不饱和脂肪酸的比例。

第二，食品中各种营养素的人体消化率，主要是蛋白质、脂类和钙、铁、锌等无机盐和微量元素的消化率。

第三，食品所含各种营养素在人体内的生物利用率，尤其是蛋白质、必需氨基酸、钙、铁、锌等营养素被消化吸收后，能在人体内被利用的程度。

第四，食品的色、香、味、形，即感官状态，可通过条件反射影响人的食欲及消化液分泌的质与量，从而明显影响人体对该食物的消化能力。

第五，食品的营养质量指数。食品价格不一定反映食品的营养价值。食品营养价值的高低是相对的。同一类食品的营养价值可因品种、产地、成熟程度、碾磨程度、加工烹饪方式等不同而有很大区别。

（二）各类食品的营养价值

1. 谷类食品

谷类食品指禾本科作物的种子，主要有稻米、面粉、玉米、小米、高粱等，占中国人热能来源的70%左右。谷类含6%～10%的蛋白质，但生物利用率较低。含70%～80%的碳水化合物，主要是淀粉，消化率很高。含一定量的膳食纤维。磷、钙、铁等无机盐类生物利用率低。含维生素 B_1 和烟酸较多，但必须经加碱处理才能被人体利用，含维生素 B_2 少。玉米、小米含少量胡萝卜素。谷类种子碾磨过细将损失较多的维生素和无机盐，糙米的出米率以92%～95%、小麦的出粉率以81%～85%为宜。过分洗米、弃米汤、不适当加碱等也可损失营养素。

2. 豆类食品

豆类食品指豆科作物的种子及其制品，也包括其他油料作物。大豆含蛋白质35%～40%，为营养价值较高的优质蛋白质。特别是赖氨酸较多，是弥补各类蛋白营养缺欠的理想食品。大豆含油脂17%～20%，其中含人体必需脂肪酸——亚油酸约 50%，是任何其他油脂所不能比拟的。大豆约含 30% 的碳水化合物，其中人体不能利用的占一半，所以考虑大豆的营养价值时，碳水化合物以折半计算为宜。大豆中还含钙、铁、锌、维生素 B_1、维生素 B_2 和烟酸。大豆中也含有抗营养因素，对人有不良的生理作用，但经适当处理(如湿热、发酵、发芽等)后可基本消除。大豆加工成豆制品后，消化率可由整大豆的 60% 提高到 90% 左右。其他豆类如小豆、绿豆、花生、葵籽等也与大豆相似，但其蛋白质营养价值稍低。

3. 蔬菜、水果

蔬菜、水果是人体胡萝卜素、维生素 C 和钙、铁、钾、钠等元素的重要来源。所含的膳食纤维、有机酸、芳香物质等也有益于增进食欲，促进消化。含维生素 C 较多的蔬菜主要是叶菜类，如花椰菜、甘蓝等，特别是蔬菜代谢旺盛部分，如嫩叶、幼芽和花部含量较多。水果中则以柑橘、山楂、鲜枣及猕猴桃等含量最多。深绿和黄、红颜色的蔬菜、水果含胡萝卜素较多，如苋菜、韭菜、胡萝卜、甘薯和芒果、杏等。蔬菜、水果常因加工烹饪不当而损失营养素，如切洗流失、加热氧化、金属离子触媒破坏等，应引起注意。有些野菜、野果常含丰富的维生素和无机盐类，是大有开发利用前途的食物资源。某些蔬菜习惯上废弃的部分，如萝卜缨、芹菜叶中分别含有较多的钙、胡萝卜素、维生素 B_1、维生素 B_2 和维生素 C 等，应注意充分加以利用。

4. 畜禽肉类食品

畜禽肉类食品可供给人体优质蛋白质和部分脂肪，无机盐含量不多但易于吸收利用。也是维生素 A 和维生素 B_2 的重要来源。猪肉含蛋白质量较低，而且所含较多饱和脂肪酸对人体健康不利，而鸡肉或草食动物肉的蛋白质含量高，所以营养学家、畜牧学家与食品生产经营部门均主张用鸡肉代替猪肉。

5. 鱼类等水产食品

鱼类等水产食品在蛋白质营养价值方面可与畜禽肉类媲美，所含脂肪 70% ~ 80% 为不饱和脂肪酸，胆固醇含量也较低，所以远比畜禽肉类脂肪为优。含铁、钙等无机盐和微量元素比畜禽肉类高几倍至十几倍，含丰富的碘和较多的维生素 B_2 与烟酸。鱼肝富含维生素 A 和维生素 D。鱼类以外的海产动物，营养价值与鱼类相似。海产植物如海带、紫菜等含有 10% ~ 30% 的蛋白质，也含较多的钙、铁、碘和维生素。海产品中的砷均是有机砷形式，对人体无害。有的含粗纤维较多，影响消化。

6. 蛋类食品

鸡、鸭、鹅蛋的化学组成基本相似。鲜蛋含蛋白质约为 13% ~ 15%，其营养价值最高，为营养学实验研究中的理想蛋白质。含维生素 A、维生素 D 和维生素 B_2 较多。鲜蛋含有抗生物素蛋白和抗胰蛋白酶因素，又易受微生物污染，故不宜生食。蛋类烹调方式对营养价值影响不大。

7. 奶类食品

奶是哺乳动物子代出生后唯一营养来源,人和各种动物奶分别对其各自的初生子代营养价值最高,对异己子代的营养价值较低,所以对婴儿应强调母乳喂养。用牛奶时应仿人奶组成调整其营养成分,主要是加水稀释酪蛋白,补充乳(蔗)糖和维生素 A、维生素 D 等。牛奶含蛋白质和钙较多,也是维生素 A、维生素 B_2 的良好来源,但含铁少,若不补铁,易引起缺铁性贫血。奶粉和炼乳的营养成分与鲜奶基本相同。

8. 食品的加工品

除上述提及者外,主要有罐头、食用油脂、酒类、饮料、调味品和糖果糕点等,其营养价值主要取决于其原料组成,对人类营养素来源不占重要位置。

第二节 食品在烹调中的营养控制

食品原料组成成分复杂,烹调方法多样。食品原料经过烹调会发生一系列的物理和化学变化,在调味品配合下,才能使烹调后的食品色香味质俱佳,才能保证营养素被人体消化吸收,提高食品的营养价值。同时,在烹调过程中,食品原料经过加工、加热可减少有害物质、微生物和寄生虫等对人体的危害,提高食品的安全性。但是,食品原料经过烹调也会使一些营养素受到损失,甚至产生有害物质,影响其食用性。因此,必须根据不同原料和食品的质量要求,采用科学的烹调方法,尽量减少营养素的损失,提高营养素的利用率,确保食品的食用价值。

一、营养素在烹调中的变化

营养素在烹调中的变化,主要有以下几个方面:

(一)蛋白质变化

食品原料中的蛋白质,经烹调加热使蛋白质变性,造成分子结构的改变,空间构象破坏,分子肽链松散,酶等特殊蛋白质失去生理功能,氮溶解指数下降,失去保水性,易受蛋白质分解酶作用而有利于在人体内的消化吸收。加热也可使蛋白质由溶胶变成凝胶;加热也可使蛋白质水解,氨基酸、寡肽、嘌呤、嘧啶、肌酸等增加或溶出,提高其香气和鲜味;加热也可使蛋白质与糖产生美拉德反应[1],出现褐变。但是,蛋白质在不适当加热(过度加热)时,会出现劣变产物杂环胺等,对肌体产生有害作用。

---

[1] 美拉德反应又称为"非酶棕色化反应",是法国化学家 L. C. Maillard 在 1912 年提出的。所谓美拉德反应是广泛存在于食品加工过程中的一种非酶褐变,是羰基化合物(还原糖类)和氨基化合物(氨基酸和蛋白质)间的反应,经过复杂的历程最终生成棕色甚至是黑色的大分子物质类黑精或称拟黑素,所以又称羰胺反应。

（二）脂肪变化

烹调加热油脂时，一般温度不会超过180℃～200℃，可去除油脂中的一些异味物质，油脂分子变化很小。但是当油温长时间超过200℃，将产生过氧化物、低分子分解产物、环状单聚体、二聚体、三聚体或多聚体等，以致油脂变色，黏度增加，脂肪酸氧化，有一定毒性。所以，烹调煎炸食品用油，不仅要控制油温，而且应控制油使用煎炸的次数，避免油色变褐、油质黏稠。

（三）碳水化合物变化

1. 淀粉糊化

淀粉在常温下不溶于水，但当水温至53℃以上时，淀粉的物理性能发生明显变化。淀粉在高温下溶胀、分裂形成均匀糊状溶液的特性，称为淀粉的糊化。淀粉糊化被认为是淀粉性食物生熟的标志，是人体消化吸收利用淀粉的必要条件。

2. 淀粉老化

淀粉性食物老化，俗称回生。淀粉老化后，与生淀粉一样不易被人体消化吸收。老化和糊化在一定条件下是可逆的。馒头、面包一类食品，人们不喜欢其老化（变硬），再加热又可糊化（变软）。

（四）矿物质变化

食品原料在烹调中，其矿物质容易产生流失现象，一部分在洗涤过程中流失，另一部分则溶于汤汁里。

（五）维生素变化

1. 溶解损失

水溶性维生素一部分在洗涤中流失，另一部分溶解于汤汁里。

2. 加热损失

因烹调加热使不耐热维生素分解而破坏，加热温度越高、时间越长，则损失就越大。

3. 氧化损失

易氧化分解而破坏的维生素，在烹调加热过程中损失较多。

4. 加碱损失

多数维生素在酸性条件下稳定，在碱性条件下烹调加热则易被分解破坏。

二、在烹调过程中食品原料营养素的损失

（一）烹调过程肉类和鱼类营养素的损失

肉类和鱼类等动物性食品原料，采用通常的加工烹调方法对蛋白质的影响较小。采用炖、蒸、煮等烹调方法时，矿物质和水溶性维生素可有部分溶于汤汁中，一般也不会损失。当采用炸、焖、烤、煎等烹调方法时，B族维生素被破坏损失较多。

（二）烹调过程蔬菜类和水果类营养素的损失

蔬菜经烹调加热,会对水溶性维生素和矿物质造成破坏,加水和加热时间越长,损失就越大。

维生素 C 性质不稳定,在烹调加热时极易被破坏,应尽量采用急火快炒;熬煮时,应尽量减少用水量,降低加热温度和缩短加热时间。某些蔬菜可先在沸水中短时间焯后凉拌食用,这样可破坏其酶的活性和软化组织,又起到消毒作用,尽量减少维生素 C 的损失。适宜生食的蔬菜,尽可能凉拌生食,避免维生素和矿物质的损失破坏。

胡萝卜素不溶于水,性质较稳定,通常的烹调加热损失较少,但应注意避光以免受到氧化破坏。

蔬菜在加工过程中,经刀切或剁碎可引起细胞组织的破坏,导致水溶性维生素和矿物质的流失。切碎后存放时间越长,存放温度越高,营养素的损失就越大。所以,蔬菜应在刀切前洗涤,切忌先切后洗或在水中长时间浸泡,以尽量减少营养素的损失。

对于水果,基本上应以生食为主。在烹调加工过程中,其营养素的损失也主要是维生素和矿物质。

（三）烹调过程粮谷类营养素的损失

大米淘洗后,损失维生素 B_1 30% ~ 60%、维生素 B_2 和尼克酸 20% ~ 25%、矿物质 70%、蛋白质 15.7%、脂肪 42.6%、碳水化合物 2%。各种营养素的损失,随搓洗次数增加、浸泡时间延长、水温增高而增加。

米和面采用不同的烹调方法,其营养素可产生不同程度的损失。在制作捞饭时,大米在水中加热捞出再蒸,B 族维生素损失较大。在制作面食时,一般以蒸、烤、烙制作方法,蛋白质、矿物质和 B 族维生素损失都不多;只有煮面条时,维生素 B_1、维生素 B_2 和尼克酸等有 30% ~ 40% 溶于汤中。制作油条时,由于加碱和高温的作用,使维生素 B_2 和尼克酸损失 50% 左右,维生素 B_1 几乎损失殆尽。烤制饼干和面包过程中,赖氨酸的氨基与含有羰基的化合物(尤其是还原糖)起美拉德反应,产生褐色物质,在消化道中不能水解,故无营养价值,而且可使赖氨酸失去效能,为此应注意焙烤温度和糖的用量。

【小资料 10 - 1】

中国的饮食文化博大精深,各地都有独具风味的饮食文化。来自不同地区的人群,由于饮食习俗和饮食结构的差异,不同的营养素缺乏问题也就显现出来。

广东食文化的一个集中体现就在"汤"中。广东人一煲汤就是大半天。实际上,煲汤的文火活生生地将维生素、氨基酸等极有营养的成分给破坏了,蒸发掉的其实才是精华。成都市内有数不清的火锅店。当你在火锅桌边谈笑风生时,食物中的营养素在不知不觉中悄悄溜走了。以一片蔬菜为例,当它在火锅中反复加热的同时,20%的维生素 C 被破坏,同时耐热性不强的维生素 B₁ 和矿物质钙、磷等也流失了。上海菜最大的特点当数"精致"。往往上海菜从原料到上盘,每一道工序都费时费事,经过很多加工处理。精米白面经过道道工序的淘洗、加工,叶酸盐减少了 90%,维生素 E 损失 90%以上,维生素 B₅ 损失 60%,铬、锰、铁、钴、铜、锌、镁等矿物质的含量减少 70%以上。蔬菜中的维生素 C 和 B 族维生素在浸泡、切菜的过程中也遭到损失。

三、在烹调过程中减少营养素损失的措施

食品原料在烹调时营养的损失,虽然不能完全避免,但可以采用某些合理的烹饪加工方法,减少其损失程度。

（一）合理洗涤

各种食品原料烹调前要经过洗涤,可洗除污物、微生物、寄生虫和杂质等,有利于原料的卫生安全。但是,洗涤中也很容易造成一些水溶性营养素的损失。因此,食品原料的洗涤次数不宜过多,不要在水中浸泡,水温宜低一些。

（二）科学切配

许多食品原料洗涤后要进行切配。切配时,应该根据菜肴风味特点和烹调方法的要求,按取料标准,刀工要求规格、整齐、均匀,从而有利于炉灶的烹制,确保菜肴成熟一致,减少营养素的损失破坏;还应该注意现切现烹,避免长时间放置切配后的原料,以减少营养素的氧化损失,保证原料的新鲜度。

（三）沸水焯料

烹调中许多食品原料要经过沸水焯料,可降低某些原料氧化酶的活性;可使动物性食品原料表层蛋白质凝固,防止内部营养素外溢;可除去原料异味,改善色香味质;可调整各种原料的烹调成熟时间。焯料操作应火大水沸,原料少量分次下锅,沸进沸出,操作迅速。

（四）上浆挂糊

烹调时原料上浆挂糊,能够在原料表面形成保护层,可减少原料内部营养素外溢的损失,防止营养素氧化损失,避免营养素的高温分解或破坏,增加调味效果,保证菜肴应有的色、香、味、质,提高食品的消化吸收率。

（五）勾芡保护

烹调中许多菜肴要勾芡,可使汤汁浓稠,提高调味效果,改善菜肴的色、香、味。淀粉中的谷胱甘肽可以保护维生素 C,还能减少维生素 C 和其他营养素的损失。

（六）适当加醋

烹调中适当加醋,可保护维生素少受氧化;有利于原料中钙的溶解,提高人们对钙的利用吸收。

（七）酵母发酵

面食的制作，应该尽量使用酵母发酵面团，酵母菌的大量繁殖可增加面团中的B族维生素；亦可破坏面粉中的植酸盐，减少对某些营养素消化吸收的不良影响。

（八）旺火急炒

烹调菜肴采取旺火急炒，能够缩短成熟时间，减少各种营养素的损失，提高食物的利用率。

第三节　食源性疾病及预防

世界卫生组织（WHO）对食源性疾病的定义为"通过摄食进入人体内的各种致病因子引起的、通常具有感染性质或中毒性质的一类疾病"，即指通过食物传播的方式和途径致使病原物质进入人体并引起的中毒性或感染性疾病。根据世界卫生组织的定义，食源性疾病有三个基本要素，即食物是传播疾病的媒介；引起食源性疾病的病原物是食物中的致病因子；临床特征为急性中毒性或感染性表现。食源性疾病主要包括最常见的食物中毒、经食物而感染的肠道传染病、食源性寄生虫病，以及因食物中有毒、有害污染物所引起的中毒性疾病。

餐饮业在食品加工、烹饪或经营的过程中，引起食源性疾病的因素很多，诸如采购的食品原材料不符合卫生要求、不适当贮藏与食品腐败变质、生熟食品交叉污染、带菌者或患者污染食品、食品加热时间和温度不足、销售受污染的生食食品、烹饪至食用间隔时间过长、工具设备或容器与餐具不卫生、不适当的烹制方法、滥用食品添加剂和销售含有毒、有害物质的食品等。控制上述引起食源性疾病的因素，是预防食源性疾病的基点，成为餐饮业食品安全管理的重要环节。

一、肠道传染病、寄生虫病及预防

（一）肠道传染病及预防

肠道传染病是一组经消化道传播的疾病。常见的主要有细菌性痢疾、伤寒、副伤寒、霍乱和感染性腹泻等。该类传染病流行广泛、危害严重，做好防治工作十分重要。

肠道传染病主要通过被病菌污染的手、水、食物等经口传播。预防肠道传染病的关键是把好"病从口入"这一关。因此，要养成良好的个人卫生习惯，不喝生水，饭前便后要洗手；注意选食新鲜、无毒、无害食品；加工食品的过程中注意生熟分开、避免交叉感染；家中吃剩的食物，要经加热放凉后放置冰箱内，注意存储时间不要过长；隔顿、隔夜的饭菜要回锅加热后再吃；外出进餐要尽量选择卫生条件好、具备卫生许可证的正规餐饮店。

食用水产品和海产品时，要杜绝生吃、半生吃、酒泡、醋泡或盐淹后直接食用。

生吃瓜果、蔬菜宜用流动水洗净。

一旦感染了肠道传染病,要立即到附近医院就诊,病人应隔离治疗,患者的食具、便具等要专用,衣被应勤晒洗;吐、泻物要消毒,护理病人后要用消毒液洗手。只要采取上述预防措施,肠道传染病是完全可以预防的。

（二）寄生虫病及预防

目前,由寄生虫引起的多种传染病仍严重威胁着人类的健康。世界卫生组织要求重点防治的 7 类热带病中,除麻风病、结核病外,其余 5 类都是寄生虫病。人类离不开动物性食品,但很多肉类、水产品等食物携带有寄生虫病原体。由于不良饮食习惯,造成病原体进入人体,引起食源性寄生虫病。食源性寄生虫病是由于人们食用了含有寄生虫幼虫或虫卵的生的或未彻底加热的食物引发的疾病。

【小资料 10 -2】

卫生部一项调查显示,近年来,食源性寄生虫病已成为新"富贵病",我国城镇居民特别是沿海经济发达地区的感染人数呈上升势头。据调查,近年来由于市场开放,肉类、鱼类等食品供应渠道增加,城乡食品卫生监督难以跟上,疫区鱼类、活畜及畜产品大量流入非疫区,加上风行的生、冷、猎奇的饮食方式,使食源性寄生虫病大行其道。多数食源性寄生虫病防治难度大,并严重侵害人体健康,甚至危及生命。

食源性寄生虫按寄生虫污染食品的种类不同分为:肉源性寄生虫、水生生物源性寄生虫、水生植物源性寄生虫和瓜果蔬菜源性寄生虫等。

预防食源性寄生虫病应做到:不吃生的或未经彻底加热的鱼、虾、蟹和水生植物;不喝生水,不吃生菜;不用盛过生水产品或生肉的器皿盛熟食;不用切过生水产品或生肉的刀及砧板切熟食;不用生鱼、生肉喂猫、犬。

二、食物中毒及预防

食物中毒是食源性疾病中最为常见的疾病。食物中毒通常由进食受污染食物或饮用受污染的水所引起。食物或饮水常常会受各种细菌、病毒、寄生虫,甚至生化或化学毒素污染。1994 年卫生部颁发的《食物中毒诊断标准及技术处理总则》国家标准（GB14938 -94）中首次从技术上和法律上明确了食物中毒的定义:是指摄入了含有生物性、化学性有毒有害物质,或者把有毒有害物质当作食品摄入后出现的非传染性（不属于传染病）的急性、亚急性疾病。2009 年 6 月 1 日生效的《中华人民共和国食品安全法》,界定食物中毒为"食用了被有毒有害物质污染的食品或食用了含有毒有害物质的食品后出现的急性、亚急性疾病"。也就是指进食了本身含有有毒物质（如各种有毒动物、植物等）或者在生产制造加工过程中被污染的食品所出现的各种急性疾病,而所导致慢性疾病则不包括在内。

食物中毒主要有以下特点：①没有个人与个人之间的传染过程，发病过程呈暴发性，潜伏期短，来势急剧，短时间内可能有多数人发病，发病曲线呈突然上升的趋势。②中毒病人一般具有相似的临床症状。常常出现恶心、呕吐、腹痛、腹泻等消化道症状。③发病与食物有关。患者在近期内都食用过同样的食物，发病范围局限在食用过该类有毒食物的人群，停止食用该食物后发病很快停止。④食物中毒病人对健康人不具有传染性。中国有较健全的食物中毒报告系统，从1953年全国建立卫生防疫站以来，建立健全了食物中毒报告制度，餐饮业等集体供膳单位应严格按相关法规做好食物中毒的报告和中毒食品的留样工作。

食物中毒可主要划分为微生物食物中毒、动物性食物中毒、植物性食物中毒和化学性食物中毒四种类型。

（一）微生物食物中毒及预防

微生物食物中毒分为真菌性食物中毒和细菌性食物中毒两类，真菌类易于在食物中生长繁殖产生有毒的代谢物，细菌类是由于食物受到病菌的污染。

1. 真菌性食物中毒

由于食入霉变食品引起的中毒叫做真菌性食物中毒。真菌性食物中毒有些是急性中毒，有些是慢性中毒。一般来说，急性真菌性食物中毒潜伏期短，先有胃肠道症状，如上腹不适、恶心、呕吐、腹胀、腹痛、厌食、偶有腹泻等。以后依各种真菌毒素的不同作用，发生肝、肾、神经、血液等系统的损害，出现相应症状。

霉变食品主要是谷物、油料或植物储存过程中生霉，未经适当处理即作食料，或是已做好的食物放久发霉变质误食引起，也有的是在制作发酵食品时被有毒真菌污染或误用有毒真菌株。发霉的花生、玉米、大米、小麦、大豆、小米、植物秧秸和黑斑白薯是引起真菌性食物中毒的常见食料。

预防措施：保存粮食、花生及其制品等，应随时注意其水分和温度，保持干燥，低温贮存，以达到防止真菌生长的目的。食品库房应保持清洁、干燥，并定期消毒处理；食品加工的原料及食品，不宜积压过久；已经发生变质的食品，不应再食用，并应与其他食品隔离。发酵食品如酱、臭豆腐、酱油、啤酒、面包等应妥善保存，以免食物被有毒真菌污染，必要时，可定期进行菌种分离、分型检查，以便发现污染的食品，避免中毒发生。

2. 细菌性食物中毒

由于食入含有细菌或细菌毒素的食品而引起的中毒叫做细菌性食物中毒。在各类食物中毒中，细菌性食物中毒最多见，占食物中毒总数的一半左右，而动物性食品是引起细菌性食物中毒的主要食品，其中肉类及熟肉制品居首位，其次有变质禽肉、病死畜肉以及鱼、奶、剩饭等。细菌性食物中毒具有明显的季节性，多发生在气候炎热的季节。这是由于气温高，适合于微生物生长繁殖；另一方面人体肠道的防御机能下降，易感性增强。

预防措施:食品在烹调时应充分加热,特别是肉类食品,要烧熟煮透,防止外熟里生;制作生、熟食品的用具和容器要分开,防止发生交叉污染;食品做熟后,不宜放置时间太长,生、熟食品应分别存放于冷藏柜中;对于剩余的食品,下餐再次食用时,食前应进行彻底加热处理;对于火腿、熟肉、罐头与其他瓶装食品,如发现有变色、变味等现象时,均不宜再食用。

(二)动物性食物中毒及预防

食入动物性中毒食品引起的食物中毒即为动物性食物中毒。动物性中毒食品主要有两种:一是将天然含有有毒成分的动物或动物的某一部分当作食品,误食引起中毒反应;二是在一定条件下产生了大量的有毒成分的可食的动物性食品,如食用鲐鱼等也可引起中毒。

近几年来动物性食物中毒时有发生,主要有河豚中毒和鱼类引起的组胺中毒。

鱼类产生的组胺可导致中毒。组胺是鱼体腐败引起的组胺酸分解产生的,食用这种含有组胺的鱼类可引起机体组胺样过敏反应。预防的关键是食用新鲜鱼,或冷冻保存鱼类,防止鱼类腐败变质,不要食用腐败变质的鱼类。

河豚又名鲀鱼、鲍鱼、气泡鱼等,体内含有剧毒的河豚神经毒素,炒煮、盐腌和日晒等均不能被破坏,食用后在短时间内即可使人中毒并因呼吸系统麻痹而死亡。目前对河豚毒素尚无有效的解毒药物。卫生部《水产品卫生管理办法》和《关于进一步加强河豚鱼卫生监督管理工作的通知》中明确规定河豚鱼不得流入市场,并禁止供应河豚鱼及其盐腌制品。但由于河豚肉味鲜美,我国沿海地区居民冒险食用河豚鱼导致中毒死亡的事件仍屡有发生。每年清明前后是河豚鱼的性成熟期,此时河豚鱼毒性最强,是河豚鱼中毒事件的高发时期。

(三)植物性食物中毒及预防

食入植物性中毒食品引起的食物中毒即为植物性食物中毒。植物性食物中毒一般是因误食有毒植物或有毒的植物种子,或烹调加工方法不当,没有把植物中的有毒物质去掉而引起。最常见的植物性食物中毒为菜豆中毒、毒蘑菇中毒、木薯中毒;可引起死亡的有毒蘑菇、马铃薯、曼陀罗、银杏、苦杏仁、桐油等。植物性中毒多数没有特效疗法,对一些能引起死亡的严重中毒,尽早排除毒物对中毒者的治疗非常重要。

1.菜豆中毒

菜豆又称扁豆、四季豆、芸豆、刀豆、豆角等,是人们普遍食用的蔬菜,常因烹调不当食用后中毒,菜豆中毒一年四季均可发生,但多发生于秋季。与菜豆中毒有关的毒成分是所含的皂甙和红细胞凝集素。一般认为菜豆烹调加工方法不当,加热不透,毒素不能被破坏,即可引起食物中毒。也可能与菜豆的品种、产地、季节、成熟程度、食用部位有关。菜豆中毒多发生于集体食堂,公共饮食业和家庭极少发生。

主要预防措施:豆角宜炖食,一定要把菜豆彻底加热后再食用,炒食不要过于贪图脆嫩,用大锅加工菜豆更要注意翻炒均匀、煮熟焖透,使菜豆失去原有的生绿色和豆腥味,使之彻底熟透。

2. 发芽马铃薯中毒

马铃薯又称土豆、山药蛋等,发芽马铃薯的幼芽及芽眼部分含有大量的龙葵素,烹调时如未能去除或破坏掉龙葵碱,食后将发生中毒甚至死亡,尤其是春末夏初季节多发。中毒成分为发芽马铃薯中龙葵素,正常情况下含龙葵素较少,如贮藏不当,马铃薯发芽或部分变绿时,其中的龙葵素大量增加,幼芽和芽眼部分的龙葵素含量激增,人食入后可引起中毒。

主要预防措施:马铃薯应低温贮藏,避免阳光照射,防止生芽。不吃生芽过多、黑绿色皮的马铃薯。生芽较少的马铃薯应彻底挖去芽的芽眼,并将芽眼周围的皮削掉一部分,应煮、炖、红烧吃,烹调时加醋,可加速破坏龙葵碱。

3. 豆浆中毒

生豆浆加热不彻底,其中的有害物质未被破坏,饮用后可造成中毒。豆浆中毒多见于小型餐饮业和集体食堂,特别是幼儿园和小学食堂最常见。可能与儿童对豆浆中的有害物质较为敏感有关。豆浆中的有害物质可能是胰蛋白酶抑制素、皂甙。

主要预防措施:豆浆彻底煮开后饮用,特别要注意把豆浆加热到一定程度时,豆浆出现泡沫,此时豆浆还未煮开,应继续加热至泡沫消失,豆浆沸腾,再持续加热数分钟。当豆浆量大或较稠时,一定要把豆浆搅拌均匀,防止烧煳锅底,影响热力穿透。

4. 毒蘑菇中毒

毒蘑菇又叫毒蕈,在我国毒蘑菇约有 100 种,据记载可致人死亡的至少有 10 种。由于辨别毒蘑菇非常困难,在采集野生鲜蘑菇时,常误采毒蘑菇食用而中毒。食入干毒蘑菇也可中毒。

主要预防措施:停止食用并销毁毒蘑菇和用毒蘑菇制作的食品,洗净加工及盛放容器,切勿采摘自己不认识的蘑菇食用;对于市场上卖的野蘑菇,也不能放松警惕,尤其是自己没吃过或不认识的野蘑菇,不要轻易食用。

5. 曼陀罗中毒

曼陀罗又称洋金花、大喇叭花、山茄子等,其全株均含毒,主要有毒成分为莨菪碱。曼陀罗中毒常见原因为:农村儿童误食曼陀罗果实或种子,曼陀罗幼苗夹杂在菠菜等叶类蔬菜中被误食;食用混有曼陀罗种子的加工食品。曼陀罗中毒多为散发。

预防控制措施:进行广泛宣传加以预防,教育儿童不要吃曼陀罗果实和种子或其他不认识的果实和种子。菜农在收割菠菜、食堂和家庭在摘洗菠菜时,务必剔除夹杂在其中的曼陀罗幼苗。

6. 白果中毒

白果是银杏树的果实,其有毒成分主要是肉质及种皮中的白果酸,种子及核仁中的白果二酚、白果酸。不同人群均可因食入大量白果而中毒,因儿童耐受量低,更容易造成中毒,故以儿童中毒多见。连续进食 10~50 颗白果或更少即可引起中毒。未成熟的白果要比成熟的白果毒性大,加热以后毒性降低。

预防措施:白果不宜多吃(一般中毒剂量为 10~50 颗),更不宜生吃。中毒大多发生在生食或食用未烧熟的白果,炒熟或煮熟的白果不易使人中毒。正确的食用方法为:将白果碾去皮,除去肉中绿色的胚,浸泡一段时间后,烧熟煮透后再吃。

(四)化学性食物中毒及预防

由于食用被某些有毒金属、非金属及其化合物、农药等化学物质污染的食品,或者由于直接误食这些化学物质所引起的中毒,统称为化学性食物中毒。常见化学性食物中毒如下:

1. 亚硝酸盐食物中毒

亚硝酸盐食物中毒是指食用了含硝酸盐及亚硝酸盐的蔬菜或误食亚硝酸盐后引起的一种高铁血红蛋白血症,也称肠源性青紫症。常见的亚硝酸盐有亚硝酸钠和亚硝酸钾。蔬菜中常含有较多的硝酸盐,特别是当大量施用含硝酸盐的化肥或土壤中缺钼元素时,可增加植物中的硝酸盐。

常见亚硝酸盐的来源有六个方面:一是贮存过久的新鲜蔬菜、腐烂蔬菜及放置过久的煮熟蔬菜,菜内原有的硝酸盐在硝酸盐还原菌的作用下转化为亚硝酸盐;二是刚腌不久的蔬菜(暴腌菜)含有大量亚硝酸盐,尤其是加盐量少于 12%、气温高于 20 度的情况下,可使菜中亚硝酸盐含量增高,一般在腌后 20 天才消失;三是在苦井水中含较多的硝酸盐,当用该水煮粥或食物,再在不洁的锅内放置过夜后,则硝酸盐在细菌作用下还原成亚硝酸盐;四是蔬菜过多时,大量硝酸盐进入肠道,对于儿童胃肠机能紊乱、贫血、蛔虫症等消化功能欠佳者,其肠道内的细菌可将蔬菜中硝酸盐转化为亚硝酸盐,且在肠道内过多过快的形成以至来不及分解,结果大量亚硝酸盐进入血液导致中毒,出现青紫(称为肠原性青紫症);五是腌肉制品加入过量硝酸盐及亚硝酸盐;六是误将亚硝酸盐当做食盐食用。

预防措施:保持蔬菜新鲜,禁食腐烂变质蔬菜。短时间不要进食大量含硝酸盐较多的蔬菜;勿食大量刚腌的菜,腌菜时盐应稍多,至少待腌制 15 天以上再食用。肉制品中硝酸盐和亚硝酸盐的用量应严格遵照国家卫生标准的规定,不可多加。不喝苦井水,不用苦井水煮饭、煮粥,尤其不要存放过夜。妥善保管好亚硝酸盐,防止错把其当成食盐或碱而误食中毒。

2. 有机磷农药中毒

有机磷农药是目前应用最广泛的杀虫剂。引起有机磷农药食物中毒的主要原因，一是食用刚喷洒过农药不久的瓜果蔬菜；二是食用由农药毒杀的家禽、鱼类等；三是误把农药当做酱油或食油而食用；四是把盛放过农药的容器用来盛放酱油、菜油、食物等引起中毒。

预防措施：一是对可能受农药污染的瓜果、蔬菜，在食用前应用清水浸洗15分钟以上，最好用淘米水浸洗，以更好地除掉农药残留；二是对于农药在喷洒瓜果、蔬菜后，应过安全期方可采集来加工食用；三是要严防农药滥用或污染食物。

3. 瓷器性化学中毒

对于绘有五彩缤纷图案的搪瓷、陶瓷餐具、茶具，它既是用具，又可以说是值得欣赏的艺术品。但是，在这五颜六色的彩釉中却潜伏着较严重的、危害人体健康的物质。

搪瓷是以铁皮为原料，内外层经搪釉在高温中烧制而成的。陶瓷则是以黏土为原料加上长石、石英，并涂上釉彩，经高温烧制而成的。在这些釉料中，大红、黄色釉料是由镉的化合物和铅的化合物组成的；奶黄色釉料主要是由铅的氧化物组成的；在锑白类制品中，瓷釉中氟化物和锑化物含量较高。如果用这些制品长期盛装酸性食物，彩釉中的铅、镉、氟、锑就会溶出来，污染食品。其中酸性浸泡液中有害物质的溶出率分别为铅100%、镉95%、砷15%，锑和氟也有类似溶出率。

预防措施：不用内壁喷花的搪瓷、陶瓷餐具、茶具等，不要将酸性饮料、酸性食物盛放在彩釉搪瓷、陶瓷容器内，更不要长期盛放。

4. 油脂酸败中毒

食用油脂在储藏期间，由于光、热、空气中的氧，以及油脂中的水和酶的作用，常会发生变质腐败的复杂变化，这种变化成为酸败。酸败油脂中的氧化产物或分解产物对人的危害及油脂能否食用的问题应引起重视。

油脂酸败的原因有二：其一为生物性的，即动植物组织残渣和微生物的酶类所引起的水解过程；其二则属纯化学过程，即在空气、日光和水的作用下，发生的水解及不饱和脂肪酸的自身氧化。

油脂酸败的危害性：①油脂的感官性状发生改变后，具有强烈的另人不愉快的气味；②引起急性食物中毒；③导致慢性中毒；④破坏食品中的营养成分。此外，油脂经高温氧化产生的聚合物也具有妨碍营养素消化和吸收的作用，使食品营养价值下降。

预防措施：①正确贮藏。应将油脂贮存于干燥、避光、低温处，比如用绿色或棕色玻璃瓶（不宜用塑料容器）加盖密封存放于阴暗处。此外，存放时间也不宜过长，一旦开启应尽快食用。②控制油温和加热时间。油脂不宜高温使用，一般认为油脂在超过180℃时容易发生氧化，因此油温最好控制在180℃以下；同时油脂的加热时间不宜过长,一般为不超过60秒为宜。③避免油脂反复加热和冷却。不要把使用过的油倒回新鲜油中,否则会使油脂纯度降低,加速其氧化过程。

第四节 餐饮食品安全管理

食品安全是指食品无毒、无害,符合应当有的营养要求,对人体健康不造成任何急性、亚急性或者慢性危害。俗话说,民以食为天。近年来,"瘦肉精"、"苏丹红"、"三聚氰胺奶粉"等食品安全事件接连发生,如何吃得安全,吃得放心成为公众极为关注的热点问题。餐饮企业是向消费者提供饮食的场所,加强食品安全管理,保障宾客的安全与健康,是餐饮管理至关重要的一个环节。

一、《食品安全法》简介

2009年2月28日,第十一届全国人民代表大会常务委员会第七次会议通过了《中华人民共和国食品安全法》(以下简称《食品安全法》),该法自2009年6月1日起施行。

食品安全直接关系广大人民群众的身体健康和生命安全,关系国家经济健康发展与社会和谐稳定。《食品安全法》的公布施行,对规范食品生产经营活动,防范食品安全事故发生,增强食品安全监管工作的规范性、科学性和有效性,提高我国食品安全整体水平,具有重要意义。

以下简要介绍《食品安全法》中与餐饮生产经营相关的主要内容。

(一)食品安全风险监测和评估

《食品安全法》既有生产规定、产品规定、违法处罚规定,又有执法主体的规定,基本涵盖了从田间到餐桌整个食品生产、消费过程中所有环节、所有相关参与者的行为规范。

《食品安全法》规定,国家建立食品安全监测制度和评估制度。这一规定对食品安全起到了积极的促进作用。通过检测和风险评估,对食品安全做出的判断更具有科学性,将使食品安全标准更科学、更准确。

(二)食品安全标准

食品安全标准是强制执行的标准。《食品安全法》规定,除食品安全标准外,不得制定其他的食品强制性标准。食品安全标准应当包括下列内容:

(1)食品、食品相关产品中的致病性微生物、农药残留、兽药残留、重金属、污染物质以及其他危害人体健康物质的限量规定;

(2)食品添加剂的品种、使用范围、用量;

(3)专供婴幼儿和其他特定人群的主辅食品的营养成分要求;

(4)对与食品安全、营养有关的标签、标识、说明书的要求;

(5)食品生产经营过程的卫生要求；

(6)与食品安全有关的质量要求；

(7)食品检验方法与规程；

(8)其他需要制定为食品安全标准的内容。

《食品安全法》要求，国务院卫生行政部门应当对现行的食用农产品质量安全标准、食品卫生标准、食品质量标准和有关食品的行业标准中强制执行的标准予以整合，统一公布为食品安全国家标准。企业生产的食品没有食品安全国家标准或者地方标准的，应当制定企业标准。国家鼓励食品生产企业制定严于食品安全国家标准或者地方标准的企业标准。

(三)食品生产经营

1. 对食品生产经营安全性的要求

《食品安全法》规定，食品生产经营应当符合食品安全标准，并符合下列要求：

(1)具有与生产经营的食品品种、数量相适应的食品原料处理和食品加工、包装、贮存等场所，保持该场所环境整洁，并与有毒、有害场所以及其他污染源保持规定的距离。

(2)具有与生产经营的食品品种、数量相适应的生产经营设备或者设施，有相应的消毒、更衣、盥洗、采光、照明、通风、防腐、防尘、防蝇、防鼠、防虫、洗涤以及处理废水、存放垃圾和废弃物的设备或者设施。

(3)有食品安全专业技术人员、管理人员和保证食品安全的规章制度。

(4)具有合理的设备布局和工艺流程，防止待加工食品与直接入口食品、原料与成品交叉污染，避免食品接触有毒物、不洁物。

(5)餐具、饮具和盛放直接入口食品的容器，使用前应当洗净、消毒，炊具、用具用后应当洗净，保持清洁。

(6)贮存、运输和装卸食品的容器、工具和设备应当安全、无害，保持清洁，防止食品污染，并符合保证食品安全所需的温度等特殊要求，不得将食品与有毒、有害物品一同运输。

(7)直接入口的食品应当有小包装或者使用无毒、清洁的包装材料、餐具。

(8)食品生产经营人员应当保持个人卫生，生产经营食品时，应当将手洗净，穿戴清洁的工作衣、帽；销售无包装的直接入口食品时，应当使用无毒、清洁的售货工具。

(9)用水应当符合国家规定的生活饮用水卫生标准。

(10)使用的洗涤剂、消毒剂应当对人体安全、无害。

(11)法律、法规规定的其他要求。

2. 禁止生产经营的食品

《食品安全法》规定，禁止生产经营下列食品：

（1）用非食品原料生产的食品或者添加食品添加剂以外的化学物质和其他可能危害人体健康物质的食品，或者用回收食品作为原料生产的食品。

（2）致病性微生物、农药残留、兽药残留、重金属、污染物质以及其他危害人体健康的物质含量超过食品安全标准限量的食品。

（3）营养成分不符合食品安全标准的专供婴幼儿和其他特定人群的主辅食品。

（4）腐败变质、油脂酸败、霉变生虫、污秽不洁、混有异物、掺假掺杂或者感官性状异常的食品。

（5）病死、毒死或者死因不明的禽、畜、兽、水产动物肉类及其制品。

（6）未经动物卫生监督机构检疫或者检疫不合格的肉类，或者未经检验或者检验不合格的肉类制品。

（7）被包装材料、容器、运输工具等污染的食品。

（8）超过保质期的食品。

（9）无标签的预包装食品。

（10）国家为防病等特殊需要明令禁止生产经营的食品。

（11）其他不符合食品安全标准或者要求的食品。

3. 食品生产经营的许可制度

《食品安全法》规定，国家对食品生产经营实行许可制度。从事食品生产、食品流通、餐饮服务，应当依法取得食品生产许可、食品流通许可、餐饮服务许可。

4. 从业人员健康管理制度

《食品安全法》规定，食品生产经营者应当建立并执行从业人员健康管理制度。患有痢疾、伤寒、病毒性肝炎等消化道传染病的人员，以及患有活动性肺结核、化脓性或者渗出性皮肤病等有碍食品安全的疾病的人员，不得从事接触直接入口食品的工作。食品生产经营人员每年应当进行健康检查，取得健康证明后方可参加工作。

5. 对食品原料、食品添加剂和食品相关产品的安全要求

《食品安全法》规定，食品生产者采购食品原料、食品添加剂、食品相关产品，应当查验供货者的许可证和产品合格证明文件；对无法提供合格证明文件的食品原料，应当依照食品安全标准进行检验；不得采购或者使用不符合食品安全标准的食品原料、食品添加剂、食品相关产品。食品生产企业应当建立食品原料、食品添加剂、食品相关产品进货查验记录制度，如实记录食品原料、食品添加剂、食品相关产品的名称、规格、数量、供货者名称及联系方式、进货日期等内容。食品经营者应当按照保证食品安全的要求贮存食品，定期检查库存食品，及时清理变质或者超过保质期的食品。

《食品安全法》还规定，食品生产者应当依照食品安全标准关于食品添加剂的品种、使用范围、用量的规定使用食品添加剂；不得在食品生产中使用食品添加剂以外的化学物质和其他可能危害人体健康的物质。生产经营的食品中不得添加药品,但是可以添加按照传统既是食品又是中药材的物质。

（四）食品安全事故处置

《食品安全法》规定,食品生产经营企业应当制定食品安全事故处置方案,定期检查本企业各项食品安全防范措施的落实情况,及时消除食品安全事故隐患。发生食品安全事故的单位应当立即予以处置,防止事故扩大。事故发生单位和接收病人进行治疗的单位应当及时向事故发生地县级卫生行政部门报告。任何单位或者个人不得对食品安全事故隐瞒、谎报、缓报,不得毁灭有关证据。

（五）监督管理

《食品安全法》规定,县级以上质量监督、工商行政管理、食品药品监督管理部门履行各自食品安全监督管理职责,有权采取下列措施:

（1）进入生产经营场所实施现场检查;

（2）对生产经营的食品进行抽样检验;

（3）查阅、复制有关合同、票据、账簿以及其他有关资料;

（4）查封、扣押有证据证明不符合食品安全标准的食品,违法使用的食品原料、食品添加剂、食品相关产品,以及用于违法生产经营或者被污染的工具、设备;

（5）查封违法从事食品生产经营活动的场所。

（六）法律责任

《食品安全法》规定了违反本法的法律责任和处罚办法。在处罚力度上,《食品安全法》充分体现了既要保护消费者利益,又能对食品生产经营企业产生一定的威慑力。

二、餐饮食品安全管理体系

为加强餐饮食品安全管理,规范餐饮经营管理者的经营行为,保障消费者身体健康,餐饮企业必须依据《食品安全法》等有关法律法规,建立一套科学的餐饮食品安全管理体系,并严格实施。对餐饮企业来说,从食品原料采购直至宾客食用的美味佳肴,经过的采购、运输、验收、保管、发放、粗加工、切配、烹调、餐桌服务等环节都要影响餐饮食品卫生与安全,同时,诸如建筑设施及布局、设备、工艺、餐饮和厨房等环境,服务用品、食具、从业人员的卫生等因素也要影响餐饮食品卫生与安全。归纳起来,餐饮食品安全管理体系包括如下内容:

（一）餐饮食品安全基础管理

餐饮食品安全管理要从基础工作抓起,基础管理工作包括食品安全组织管理和基础设施与维护。

1.食品安全组织管理

（1）食品安全管理机构与人员要求。餐饮服务组织法定代表人或负责人是食品安全的第一责任人,对本单位的食品安全负全面责任。大型餐饮企业应设置食品安全管理职责部门,配备食品安全管理人员,具体负责本单位的食品安全管理工作。

大型餐馆、食堂及连锁经营的餐饮企业应设置检验室,对食品原料、接触直接入口食品的餐饮具和成品进行检验,检验结果应记录。

(2)员工培训。餐饮经营者应制订从业人员食品安全教育和培训计划,组织各部门负责人和从业人员参加各种上岗前及在职培训。培训应针对每个食品加工操作岗位分别进行,内容应包括法律、法规、规范、标准和食品安全知识、各岗位加工操作规程等。

(3)制定食品安全管理制度。餐饮企业应制定各项内部食品安全管理制度,包括消毒制度、食品加工操作规程、健康检查制度、食品安全知识培训制度、食品安全岗位责任制、食品安全检查制度、投诉管理制度等。

2.基础设施和维护

(1)选址。餐饮店不得设在易受到污染的区域,应选择地势干燥、有给排水条件和电力供应的地区;应远离污水池、垃圾场(站)、粪坑等污染源,环境整洁;应同时符合规划、环保和消防的有关要求。

(2)布局与设施设备。建筑结构应坚固耐用、易于维修、易于保持清洁,应能避免有害动物的侵入和栖息。应该设置粗加工、烹调、餐用具清洗消毒及洗后存放、就餐等专用场所,在合理位置设置原料半成品储存、切配和备餐场所,根据需要设置食品库房和其他专用操作场所。进行凉菜、冷加工糕点、生食深海水产品等制作、送餐分装等直接入口食品短时间存放或处理操作的,应分别设置相应专间。布局应便于加工经营场所保持内外环境整洁,利于消除老鼠、蟑螂、苍蝇和其他有害昆虫及其孳生条件。

①操作间。热菜加工间的最小使用面积不得小于 $8m^2$。墙壁应有 1.5m 以上的瓷砖或其他防水、防潮、可清洗的材料制成的墙裙。地面应由防水、不吸潮、可洗刷的材料建造,具有一定坡度,易于清洗。配备足够的照明、通风、排烟装置、配套污水排放和符合卫生要求的存放废弃物设施。

②专间。专间是指处理或短时间存放直接入口食品的专用操作间,包括凉菜间、裱花间、备餐专间等。专间应为独立隔间,专间内应设有专用工具清洗消毒设施和空气消毒设施,专间内温度应不高于25℃,宜设有独立的空调机。专间入口处应设置有洗手、消毒、更衣设施的通过式缓冲室。

凉菜、冷加工糕点制作、生食深海水产品专间应同时设有专用冷藏设施、专用传菜口、专用容器,设置用于二次更衣的预进间,需要直接接触成品的用水,还需通过净水设施。

餐饮配餐应设专门的配餐间,内设空调、紫外线灭菌灯、缓冲间及清洗、消毒池等设施。餐饮制作并分装后向用餐者运送膳食的,其分装间面积应适宜。分装间设空气净化装置。分装制作后采用大桶、盆、箱等食品容器运送给用餐者再行分装的,应设置洗刷消毒间,其面积应足够使用,同时设有专用食品容器洗刷消毒池。

③库房。食品和非食品要分开设置库房,有毒有害物质(如杀虫剂、洗涤剂、消毒剂等)设存放专库。食品库房应根据食品性质和储存条件的不同分别设置,必要时应设有冷(冻)藏库。库房应设置数量足够的隔板(物品存放架),并使储藏食品距离墙壁、地面均在10cm以上,以利空气流通及物品的搬运。除冷库外的库房应有良好的机械通风设施。冷(冻)藏库应符合相应温度控制要求,并设可正确指示库内温度的温度计。

④就餐场所。就餐场所的地面、墙壁、门窗、桌椅应该清洁整齐,具备防鼠、防蝇、防蟑螂等虫害的措施,应该有良好的通风和照明措施。

⑤厕所、更衣室。厕所门不得面向食品处理区或与之直接相通。采用水冲式厕所,且设有效排气装置,并有适当照明,门窗设置严密坚固、安装易于清洁的纱门及纱窗。更衣室应独立隔间,更衣室内应适当照明且通风良好,更衣室应有足够大小的空间,按员工人数设足更衣柜、鞋柜及可照全身的更衣镜。

⑥设施。应该设置洗手消毒设施、供水设施、通风排烟设施、餐饮具清洗消毒设施、采光照明设施及废弃物、废水处理设施。

专间内的洗手消毒设施的水龙头宜采用非手动式开关或可自动关闭的开关,并宜提供温水,其附近有足够数量的清洗消毒用品和干手设施。供水设施应能保证符合加工需要,水质应符合国家标准的要求。通风排烟设施应能保证食品处理区的良好通风和排烟。清洗消毒餐饮具要有固定的场所和专门区域、清洗池和冲(漂)洗池,不与配菜、烹调等加工场所相混。清洗消毒设施的大小和数量应能满足加工需要,并保证消毒效果达到卫生标准和要求。清洗消毒的布局,应按从脏到净的顺序安排。采光照明设施应能保证加工经营场所有充足的自然采光或人工照明,照明设施如安装在暴露食品的正上方应使用防爆型照明设施,以防止破裂时玻璃碎片污染食品。废弃物及废水处理设施应能保证废弃物和废水得到及时的处理。

(二)从业人员要求

1. 从业人员健康管理

(1)从业人员应按《中华人民共和国食品安全法》的规定,每年至少进行一次健康检查,必要时接受临时检查。新参加或临时参加工作的人员,应经健康检查,取得健康合格证明后方可参加工作。凡患有痢疾、伤寒、病毒性肝炎等消化道传染病,活动性肺结核,化脓性或者渗出性皮肤病以及其他有碍食品安全疾病的,不得从事接触直接入口食品的工作。

(2)从业人员有发热、腹泻、皮肤伤口或感染、咽部炎症等有碍食品安全病症的,应立即脱离工作岗位,待查明原因并将有碍食品安全的病症治愈后,方可重新上岗。

2. 从业人员培训

从业人员包括新职工、实习生、临时工等,应培训与食品卫生有关的法规、基本卫生知识和基本卫生操作技能,具备食品卫生控制的意识和能力,未经培训的人员不得上岗。从事食品检验的人员应经过检验专业知识培训并获得培训合格证书。

3. 从业人员个人卫生

(1)应保持良好个人卫生,操作时应穿戴清洁的工作服、工作帽(专间操作人员还需戴口罩),头发不得外露,不得留长指甲,涂指甲油,佩戴饰物。

(2)操作时手部应保持清洁,操作前手部应洗净。接触直接入口食品时,手部还应进行消毒。

(3)专间操作人员进入专间时应再次更换专间内专用工作衣帽并佩戴口罩,操作前双手严格进行清洗消毒,操作中应适时地消毒双手。不得穿戴专间工作衣帽从事与专间内操作无关的工作。

(4)个人衣物及私人物品不得带入食品处理区。

(5)食品处理区内不得有抽烟、饮食及其他可能污染食品的行为。

(6)进入食品处理区的非加工操作人员,应符合现场操作人员卫生要求。

4. 从业人员工作服管理

(1)工作服(包括衣、帽、口罩)宜用白色(或浅色)布料制作,也可按其工作的场所从颜色或式样上进行区分,如粗加工、烹调、仓库、清洁等。

(2)工作服应有清洗保洁制度,定期进行更换,保持清洁。接触直接入口食品人员的工作服应每天更换。

(3)从业人员上厕所前应在食品处理区内脱去工作服。

(4)待清洗的工作服应放在远离食品处理区的地方。

(5)每名从业人员应有两套或以上工作服。

(三)关键过程控制要求

1. 餐饮食品加工的原辅料

(1)原辅料的要求。按照国家有关要求索取、查验采购产品的相关证明,包括生产卫生许可证、检验合格证或化验单等,符合要求方可接受。生肉、禽类应索取兽医部门的检疫合格证;进口食品及其原料应索取口岸卫生监督部门出具的检验合格证书,餐饮业经营者对以上资料应建立档案,妥善保存,以备查验。必要时,委托相关机构依据国家有关要求对产品进行理化和微生物指标检验。

(2)原辅料采购。制定保证原辅料和包装材料安全、合格的控制文件,建立、实施和保持原辅料的控制措施。对供方进行评价和选择,从合格供方采购原辅料。对合格供方的能力、产品状况和供货记录等进行动态综合评价。原辅料的验收,应符合相应卫生标准。

（3）原辅料储存。储存食品及其原料的库房应建立库房卫生管理制度。容易腐败的原料，须冷藏或冷冻储存。储存区需检视是否有不洁物体（如污水滴入）或防护不当（如昆虫、老鼠侵入污染）。对冷藏或冷冻温度明确标准，冷冻冷藏品持续处于稳定的冷冻冷藏状态，冷冻库温度在贮存原料冰点温度以下，控制在－20℃～－1℃，冷藏库（保鲜柜）温度控制在0℃～10℃。蒸发器结霜厚度不得超过1cm。运输食品及其原料的工具应保持清洁，运输冷冻食品应有保温设备并保证正常使用（遇特殊保存条件的，按保存条件运输）。储存的食品要分类、分架、隔墙离地。原辅料与熟食冷藏分隔储存，生鲜原辅料与熟食品要避免一起存放；货架上标明采购日期、保质期，先进先出，定期检查，不得存放发霉变质或超过保质期限的食品。

（4）食品的粗加工。粗加工区域分别备有植物性食品和动物性食品清洗化冻水池，有明显标记。粗加工工具、容器应专用。发现食品腐败变质、油脂酸败、霉变、生虫、掺杂等情况的，均不得继续使用。蔬菜浸泡清洗干净后应码放整齐，放在筐、盘等专用容器内，离地存放。

2. 烹制加工

（1）热菜加工。用于植物性食品原料、动物性食品原料、半成品和成品的刀、墩、板、桶、盆、筐、抹布以及其他工具、容器应明显标志，分开使用，定位存放，用后清洗、消毒，保持清洁。在烹调后至食用前需要较长时间（超过2小时）存放的食品，应当在高于60℃或低于10℃的条件下存放。需要冷藏的熟制品，应凉透后再进行冷藏。凡隔餐或隔夜的熟制品不得作为冷菜供应，经充分再加热后方可食用。需要熟制加工的食品应当达到安全的温度，鱼、肉类动物食品、块状食品、有容器存放的液态食品或食品原料的中心温度不低于70℃，对豆浆、四季豆等特殊食品应煮熟煮透；对工艺参数的确认通过感观目测、定期对熟制食品的中心温度及终产品的微生物指标进行监测。操作间内的冷藏或冷冻设施，应根据其用途进行标识，确保食品原料、半成品、成品分开存放。食品添加剂的使用应遵循《食品添加剂卫生管理办法》。

（2）凉菜加工。每餐餐前、餐后，凉菜间应用紫外线消毒设施进行30分钟空气消毒。凉菜实施专人专室制作。凉菜间的各种食品加工用具、容器及抹布在每餐使用前应进行清洗消毒，保持洁净。非凉菜间工作人员不能进入凉菜间，凉菜间不能存放非直接入口食品及与凉菜制作无关的任何物品。凉菜间人员制作凉菜前，应将手（含腕部）用消毒剂浸泡，再用流水冲净。供加工凉菜用的蔬菜、水果等食品原料，应洗净消毒，未经清洗处理的原料，不得带入凉菜间。制作肉类、水产品类凉菜拼盘应及时冷藏；改刀熟食从改刀后至供应的时间不得超过3小时；隔夜冷荤食品要回烧彻底。冷荤食品烧制后应在2小时内冷却。制作生食水产品应做到专人、专室、专用工具及容器和专用冷藏设施。

(3)冷加工糕点制作。做到专人、专室制作,专用工具、容器。冷加工糕点专间每天使用前用紫外线消毒设施进行 30 分钟空气消毒。间内加工人员应进行二次更衣、洗手消毒。奶油类原料应在 10℃ 以下存放。含奶、蛋的面点制品 2 小时以上食用时,应当凉透,在 10℃ 以下专用设施内储存,冷加工糕点贮存不超过 24 小时;冷加工糕点间室温控制在 25℃ 以下。

3. 餐饮食品的配送

用餐配送单位的运输车辆、用具、容器和餐具,应在用前、用后清洗消毒。

一次性餐具应检验合格后使用,餐具贮存运输过程中应防止污染,外包装破损或污秽不洁的禁止使用。

送餐所用餐具和食品容器上应有标签,注明生产单位名称、地址、联系电话、生产日期、生产批号和进食时限。

配餐制作成品到消费者食用的时间间隔不得超过 3 小时。

供应的每班产品,均应在专用的冰箱内留样 48 小时以备复检待查。留样量为两份,每份不少于 150g。留样时应无菌操作,防止采样时污染食品,留样的容器、取样的工具应消毒;一种食品一个容器,并由管理人员负责登记。

4. 餐饮前台服务

(1)营业前的准备。营业场所内应设有空调设施,空调的过滤器应经常清洁和检查,保持适宜的温度和相对湿度,符合国家标准的规定。餐具的摆台应在顾客就餐前 0.5 ~ 1 小时前进行,摆台后或有顾客就餐时不能清扫地面,超过当次就餐时间未使用的餐具应当收回重新消毒。为每位就餐者提供符合卫生要求的独立餐饮用具。顾客点菜用的菜单,应定期消毒和检查。

(2)就餐服务。餐厅服务人员在服务现场向客人提供就餐服务时,要控制好以下环节:

①避免交叉污染。应合理考虑制备成品过程中人员的流向、使用过的和洁净的餐具的流向、垃圾路线、服务人员行走路线,避免交叉污染。应建立文件化的流程图和人流图、物流图、气流图和水流向图。服务人员应适当地使用手套或其他措施防止手接触准备食用的食品。

②传递食品时所用的防护食品免受污染的用品(如保鲜膜等)应能很好地保护食品,并应保证其本身不被污染。

③消费者点菜后应迅速开具菜单,并认真听取消费者提出的特殊要求等,经与消费者核对无误后,及时将菜单送交操作间制作。

④装饰菜肴应在摆放菜肴之前的片刻进行,时间间隔要尽可能缩短。装饰菜肴的饭菜成分不能带来健康的威胁。

⑤考虑到顾客可能对某种食物过敏,当顾客询问菜单中菜肴的具体组成部分

时,服务员或厨师应能够提供准确的信息。不能在一个食谱中有任何"秘密的组成部分"。

⑥每个餐桌上要配备公筷、公勺。公筷和公勺要区别于就餐者的餐具。

⑦根据就餐者情况和要求的不同,采用厨师分餐、服务员分餐、就餐者自行分餐等不同的分餐形式(自助餐和套餐均属分餐制范畴)。

⑧应关注食品保质期,尤其是在饮料、冷加工糕点和熟食管理上应在使用前进行确认检查。

5.餐饮具的清洗消毒

(1)清洗消毒方法。热力消毒包括煮沸、蒸汽、红外线消毒等,不同的消毒方式应采用不同的温度和作用时间。如达不到热力消毒条件,可使用卫生行政部门批准的化学药物消毒。使用化学药物消毒的单位应经卫生监督机构审批,设置的消毒池应备有符合规定的三联池。

(2)消毒效果的评价。餐饮业经营单位应具备检验能力,对餐具消毒效果进行验证。消毒后的餐具应光洁、明亮、无渍迹,并经检验符合国家标准的要求。

(四)产品检测

1.检验制度

(1)识别并收集与提供的最终产品相关的食品安全信息及其可接受水平,以建立并持续更新产品卫生质量检验管理制度,并配备与组织规模及产品相适应的检测设施、设备,具备应有的检测能力。

(2)检测人员包括感官检验人员,应接受过相关教育和培训并有作业指导书。

2.检测依据

(1)识别所提供产品可能发生的化学、生物和物理危害及其用于直接消费的可接受水平,并根据最终产品的特性及预期用途实施或制定适用的产品标准及检测方法。

(2)考虑产品可能存在的固有危害及在加工过程中可能引入的影响食品安全的其他因素,以充实每种产品标准的内容。

(3)每种产品的卫生质量标准应符合现行的相应法律、法规及标准的要求。

(4)产品可按照有关国家标准进行检测。

3.安全性通用检测项目

(1)感官指标;

(2)果蔬农药残留快速测定;

(3)细菌指标(菌落总数、大肠菌群、致病菌)。

4.各类菜肴专项检测项目

根据各类菜肴的特点,结合加工过程、食用方法分析可能发生的安全危害,确定每种菜肴的专项检测项目。

（五）记录保持

1. 记录制定

对反映产品卫生质量情况的有关记录,应制定其标记、收集、编目、归档、存储、保管和处理的程序,并贯彻执行。所有质量记录应真实、准确、规范。

2. 记录内容

记录保持的内容包括(但不限于):

(1)从业人员食品卫生管理档案及人员健康状况记录。

(2)人员的教育、培训记录。

(3)合格供方的能力、产品状况的动态综合评价和采购验收记录。

(4)各项控制措施的监视记录,以及纠正和纠正措施记录。

(5)对管理体系运行状况的验证记录。

(6)配餐食品的批次和分销记录。

(7)食品留样、检验结果记录。

3. 记录保持

有关记录至少应保存12个月。

 **章后案例**

肯德基"苏丹红"事件

2005年3月15日,上海市相关部门在对肯德基多家餐厅进行抽检时,发现新奥尔良鸡翅和新奥尔良鸡腿堡调料中含有"苏丹红一号"成分。16日上午,百胜集团上海总部通知全国各肯德基分部:"从16日开始,立即在全国所有肯德基餐厅停止售卖新奥尔良鸡翅和新奥尔良鸡腿堡两种产品,同时销毁所有剩余调料。"3月16日下午,百胜发表声明,宣布新奥尔良烤翅和新奥尔良烤鸡腿堡调料中被发现含有"苏丹红一号",并向公众致歉。百胜表示,将严格追查相关供应商在调料中违规使用"苏丹红一号"的责任。3月17日,北京市食品安全办紧急宣布,该市有关部门在肯德基的原料辣腌泡粉中检出可能致癌的"苏丹红一号",这一原料主要用在"香辣鸡腿堡"、"辣鸡翅"和"劲爆鸡米花"三种产品中。期间还发生了消费者持发票向肯德基索赔时遭遇刁难的情况。对此,肯德基的解释是,这是他们自查的结果:3月17日肯德基在记录中发现宏芳香料(昆山)有限公司提供的含苏丹红的辣椒粉也用在了这三种调料中。随后,他们采取紧急措施,用现存经过验证不含苏丹红的调料取代原来的调料。恰恰在这时,3月18日,北京有关部门抽查到了这批问题调料。

苏丹红事件发生后,肯德基针对所有可能涉及的调料进行全面检测,并全力配合各级政府部门在不同城市对不同调料进行抽检。3月28日,中国百胜餐饮集团就旗下品牌肯德基的"苏丹红事件"公布调查结果称,在政府部门的大力监管和社会各界的努力下,目前已查清所有用于肯德基的问题调料流向。

百胜集团总裁苏先生介绍,苏丹红事件发生后,肯德基对所有可能涉及的调料进行全面检测,并全力配合各级政府在不同城市对不同调料进行抽检,所有检测工作现已全部完成,可以确认所有问题调料均来自昆山一家供货商供应的两批辣椒粉。

据悉,肯德基已对国内所有餐厅和配销中心的问题调料进行回收、集中保管,按照公司内部废弃物处理标准程序予以销毁。按照有关要求,配合政府部门进行妥善处理。同时,所有替代调料已完成生产,并均已送交国家认可专业机构进行全面检测,确认所有相关调料都不含苏丹红成分。3 月 22 日,北京市场恢复了香辣鸡翅、香辣鸡腿汉堡、劲爆鸡米花 3 种产品的销售;3 月 23 日,在全国恢复了新奥尔良烤翅的销售。

百胜集团表示,吸取苏丹红事件教训,决定采取 3 项改进措施:①加强原有检测能力,投资不少于 200 万元成立一个现代化的食品安全检测研究中心,这在国内餐饮业将是首家;②要求所有主要供应商增加人员,添购必要检测设备,对所有进料进行必要的食品安全抽检;③强化目前对供应商如何选择上游供应商的要求标准,严防缺乏守法意识、不能坚持食品安全的供应商混入供应链。

讨论题

1. 请你评价一下肯德基对苏丹红事件的处理?
2. 肯德基苏丹红事件带给餐饮业怎样的思考?

 **复习思考题**

1. 解释下列概念:

食品营养　营养素　食品营养价值　食源性疾病　肠道传染病　食物中毒食品安全

2. 营养素的功能有哪些?
3. 对食品营养价值的评价根据是什么?
4. 简述各类食品的营养价值。
5. 营养素在烹调中的变化主要有哪些方面?
6. 在烹调过程中食品原料营养素的损失有哪些? 如何减少这些损失?
7. 什么是食源性疾病? 它的基本要素是什么? 主要包括哪些疾病?
8. 什么是肠道传染病、寄生虫病? 如何预防?
9. 什么是食物中毒? 如何预防各种食物中毒?

10. 简述《食品安全法》中与餐饮生产经营相关的主要内容。
11. 如何做好餐饮食品安全基础管理工作？
12. 餐饮食品安全管理对从业人员的要求是什么？
13. 餐饮食品安全管理对关键过程控制的要求是什么？

参考文献

[1]余炳炎,朱承强.现代饭店管理[M].上海:上海人民出版社,2002.

[2]陈云川,张洪刚.现代餐饮营销[M].南京:东南大学出版社,2008.

[3]赵承金,赵倩.现代饭店餐饮管理[M].大连:东北财经大学出版社,2003.

[4]王怡然,沈超.现代饭店营销策划书与案例[M].沈阳:辽宁科学技术出版社,2001.

[5]林德荣.餐饮经营管理策略[M].北京:清华大学出版社,2007.

[6]黄文波.餐饮管理[M].北京:对外经济贸易大学出版社,2007.

[7]汪纯孝.饭店食品和饮料成本控制[M].北京:旅游教育出版社,1993.

[8]施涵蕴.餐饮管理[M].天津:南开大学出版社,1993.

[9]宋振春.旅游饭店餐饮管理[M].济南:山东大学出版社,2005.

[10]凌强,李晓英,杨雪欣.食品营养与卫生安全导论[M].北京:中国旅游出版社,2009.

[11]姜文宏,王焕宇.餐厅服务技能综合实训[M].北京:高等教育出版社,2004.

[12]谢明成.最新餐饮经营管理实务[M].沈阳:辽宁科学技术出版社,2000.

[13]张波,韩芳,洪艳.餐饮服务与管理[M].上海:上海财经大学出版社,2007.

[14]高春明,秦喆.餐厅服务员[M].沈阳:辽宁科学技术出版社,1996.

[15]俞仲文,周宇.餐饮企业管理与运作[M].北京:高等教育出版社,2003.

图书在版编目(CIP)数据

餐饮服务与管理/孟庆杰,李正喜,刘颖编著. —北京:首都经济贸易大学出版社,
2011.6

(21世纪高职高专精品系列规划教材·酒店管理专业)

ISBN 978 - 7 - 5638 - 1873 - 0

Ⅰ.①餐…　Ⅱ.①孟…　②李…　③刘…　Ⅲ.①餐饮业—经济管理—教材
Ⅳ.①F719.2

中国版本图书馆 CIP 数据核字(2010)第 233709 号

餐饮服务与管理

孟庆杰　李正喜　刘颖　编著

出版发行	首都经济贸易大学出版社	
地　　址	北京市朝阳区红庙 (邮编 100026)	
电　　话	(010)65976483　65065761　65071505(传真)	
网　　址	http://www.sjmcb.com	
E - mail	publish@cueb.edu.cn	
经　　销	全国新华书店	
照　　排	首都经济贸易大学出版社激光照排服务部	
印　　刷	北京地泰德印刷有限责任公司	
开　　本	787 毫米×980 毫米　1/16	
字　　数	321 千字	
印　　张	18.25	
版　　次	2011 年 6 月第 1 版第 1 次印刷	
印　　数	1 ~ 4 000	
书　　号	ISBN 978 - 7 - 5638 - 1873 - 0/ F · 1070	
定　　价	29.00 元	